Nouveau Dictionnaire
de Mythologie Celtique

ケルト文化事典

ジャン・マルカル 著

金光仁三郎／渡邉浩司 訳

大修館書店

Nouveau Dictionnaire de Mythologie Celtique

by Jean MARKALE

© 1999 EDITIONS PYGMALION/GERARD WATELET A PARIS
This book is published in Japan by arrangement
with PYGMALION/GERARD WATELET
through le Bureau des Copyrights Français, Tokyo.

目　次

序　文　iii
訳者序文　vi

ケルト文化事典　1

ケルト文化案内　169
　　ケルト神話概説―剣と森，大地と水のシンボリズム　170
　　アーサー王物語の淵源をケルトに探る　191

［資料①］ケルト関係系図　212
［資料②］前1世紀中葉のガリア地図　222
参考文献　223
ケルト関連日本語参考文献　225
欧文索引　231

序　文

　古代のケルト神話にはいまだに分からないところが多い．ギリシア・ローマの神話は学校のカリキュラムに組み込まれて慣用化しているのに，ケルト神話は一般の人々の馴染みも薄い．ケルト文明全体が長い間未知のまま，しばしば闇に葬られ，あまつさえ疎んじられてきたこととも関係している．利用できるケルト関連の情報に限りがあって断片的だったためである．もっとも，情報源が不足しているわけではないのだが，おおむね後世になってから筆写された不明瞭なもので，しばしば相互に矛盾していたのである．

　最初の情報源は碑文で，これはガリア人とローマ人が融合したガロ＝ロマン時代（ならびにイギリス海峡の向こう側ではブリトン人とローマ人が融合したブリト＝ロマン時代）の遺物に彫られている．こうした碑文は，ローマに征服された以降のケルト人の宗教や民間信仰の一端を明らかにしてくれる．
　2番目の情報源は，ギリシア・ローマの著述家たちが伝えている証言から構成されている．ドルイド教の信奉者たちとまさに同じ時代のかけがえのない資料である．ケルト人は，少なくともキリスト教が導入されるまで文字を知らなかったからである．理由はいろいろ考えられるが，ドルイド僧が文字より口承を重視して，口承のほうを推していたことと関係している．しかし，こうした証言もそれ自体は貴重だが，ある程度の留保なしには容認すべきではない．実際，ギリシア人やローマ人は，自分たちとかけ離れたケルト的発想の微妙なニュアンスを必ずしも正確に捉えていたわけではなかったし，ケルト神話を自分たちの基準に合わせて解釈しており，このため情報がねじまげられて伝えられることになった．ユリウス・カエサルの記述では，ガリアのメルクリウスは，汎ケルトの大神で，インド＝ヨーロッパ語族の原始神話に属していた比類ない多芸の神，ルグと重ね合わされているが，一体誰がそのような面影を認められよう．
　3番目の情報源はもっと重要なものである．ただし，後世になってから手を加え

られたものなので，厳密な考証に委ねる必要がある．それは，アイルランドの原典に含まれている膨大な情報で，ゲール語で書かれ，7世紀以後，キリスト教の学僧たちの手で筆写された文書のことである．学僧たちはキリスト教徒であったから，筆写文書のなかでケルト独自のドルイド教的精神を十分理解していたとは必ずしも言い難い．学僧たちは，細かい副次的な個所に馴染めず，あれこれ味付けしたり，削り取るようなことも場合によってしている．我々は，おかげで数世紀前のケルト人の生態を部分的に失うことになる．

中世ウェールズ語の原典についても同じことがいえる．ウェールズ語の原典はアイルランドの原典に比べ，点数はそれほど多くないが，情報は多様かつ豊富で，いわゆる「円卓物語」の膨大なコーパスの源泉，中世の宮廷風騎士道時代に流行した古代の伝承のまぎれもない貯蔵庫になっている．実際，12-13世紀の封建社会に生まれたこうした宮廷風騎士道物語には，キリスト教的な表層の下に太古の時代から受け継いだ重要な神話の体系が見え隠れしている．

また，情報源としては補足的なものだが，計り知れない宝庫になっているのが口承の民話で，ケルト民族がかつて占拠していたヨーロッパ全土で世代から世代へと受け継がれてきた．こうした民話を深く分析することで，ケルト伝承の最古層にあった神話の体系が一歩一歩明らかにされてくるのである．

しかしながら，このような情報源は，どれも「文学的な」次元でいえば，考古学の最新の資料と突き合わせてみなければ信頼できるものではなかろう．ケルト美術は，長い間否定されてきたものの，現実に存在しているのである．ケルト美術は，視覚的な遺物を残してきた．彫像，浅浮き彫り，彫板，宝飾の様式にせよ，宗教と審美的な基準に沿って繊細に作られた貨幣や日用品の類にせよ残されているのである．例えば，デンマーク国立美術館に保管されている有名な銀製の「ゴネストロップの大釜」は，まさに神話を図像化したもので，これは貴重この上ない試みである．

お分かりの通り，情報源が不足しているわけではないが，まったくバラバラで明らかに一貫性に欠けるのだ．このため，ケルト神話は，じつに長い間「未開の地」にとどまり続けた．危険を冒してこの地を訪れた者は奇特な人たちに限られたが，彼らは燃えるような好奇心に突き動かされてそうしたものの，不幸にして実際に見てもいないことを勝手に捏造する傾向が往々にして強すぎた．

今後は包括的な総論に取り組んでいく必要がある．こうしたバラバラな情報から隠れているものを判読し，分類し，整理していくことが重要なのである．だが，これは生易しい作業ではない．解明しにくい広大な闇の領域が立ちはだかっている．

だから，ケルト人の信仰に関わるさまざまな資料を収集するこの仕事は，アイルランドやスコットランドのゲール人のことであれ，ウェールズ地方やコーンウォール州（英国）やブルターニュ地方（古名はアルモリカ）のブリトン人のことであれ，小アジアのガラテヤ人や西ヨーロッパの古代ガリア人のことであれ，暫定的な作業でしかなく，新しい情報によって常に修正される可能性があることを指摘しておかなければならない．

 したがって，この『ケルト文化事典』は，もっと深い知識を得ようとする人々の学習の道具になることにもっぱら主眼が置かれている．

プール・フタンにて，1999年

ジャン・マルカル

訳者序文

　本事典は，ジャン・マルカル（Jean Markale）著，『Nouveau Dictionnaire de Mythologie Celtique』（新ケルト神話事典）（Pygmarion, 1999年）の全訳である．マルカルは，本書を公刊する前に，同類の事典として『Petit Dictionnaire de Mythologie Celtique』（ケルト神話小事典）（Ed. Entente, 1986年）を発表している．本書は，この『ケルト神話小事典』を大幅に補足し，図版を加えた改訂版である．本訳書の図版は改訂版から採り，その他主としてフランス関連の写真は，渡邉浩司が撮影したものである．

　著者のジャン・マルカルは，日本では『メリュジーヌ』の邦訳（中村栄子他訳，大修館書店）しかないが，フランスでは，大きな書店に行くとマルカルのコーナーができているほどで，ケルト文化の先導者，多作の人として知られている．
　著作の一部をここにざっと列記しただけでも，『ブロセリアンドの森』，『ケルト人とケルト文明』，『アーサー王とケルト社会』，『ケルトの女性』，『アイルランドのケルト叙事詩』，『ブルターニュのケルト叙事詩』，『ドルイド教の教義』，『ケルトのなかのキリスト教』，『ランスロとアーサー王世界の騎士道』，『アリエノール・ダキテーヌ』，『聖杯（グラアル）』，『モン＝サン＝ミシェルと竜の謎』，『メルラン（英語ではマーリン）』などと幅広い．
　マルカルの活動は，そうしたケルト文化全般の研究・批評にとどまらない．詩作や劇作にも手を染め，テレビやラジオのコメンテーターとしても登場する．著者は，1928年にパリで生まれているが，家族の出身地は，ブルターニュ半島中南部のモルビアン県で，パリの大学で長い間教鞭を執った後，現在はアーサー王物語の舞台となった伝説の森ブロセリアンド（現地名はパンポンの森．ブルターニュ半島にある）の外れに住み，郷里で執筆活動に専念している．

　その昔，フランスのブルターニュ半島は，イギリスのブリテン島と同じひとつの

ケルト文化圏を作り上げていた．今でもフランス人は，ブリテン島のことをブルターニュ島と言っている．ヨーロッパ大陸に住んでいたラテン人は，このブリテン島をブリタニアと呼んでいたし，アングロ・サクソン人は，この島をブリテンと名づけて，ブリタニーと区別していた．現在のブルターニュ半島は，このブリタニーのことを指している．

　3-4世紀にサクソン人がブリテン島を征服すると，ブリテン島の人々が大陸のブルターニュ半島に流れてブルターニュ人と合流する．これが現在のブルターニュ人で，フランス語ではこのブルターニュ人のことを Breton（ブルトン）という．Breton にはブリトン人の意味もあるから，ブルターニュ人とブリトン人との間には区別がないことが分かる．アーサー王とその配下の騎士たちは，イギリスとフランスを股にかけたケルト文化圏の橋渡しの地，ここブリテン島とブルターニュ半島を活躍の舞台にしていた．

　ケルト人は，本書の末尾の解説でも触れているように，前5世紀にガリア人（＝大陸ケルト人）としてヨーロッパのほぼ全域に定住した後，ローマ人の侵攻に押されブルターニュ半島を経由してブリテン島に渡り，さらにアイルランドへ足を伸ばして定着する．

　ブルターニュ人のジャン・マルカルは，こうした歴史的背景のなかでこの事典を執筆している．したがって，一律にケルトの神話・伝承といっても，本書が扱っている範囲は，アイルランド，ウェールズ，ブルターニュ半島，それにガリア全域，さらにはアーサー王物語群にまで及ぶ．ケルトへの関心が高まり，ケルト文化研究も近年盛んになったとはいえ，ともすれば各地域，各文化の個別研究で自足しがちであるが，マルカルが，ケルト人としての歴史と肉体に立ち返って，汎ヨーロッパ的な視点を貫き通そうとする姿勢は貴重である．

　本事典の特徴も，言葉と国境を超えてケルト文化全般を簡潔に丸ごと捉えようとするところにある．本事典は，長年にわたる著者のケルト文化研究のエキスであって，訳者としてもいろいろな分野からケルト文化にアプローチできる手頃な「ガイダンスの事典」になることを願っている．

　訳出にあたり，原著にない物語群や文化・美術関連の項目を追加立項した（追加項目には†を付してある）．また，日本の読者に分かりやすいようにいくつかの個所で訳文を補い，出典を付記したところがある．

　また，巻末に解説文，「ケルト神話概説」と「アーサー王物語の淵源をケルトに

探る」を加えた．事典にする際に細切れにされた神話・伝承の全体像を復元することで，著者が序文の最後で述べているように，「学習の道具」としての小事典の役割を幾分でも膨らませ，ケルト文化へのささやかな水先案内の書にしたかったこともある．訳者としては，ケルト神話に限らず，ケルト文化の全般を理解する「ガイド・ブック」の役目を果たせればという思いで『ケルト文化事典』の題名を選んだのである．

　神名などのカタカナ表記については，できるだけ原音主義を尊重し，アイルランド関係ではベルンハルト・マイヤー著『ケルト事典』（鶴岡真弓監修，平島直一郎訳，創元社），ウェールズ関係では『マビノギオン―中世ウェールズ幻想物語集』（中野節子訳，JULA 出版局），ガリア関係ではイヴ・ボンヌフォワ編『世界神話大事典』（金光仁三郎主幹，大修館書店）に従った．また，ブルトン語については渡邊浩司の現地調査に基づいて表記した．なお，上記の事典に記載されていないゲール語，ウェールズ語の固有名詞については，平島直一郎，中野節子の両氏に直接おうかがいした．とくに，平島氏は全巻を通読され，ゲール語に関する知見を補って下さった．深く感謝する次第である．その他，盛節子，永井一郎の両氏にもご教示いただいた．謝意を表したい．

　アーサー王物語群の表記の仕方は，同じ人名でも国によってそれぞれ読み方が異なる．したがって，その記述がイギリス関係の場合には英語で読み，フランス関係ではフランス語で記し，ドイツ関係ではドイツ語を選んだ．国を横断して読み方がいろいろある同一の人名については，「見出し語」を複数立てた．こういう場合には，空の見出し語を引いても，本文に辿り着けるように矢印（⇨）を付けた．「マーリン⇨メルラン」がその例である．また，本文中，アステリスク（*）が付けられている語は，本書中で立項されていることを示す．
　さらに，巻末には，アイルランド神話，ウェールズ神話，アーサー王関連の系図，それに，ガリア時代のケルト部族の地理分布を付した．随時，参照していただければと思う．

　訳出の分担は，序文と A-F を金光仁三郎が，G-Y とキャプション，巻末の系図，ケルト部族の地理分布を渡邊浩司が担当した．訳文は相互に交換して最終的な統一を計った．また，見出し語の配列は，原文ではアルファベット順だが，各見出し語の冒頭を日本語で始めたために，五十音順に組み直した．

いつもながらのことではあるが，大修館書店編集部の志村英雄氏には大変お世話になった．志村氏との共同作業は，『世界シンボル大事典』以来，これで4回目になる．厚くお礼を申し上げる次第です．

訳　　者

ケルト文化事典

ア

アイ　Ai

【アイルランド】アイは，トゥアタ・デー・ダナン*の大詩人である．アイの母親が妊娠すると，大風が家に吹き上がり，胎内の子供は奇跡をもたらすだろうとドルイド僧*が予言したという．

アイヴ　Aeb

【アイルランド】アイヴは，アラン島*のアリル王*の娘で，リル*の2番目の妻である．リル*は，トゥアタ・デー・ダナン*に属する神秘的な英雄で，マナナーン*神の父である．アイヴは，リル*との間に子供たちをもうける．この子供たちは，アイヴの姉妹で，義母であったアイフェ*の呪いにかかってハクチョウ*に変えられてしまう．この話はアイルランド伝承のなかで最も感動的で悲しい物語の1つになっている（『リルの子供たちの最期』）．

アイド　Aedh

【アイルランド】アイドは，リル*の不幸な息子たちの1人である．この名は「火」を意味する（『リルの子供たちの最期』）．

アイド　Aedh

【アイルランド】アイドは，赤いマハ*の父である．赤いマハ*は，3つの名前，3つの顔を持つアイルランドの女神たちの1人である．

アイド・アヴラド　Aedh abrat

【アイルランド】アイド・アヴラドは，トゥアタ・デー・ダナン*の男で，妖精ファン*の父親である．ファン*は，マナナーン*神の妻であったが，英雄クー・フリン*と恋に落ち，クー・フリン*を不思議の国に連れて行く．アイド・アヴラドという名前は，「片目の瞳孔の火」という意味である（『クー・フリンの病』）．

アイフェ　Aifé

【アイルランド】アイフェは，アラン島*のアリル王*の娘で，リル*の3番目の妻，「リル*の子供たち」の義母である．アイフェは，嫉妬に駆られて「リル*の子供たち」をハクチョウ*に変えてしまう（『リルの子供たちの最期』）．

アイフェ　Aifé

【アイルランド】アイルランドの伝承では，数人の女性にアイフェという名が付けられている（Aoiféとも書く）．最も有名な女性は，女戦士で魔術師であったアイフェで，彼女は英雄クー・フリン*に秘伝を教え，クー・フリン*との間に子供をもうけたが，この子供は，父親に殺され，悲劇的な運命をたどる．クー・フリンは我が子と知らずに決闘で子供を死へ追いやったのである（『アイフェの1人息子の最期』）．

アイングス　Aengus

【アイルランド】アイングス（Aengus）はダグダ*の息子で，オイングス*（Oengus）の現代の語形である．⇒オイングス

アヴァサハ（島）　Avallach（または Afallach）

【ウェールズ】アヴァロン島*（Avalon）のことをウェールズ語*でアヴァサハ島（Avallach）という．ジェフリー・オヴ・モンマス（1100頃-55頃）は，この島を「リンゴの島」（インスラ・ポモルム）と呼んでいるが，ゲール語*では「エウィン・アヴラハ*」（Emain Ablach）がこれに当たる．ある原典では，アヴァサハまたはエバサハは，モルガン*の父の名前である．別の原典では，漁夫王*の名前の1つになっている．

アヴァセナイ　Afallenau

【ウェールズ】アヴァセナイは，「リンゴの木*」のことである．ウェールズ語*では，アヴァロン島*に Ynys Afallen（「リンゴの木の島」の意）を当てる．

アヴァル（島）　Aval

【ブルターニュ】アヴァル島は，ブルターニュ半島北岸プルムール＝ボドゥ（コート・ダルモール県）の沖にある，グランド島に近い小島である．アヴァルは「リンゴ*」という意味だが，この島にはドルメン（巨石記念物）がある．このドルメンはアーサー王*の墓とみなされている．

アヴァロン（島）　Avalon

【ケルト】アヴァロン島は，ケルトの*伝承では不思議の島，リンゴの木*が生えているいわゆる至福の地である．リンゴの木*には1年中，たわわに果物が実る．島の名がウェールズ語*とブルトン語*で「リンゴ*」を意味する「アヴァル」（aval）の派生語である理由がこれでわかる．ジェフリー・オヴ・モンマス（1100頃-55頃）のラテン語の原典，『マーリン伝』（1148-55）では，アヴァロン島は「リンゴの島」（インスラ・ポモルム）と呼ばれている．

アヴァロン島を治めていたのはモルガン*である．モルガン*は，妖精である9人の姉妹に囲まれていた．妖精たちは，嵐の猛威を振るわせる魔力を持っているだけでなく，とくに鳥に姿を変える魔力にたけていた．ワタリガラス*やハシボソガラス*に変身できるモルガン*のテーマは，モリーガン*やトゥアタ・デー・ダナン*の女神ボドヴ*（この語には「ハシボソガラス*」の意味がある）のテーマと重なる．事実，アイルランドのモリーガン*も頻繁にハシボソガラス*に身を変えて現れる．

アヴァロンの神話は，フランス・ブルターニュ半島の突端に位置するサン島（ラテン語ではセナ島）の「ガリゼナイ*」の伝承を典拠にしている．「ガリゼナイ*」とは，ギリシアやローマの著述家たちが述べているように，女予言者や女魔術師たちのことである．シャトーブリアン（1768-1848）は，『殉教者』（1809）のなかでこの女予言者たちからヒントを得て，ドルイド尼僧*ヴェレダという人物を創造している．アヴァロン島とは，アイルランドの詩人や物語作者が熱っぽく描いているエウィン・アヴラハ*のことで，これは「女の島」を意味する．

アヴァロン島は，アーサー王伝説に取り入れられて，妖精の住む場所になった．カムラン*の戦いで致命傷を負ったアーサー王*は，姉のモルガン*に運ばれ，この島で「永眠」する．後に，ブリテン*王国を再興するためにアーサー王*が復活再来する日までこの島で「永眠」することになるのである．

グラストンベリ*修道院（サマセット州）の修道士たちは，クリュニー修道士たちの影響とヘンリー2世プランタジネット（1133-89）の意向を受けて，沼地のなかに島のあるここグラストンベリ*こそかの有名なアヴァロン島に他ならないと12世紀に主張した．このため当てにならない話や誤った文書が作り出された．1191年にグラストンベリ*の修道士たちは，修道院の墓地でアーサー王*とグウィネヴィア*妃の遺骨を「発見」した．

修道士たちは，大聖堂の中央に遺骨を移して，これを崇めた．修道院の遺跡には，今でも大聖堂の敷地跡が残され，見物することができるようになっている．

アヴァンク（アヴァング）　Afanc（Afang）

【ウェールズ】アヴァンク（アヴァング）は，ウェールズの伝承に登場するじつに摩訶不思議な水生の怪獣で，おそらくヘビ*か竜*，でなければ，多分，巨大なビーバーのことかもしれない．いずれにせよ，アヴァンクは，有名な「ネス湖（スコットランド）の怪獣」と同じようなものである．

アウレリウス・アンブロシウス　Aurelius Ambrosius

【アーサー王（イギリス）】ネンニウス（9世紀初）の『ブリトン人の歴史』（800頃）とジェフリー・オヴ・モンマス（1100頃-55頃）の『ブリタニア列王史』（1136頃）によれば，アンブロシウスは，ブリテン*王国の正統的な王位継承者の名である．アンブロシウスは，王位篡奪者で裏切り者であったウォルティゲルン*と戦い，彼を追放する．

　ネンニウスとジェフリーは，共にアウレリウス・アンブロシウスをウーゼル・ペンドラゴン*の兄弟にしている．ペンドラゴン*は，アーサー王*の父になる人である．こうしたアンブロシウスの神話風の人物像には，島のブリトン*部隊長の特徴が描きこまれているように思われる．ブリトン部隊は，ガロ＝ロマン人やフランク人と結託して，5世紀の終わりに，ヨーロッパ大陸，とくにデオル（ラテン語では「ドルム」または「ドレンシス・ウィクス」，フランス・中央山地の北西アンドル県の町）で西ゴート人と一戦を交えた．『ブリタニア列王史』のウェールズ*版では，アンブロシウスのことをウェールズ名でエメリス・ウレディグ*（ウェールズの長アンブロシウス）と呼んでいる．伝承では，ウェールズ*のスノードン山脈にあるディナス・エメリスに彼の要塞が置かれていた．

アーサーの十字架（17世紀のデッサンによる）
グラストンベリ*の修道士たちが，1191年に，いわゆるアーサー王*とグウィネヴィア*（フランス語ではグニエーヴル*）王妃の墓を発見したとき，修道僧たちは王と王妃の遺骸を修道院内の大聖堂の内陣へ移した．修道士たちはその時，この新たな墓の上に，今日消失してしまった十字架を立てた．ラテン語で書かれた墓碑銘は次の通りだった．〈HIC IACET SEPULTUS INCLITUS REX ARTURIUS IN INSULA AVALONIA〉（ここに高名なるアーサー王*が，アヴァロン島*に眠る）

アエス　Ahès

【ブルターニュ】アエスとは、ブルターニュ*の口承によれば呪われた王女の名前である．古代のある女性と巨人オエスは、どうやら混同されていたようだ．オエスは、「髭をはやした老人」で、一風変わった武勲詩『エカンまたはブルターニュの征服』（1170-90）で話の種に使われている．『エカンまたはブルターニュの征服』というのは、いわゆるシャルルマーニュ大帝（742-814）の武勲詩で、ブルターニュ*（古名はアルモリカ）で大帝が「サラセン人」を向こうに回して戦った物語である．

18世紀にアエスは、フィスク（Fisc）の寓意的表象になった．フィスクというのは、まさに女の怪物で、去勢者の痕跡を留めている．アエスは、しばしばイス*王の娘ダユー*とも混同された．⇨ダユー

赤枝（の従士）　Branche rouge (Compagnons de la)

【アイルランド】「赤枝」というのは、コンホヴァル*・マク・ネサ王の周りに集まったアルスターの貴族や部隊長のいわゆる戦友としての契りのことをいう．この名は、戦士たちがエウィン・ワハ*（現在のエマニア）にある王の城塞の館の1つに集結した故事から生まれた．エウィン・ワハ*は「赤枝」と呼ばれていた．「城塞が英雄で真っ赤になっていたからである」．

アグラヴァン　Agravain

【アーサー王（フランス）】⇨アグラヴェイン

アグラヴェイン　Agravain

【アーサー王（イギリス）】アグラヴェイン（フランス語ではアグラヴァン*）は、ガウェイン*の兄弟の1人で、「円卓物語」に登場する．

アーサー　Arthur

【アーサー王（イギリス）】アーサー（フランス語ではアルチュール*、ドイツ語ではアルトゥース*、ウェールズ語ではアルスル*）はケルト*伝承で最も重要な人物である．元来、アーサーは―史実の上では―しがない「戦闘隊長」にすぎなかった．500年頃に、ブリトン人*が侵略者サクソン軍に対して行っていた絶望的な戦いの中で、ブリテンの王たちにいわば仕えて、雇われていた騎兵たちの長であった．アーサーの戦果は目を瞠るものだったため、アーサーはすぐさま伝説に取りあげられ、その役割と力が大幅に拡大され、神話的な広がりを与えられた．アーサーという名は、実際は異名であり、「クマ*の姿をした人」という意味である．アーサーはこうして、ケルトの*伝承に属する神の特徴をすべて手にすることになった．

アーサーはコーンウォールの出身であるが、特にコーンウォールと、ウェールズ*南部で、神話はアーサーを至高の存在に仕立て上げた．そこから、詳細な物語の形をとってアーサー神話は、ブリトニック語を話すケルトの*国々全体へ伝わっていき、12世紀にはアリエノール・ダキテーヌ（1122頃-1204）とヘンリー2世プランタジネット（1133-89）の後押しもあり、史料編纂官たちやフランスの物語作家たちによって作中人物として取り上げられた．アリエノールとヘンリー2世はアーサーの後継者を自認していた．

「円卓物語」あるいは「アーサー王物語」と呼ばれている作品が、ヨーロッパじゅうの国々で生まれ流布したのは、以上の事情から説明がつく．ケルト*起源の他の伝説・神話が押し寄せ、元来の図式に付け加えられた．アーサーは、核となる王を中心に機能する、理想的なケルト*世界の象徴となったのである．

しかしながらこの王は、行動を起こさなくても、ただ存在するだけで権力があった．12世紀の諸作品でアーサーが担っている、自然

の世界と社会的な力のバランスを保つ神としての側面はこうして生まれた．この側面はアイルランドの最古の叙事詩に見られるものと合致している．古代のドルイド僧*を思わせる魔法使いマーリン*（フランス語ではメルラン*）とアーサーの結びつきもこうして生まれた．アーサーとマーリン*は，王とドルイド僧*という有名なペアを成しており，このペアなくしては，いかなるケルト*社会も存在できず，またこのペアはインド神話では，ミトラとヴァルナが表している王と神の機能という二重の性格に対応している．

すべての「円卓物語」でアーサーがみせる，ある種の消極性は際立っている．事実，アーサーの名のもとに，そして「王権」を握っているグウィネヴィア*（フランス語ではグニエーヴル*）王妃の名のもとに行動するのは，アーサーの騎士たちである．アーサーの最も古風な側面は，ウェールズの*物語『キルッフ*とオルウェン*』に現れている．この物語では，アーサーはいまだ「宮廷風の」王ではなく，ケルト*神話からじかに出てきた人物

アーサー王，16世紀の版画
これは，豪華な衣装をまとった王の象徴的な，しかも錬金術との関連を持った図像である．アーサーの本来の神話は，中世末期には，秘教的な含意を多くもった模範的な寓話に変化していた．

たち、つまり戦士たち（「騎士たち」ではない）と魔術師たちに囲まれた長である。後の諸作品はアーサーに、神話の現代化が生んだ、異なった色合いを与える。つまりアーサーは、封建領主の規範となり、アーサーの宮廷は、武勇と処世術を両立させることのできる、中世の洗練された人々が集う場所になる。

しかしながらアーサーはそれでも、とりわけコーンウォール半島では、民間伝承に馴染みの人物であり続ける。ケルト人*にとっての失われた力の象徴として、アーサーは生き続けているのである。アーサーは、ケルトの*楽園であるアヴァロン島*という不思議な世界で、あるいはブリテン島*のどこかにある洞窟の中で、あるいはアーサー神話がその後根づいたブルターニュ*（古名はアルモリカ）で「永眠」しているのである。だからアーサーは、いつの日か戻ってきて、ケルト*世界を再び統一し、同時にローマの精神とは正反対の、水平的なタイプの社会を作り上げるだろう。その水平的な社会では、共通の理想によって結ばれた諸民族からなる大きな連合体の中で、各々が自由と独立を再び見出すことであろう。

アダンク　Addanc

【アーサー王（ウェールズ）】アダンクは、ウェールズの伝承に登場する怪獣で、竜*の一種である。アダンクを殺したのは英雄ペレドゥル*である。ペレドゥル*は、肉眼では見えない石を使って洞窟のなかでアダンクを殺した。ペレドゥル*は、聖杯*を探索する途中、この石を謎の女王から手渡されたのである。ペレドゥル*の聖杯*探索は、キリスト教の聖杯*伝説とは無縁の頃のことである。⇨アヴァンク（アヴァング）

アティルネ　Athirne

【アイルランド】アティルネは、アイルランドの伝説上の詩人である（『アルスター物語群』）。異名を「アルスターの邪魔者」という。王や英雄に「風刺」や呪文の言葉を吐くことを最大の喜びとし、それで金、銀、人気、女など好きなものをすべて手に入れた。最後にレンスター王メス・ゲグラ*に殺されてしまう。アティルネがレンスターの王妃を奪い取ったからである。アティルネはウラド人*であった。このため、ウラド人*は、メス・ゲグラ王*を急襲して、王を殺しアティルネの復讐をした。

アナ（またはアンナ、アヌ、ダナ、ドーン）　Ana（またはAnna, Anu, Dana, Dôn）

【アイルランド】アナは、古代ケルト人*の原初の女神である。アナは、アイルランドでは神々の母、有名なトゥアタ・デー・ダナ*（「女神ダナ一族」の意）の母である。アナの名は地名と結びついている。例えば、ケリー山脈の2つの頂は、「アヌAnuの乳房」と呼ばれている。

ウェールズの伝承では、アナはドーン*の名前になる。ドーン*はアマエソン*、グウィディオン*、アリアンロド*といった英雄的な神々の母である。しかし、アイルランドのモリガン*（女神の女王）やウェールズのリアンノン*（女神の女王）、またガリアのマトロナ*に当たるウェールズのモドロン*（母なる女神）、「円卓物語」の有名な妖精モルガン*のなかにアナの姿を認めることができる。

実際、これらの女神は、インド＝ヨーロッパ語族の太古の女神であって、ドン川やドナウ川にその名を留めている。同じように古代ギリシア人（ヘレネス）のダナエの後裔（アルゴス人）やダナイデスといった神話の人名にその名を残している。インドでこうした太古の女神に当たるのはアンナ・プルナ（「恵みのアンナ」の意で、その後、ヒマラヤ山頂の1つがこの名で呼ばれるようになる）、ローマではアンナ・ペレンナである。アンナ・ペレンナは、ラテンの合理主義のおかげで、物語性が著しく増してくる。

アナまたはアンナという神名は、ラテン語

「アヌス」anus（「老婆」の意）の派生語である．この女神は，聖母マリアの母，聖アンナ（いかなる教典もこれを指摘していない）の影響を受けて，キリスト教色を明らかに強めた．ブルターニュ*（古名はアルモリカ）の伝承では，アナは一種の守護神である．この守護神は，ケルト*色が明らかに強いところでは，完全な母神像である．

アナオン（故人） Anaon

【ブルターニュ】ブルターニュ*（古名はアルモリカ）でアナオンという言葉は，「故人」を意味する．民間伝承によれば，「アナオン」は，ときに生者の前にも現われるらしい．とくに「諸聖人の祝日」（11月1日）の前夜に姿を見せる．「諸聖人の祝日」は，ドルイド風の大祭サウィン*に対応するカトリックの祭日である．「アナオン」が「アナ*の子供たち」の意味なのは確実だろう．「アナ*の子供たち」とは，「普遍なる母神」アナ*の懐にのがれた「故人」に他ならない．

アーネ Áine

【アイルランド】アーネは，アイルランドの妖精の女王である．多分，マナナーン*の娘だったのだろう．ときにモリーガン*やダナ*と混同されたりする．マンスター地方の王統記によれば，アーネはマンスター王家の始祖であった．

アネイリン Aneurin（または Aneirin）

【ウェールズ】アネイリンは，6世紀のウェールズのバルド*（詩人）である．ピクト人*と隣接して大ブリテン島北部に住んでいたブリトン人*の古代文明を偲ばせる古風な表現がアネイリンの詩のなかにはある．アネイリンは，神秘の「王」アーサー*に言及した最初の詩人である．

アバグズ（またはアヴァング・ディ） Avaggdu（または Afang-du）

【ウェールズ】アバグズ（またはアヴァング・ディ）とは，「黒い」怪獣，アヴァンクという意味である．アバグズは，女神ケリド

「ピエール・プラット」（平らな石たち）（フランス，モルビアン県，ロクマリアケル）

これは，「ピエール・プラット」のドルメンをなす，彫刻を施された支柱となる石である．これは，神々の母であるダナ*あるいはアンナ*の原型となる偶像＝カズラ（上祭服）と呼ばれている，新石器時代の偶像を正確に表現したものである．小さな同心円と二重の三日月は，大女神の乳房と同様に，大女神の服につけられた装飾品を表している可能性がある．

ウェン*と禿頭のテギド*（テギド・ヴォエル*）との間に生まれた息子の名前で，禿頭のテギドは，ウェールズ*のテギド湖に城を構えていた．母親のケリドウェン*は，ある日，息子のアバグズのために知恵の釜を煮立てる．未来の詩人（バルド*），タリエシン*（6世紀）はこの釜の滴を3滴飲み干すことになる．⇨アヴァンク

アーマー　Armagh

【アイルランド】アーマーは，北アイルランドの都市である．アーマー州の州都で，現在もアイルランドの大司教座が置かれている（それもカトリックと英国教会双方の大司教座と大監督座である！）．

アーマーは「マハ*の高み」，「高いマハ*」という意味である．神話伝承に登場する3人のマハ*の1人を偲んでそう付けられたのである．このマハ*は，ネウェド*（「聖」の意）の妻，「赤いマハ*」のことかもしれない．

ネウェド*は，アイルランドに来寇した神話上の人物である．あるいは妖精のマハ*のことかもしれない．妖精のマハ*は，ウラド人*に邪険にされ，軽蔑されたため彼らに呪いをかける．おかげでウラド人*は，敵に攻撃されそうになったとき，9日間，「女の苦しみ」を受け入れる．多分関係があるのは妖精のマハ*のほうだろう．

というのも，アーマーがエウィン・ワハ*（現在のエマニアかナヴァン・フォート）の近くにあるからである．エウィン・ワハ*は，古代アルスター王の主要な要塞都市であった．いずれにせよ，アーマーにはドルイド教の重要な聖地があった．聖パトリック*（389?-461?）がこの地にアイルランド最初の司教座を創建したのも故なしとしない．

アマエソン　Amaethon

【ウェールズ】アマエソンは，ウェールズの伝承に登場する耕作の神である．この神は「ドーン*の息子」，つまり母神の息子といわれている．アマエソンは，英雄グウィディオ

ン*とは兄弟である．しかし，ウェールズ*の原典にこの神の冒険譚は残っていない．

アマンゴン　Amangon

【アーサー王（フランス）】アマンゴンは，12世紀末葉のフランスの原典，『釈義（エリュシダシオン）』では不思議の国の王である．『釈義（エリュシダション）』というのは，聖杯*の物語に事後付け加えられた序文である．

アマンゴンは，一国の主であった．その国では神秘的な処女の妖精たちが道に迷った旅行者を案内し，神の飲み物を旅行者に与えていた．ところが，アマンゴンは妖精の1人を犯してしまう．このため，妖精たちは，王国を捨てて姿を消してしまう．王国は，呪いをかけられて人のいない不毛の地，文字通り「荒れ地」（ガストの地）になる．

聖杯*の主人公だけが「荒れ地」を元の状態に戻すことができるという．聖杯*の主人公とは，漁夫王*のような人物である．ところが，漁夫王*は，傷を負ったことがわざわいして，王国に豊かな実りをもたらすことができなくなる．

アムビガトス　Ambigatos

【大陸ケルト】ティトゥス・リウィウス（前59頃-後17頃）が報告している伝承によれば，アムビガトスは，古代ガリアの神話上の王である．アムビガトスは，ガリア帝国のようなものを創り，ベロウェスス*とセゴウェスス*の2人の甥をイタリアとギリシアへ派遣した．戦士に長旅の巡礼をさせきたえる前ローマ時代の風習，「聖春」（ウェル・サクルム）を課したのだ．アムビガトスという人名は，「両陣営で戦う」という意味である．

アラウン　Arawn

【ウェールズ】アラウン王は，ウェールズの『マビノーギ*』（幼な物語）第1話では，「異界」（アンヌウヴン）の絶対君主である．アラウン王の継承者はプイス*で，プイス*は女神リアンノン*の未来の夫，聖杯*の物語群

では漁夫王*の原型になる.

アラン（諸島） Aran (Îles d')

【アイルランド】アラン諸島は，西アイルランド，コノート地方のゴールウェイ湾にある3つの島のことである．それぞれの名を挙げれば，一番東のイニシーア（近い島），イニスマーン（中央の島），イニシュモアー（大きな島，最も沖合いにある）の3島である.

アイルランドの詩人たち，なかでもジョン・ミリントン・シング (1871-1909) はフラハティー (1884-1951) の記録映画『アラン島の男』で有名になったが，詩人たちに謳われたこの島には，アルカイック期の伝承がたくさん保存されている．この島の住民は皆ゲール語*を話し，独自の風習を持っている．とくに海洋の風習は独特のものがある．すべてのアイルランド人がこういうわけではない.

古代の神話によれば，アラン島は，フィル・ヴォルグ族*の避難所であった．フィル・ヴォルグ族*は，「雷の種族」で，洪水後にアイルランドへ来寇した3番目の種族—火と冶金の技術を導入したところから，神話的ではあるが，非常に象徴的な種族—である．だからこそ，アラン島の住民には固有の特徴があるわけだ.

キリスト教の時代にアラン島は，さまざまな修道院の中心地になった．アラン島の修道院長は，アイルランド全土，それどころかキリスト教世界全体の布教に深い影響を及ぼした.

アリアンロド Arianrod

【ウェールズ】アリアンロドは，ウェールズの『マビノーギ*』(幼い物語) 第4話のヒロインである．この名は「銀の輪」という意味である．アリアンロドはドーン*の娘で，アマエソン*，グウィディオン*の姉である.

彼女はグウィディオン*と近親相姦の情を交わし，2人の子供をもうける．ディラン・エイル・トンとスェウ・スァウ・ゲフェス*という息子たちである．アリアンロドはディランを捨て，スェウのほうも毛嫌いして認知することを拒む．しかし，グウィディオン*は，策略を使って，姉の呪いを封じることに成功する．母性を拒否する女性像，これがアリアンロドの姿である．ウェールズの詩人たちは，カエル*・アリアンロド（「アリアンロドの砦」の意）という言葉をよく使うが，これは「北冠座」を意味する.

アリル Ailill

【アイルランド】アイルランドの伝承では，多くの人物にアリルという名が付けられている．その1人がアラン島*の王で，この王はフィル・ヴォルグ族*の一員と見なされていた．もう1人別のアリルは，エオヒド・ムグメドン王の息子の1人である．エオヒド・ムグメドン王は，歴史的にはオニール家の名で知られた家系の神話上の始祖であった.

アリル Ailill

【アイルランド】アリルは，アイルランドの伝承『クアルンゲのウシ捕り』に登場する神話上の王である．アリル王は，コナハト（現在のコノート州）の名高き女王メドヴ*（メーヴ Maeve ともいう）の夫である．アリル王は実権を持たず，妻に実権を握られている.

古代の原典（『ウラド人*の酩酊』）では，アリル王は，戦場で配下の戦士たちから邪魔者扱いされ，非難がましい言葉を浴びせられる．アリル王は，こう応じる．自分は戦いそしないが，戦場では自国の民に勝利をもたらさなくてはならない存在なのだと．アリル王は，妻のメドヴ*にしょっちゅう「騙される」が（メドヴ*はどんな戦士であれ，自国の民に役立つと判断したら，誰とでも喜んで寝てしまう女なのだ），この状況を受け入れる.

アリル王は，社会集団のバランスを取り，親族集団（クラン）の仲間に富を分配する．この点でケルト的な*王の象徴ともいえる存在なのだが，それ以外に実権を持たず，実際

の王権は王妃が握っている．王妃は，全共同体の体現者なのである．

アリル・アングヴァ　Ailill Anguba（Ailill Anglonnach）

【アイルランド】アリル・アングヴァは，エオヒド・アレウ*王とは兄弟で，エオヒド・アレウ*王は美しいエーダイン*の夫である．アリルは，自分の義妹と恋に落ちる．この恋から立ち直らせたのは神のミディル*である．エーダイン*は，もともとミディル*の妻であった．ほどなく，エーダイン*は妖精のフアムナハ*から魔法をかけられて，虫に変えられ，アイルランドの女王に呑み込まれてしまう．それから新しく生まれ変わるのである（『エーダインへの求婚』）．

アルウェド　Airmed

【アイルランド】アルウェドは，アイルランドの医神ディアン・ケーフト*の娘である．ディアン・ケーフト*は，ガリアのアポロンに匹敵する医神である．アルウェドは，トゥアタ・デー・ダナン*の「健康の泉」に魔法の草を植えようと準備した．ところが，父親のディアン・ケーフト*が草をごちゃまぜにしてしまう．このため，草に魔力があるのかどうかわからなくなってしまう．アルウェドの名前は「節度」を意味する．

アルズュール　Arzur

【アーサー王（ブルターニュ）】アルズュール（Arzur）とは，アーサー王*の（アルモリカの）ブルトン語*の呼称である．

アルスル　Arthur

【アーサー王（ウェールズ）】アルスル⇒アーサー

アルタイオス　Artaios

【大陸ケルト】ガロ＝ロマン期の*碑文によれば，アルタイオスはメルクリウスの異名で，メルクリウスはケルトの*神ルグ*に当たる．アルタイオスという言葉には，art（「クマ*」の意）の語基が含まれている．

アルチュール　Arthur

【アーサー王（フランス）】アルチュール⇒アーサー

アルティオ　Artio

【大陸ケルト】アルティオは，ガロ＝ロマン期の*彫像にみられるクマ*を連れた女神で，とくにスイスの首都ベルンと縁が深い．おそらく古くからあるトーテミズムの名残だろう．

アルテュス　Artus

【アーサー王（フランス）】アルテュス（Artus）とは，アーサー王*の中世フランス語の呼称である．

アルデリッド　Arderydd

【スコットランド・ウェールズ】アルデリッドは地名で，北ブリトン*諸部族の間で大戦が行われた場所である．この場所でグェンノロウス王は命を落としたとされる．

ジェフリー・オヴ・モンマス（1100頃-55頃）の『マーリン*伝』（1148-55）で語られている伝承によれば，この大戦中に小部族の王，「メルリヌス」（マーリン*のラテン語形）は気が狂い，「カレドニア」の森に逃れ，野性の動物に囲まれた中で予言を始めた．ジェフリーの伝える「メルリヌス」は，ウェールズ語*でメルズィン*という．メルズィン*は，ウェールズ*の写本に残っている数篇の詩の作者である．ウェールズのこの写本には，こ

うした逸話がすべて書き留められており，『聖ケンティゲルン伝』からもその裏付けが取れる．聖ケンティゲルン（518頃-603）はスコットランド低地の福音史家である．

メルズィン*（英語ではマーリン*，フランス語ではメルラン*）作といわれる詩のなかには，アルデリッドの戦いに言及した個所がたくさん出てくる．このアルデリッドをスコットランド低地にあるアースレット Arthuret と特定したこともあったらしい．ともあれ，確実にいえることは，この伝説（おそらく基調をなしているのは史実である）がマーリン*のあらゆる物語（サガ）の源になっていることである．マーリン*は魔術師で，予言を行う魔法使い，いわゆる「森の狂人」で，「野人」として野性の動物を統括するシャマン，半ば悪魔的な人物としてアーサー王*に助言を与え，指導することになる男である．

アルト　Art

【アイルランド】アルトは，アイルランドの物語に登場する英雄である．アルトは半伝説的な王，百戦のコン*の息子である．父親の内縁の妻から呪いをかけられたために，彼は若い娘デルヴハイン*を探し求めて，異国への航海へ旅立たなければならなくなる．

アルトはデルヴハイン*とは会ったこともないのに，結婚しなければならない．この若い娘は，明らかに王権を表している．数々の試練を経て，アルトはデルヴハイン*とめぐり合い，結婚する．それから，王権の相続に異議を唱えていた父親の内縁の妻を追放する（『コンの息子アルトの冒険』）．

アルドゥインナ　Arduinna

【大陸ケルト】アルドゥインナは，クマ女神，またはクマ*を連れた女神である．これはガロ＝ロマン期の*彫像から知られるようになった．アルドゥインナとフランス北東部の県，アルデンヌ（Ardennes）の名はどうやら同じ語源を持っているようだ．ガリア語でクマ*を意味する ard または art の語基がこの名に見て取れると指摘する人もいる．

アルトゥース　Artus

【アーサー王（ドイツ）】アルトゥース⇨アーサー

アルトゥル　Arthur

【アイルランド】アルトゥルは，フィアナ騎士団*の長，アイルランドの英雄フィン*のイヌの名前である．

アレシア　Alésia

【大陸ケルト】アレシアは，ガリアのいくつかの都市の総称である．ウェルキンゲトリクス（前72頃-前46頃）とカエサル（前100-前44）の決戦の地アレシアを現在のアリーズ＝サント＝レーヌ（フランス，コート・ドール県）とするのは誤っており，カエサル，ディオン・カッシウス（155頃-235頃），プルタルコス（50頃-125頃）の著作を注意深く読めば，食い違いがあることがわかろう．ウェルキンゲトリクスが戦ったアレシアの地は，どうやらジュラ山脈に落ち着きそうだ（現在のアレーズかサラン＝レ＝バンまたはショ＝ド＝クロトゥノワ）．

アレシアという地名の語源は，たびたび議論の対象にされてきた．おそらく，岩肌の斜面を表すケルト*古語の派生語らしい．ギリシアの著述家が伝えるケルト*起源の伝説によれば，アレシア（フランスではアレシアと目されている場所は9個所あるが，少なくともそのなかの1つ）を創建したのはヘラクレスということになっている．ギリシアのこの神名は，ケルトの*神オグミオス*＝オグマ*に対応する．オグミオス*はヘラクレスのような神で，事実，雄弁と呪文の力で「縛める

いずれにせよ,「アレシア」という呼称は,高地に建てられた要塞・聖地を意味しており,「ドゥン*」(dun) や「ドゥノン」(dunon)(リヨン＝ルグドゥヌム,ルーダン,ヴェルダン,シャトーダンなどの地名) と混同してはならない.「ドゥン*」または「ドゥノン」は,最初は要塞・避難所を意味していたが,その後,城壁に囲まれた都市を表す言葉になった.

アワルギン　Amergein（またはAmorgen）

【アイルランド】アワルギンは,洪水後にアイルランドに定住した1種族の神話上の始祖である.伝説によれば,アワルギンは,超能力を持つ魔術にたけた詩人である(『アイルランド来寇の書』).

アンガラット（またはイガラット）Angharat（またはYgharat）

【アーサー王（ウェールズ）】アンガラットは,ウェールズの『ペレドゥル*の物語』に登場する女性である.英雄ペレドゥル*は,アンガラットに恋心を抱く.そして,アンガラットに自分のことをいちばんいとしいと告白してくれないかぎり,誰とも一言も口をきかないと誓いを立てる.アンガラットとは,まさに同じ物語のなかでペレドゥル*を「不思議の城」へ案内する謎の「女帝」の変身した姿なのである.

この女帝の役は,クレチアン・ド・トロワ(1135頃-85頃)の『ペルスヴァル*』(1185頃)では「雌ラバに乗った醜い乙女」が,ヴォルフラム・フォン・エッシェンバハ(1170頃-1220頃)の『パルチヴァール*』(1210頃)では聖杯*の女使者クンドリーエ*が担う.

アンクー（死霊）　Ankou

【ブルターニュ】アンクーは,ブルターニュ*（古名はアルモリカ）の伝承では,死を表象している.実際のアンクーは,死神を擬人化したものではない.その年に死んだばかりの故人の死霊であって,死神に仕え,これから死なねばならない人々の霊を集める役を負っている.

アンクーは,やせ細った恐ろしい様相をしており,17世紀にブルターニュ*に広がった反宗教改革より以前のものとは思えない.柄の付いた鎌を逆さまに持ったアンクーは,ギリシアのクロノスに似た風貌を持ち,ぎしぎし耳障りな音を立てる荷馬車を引いていると考えられていた.

アンクーと会うと,その年に死ぬといわれ

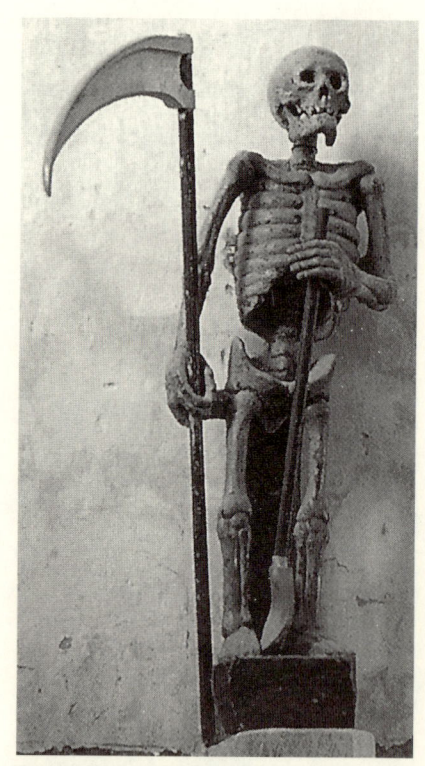

鎌と鋤を手にしたアンクー

た．アンクーは，バス＝ブルターニュ*地方にあるおびただしい伝承の中核を担う．それだけでなく，予感や「霊的予兆」，つまり凶兆に関わるさまざまな民間信仰を生み出す源になっている．

アングルシー（島） Anglesey

【イギリス・ウェールズ】アングルシー島は，ウェールズ*北部にあるモーン*島（モナ島）を英語にした現在の地名である．

アンダルタ Andarta

【大陸ケルト】アンダルタは，ガリアの勝利の女神で，ガロ＝ロマン期の*碑文から実証された．どうやらフランスのエクス＝アン＝プロヴァンスに近いサント＝ヴィクトワール山がガリア時代，アンダルタに捧げられた聖所であったらしい．

アンドラスタ Andrasta

【大陸ケルト】アンドラスタはアンダルタ*のことで，同じ神である．タキトゥス（55頃-120頃）は，ブリトン人*の女王ボアディケア，別名ボウディッカのことに触れているが，その話からアンドラスタの存在が実証されている．

アントルモン（台地） Entremont

【フランス】アントルモンは，エクス＝アン＝プロヴァンス（南仏）の北方に位置する台地で，前122年にローマ人によって破壊されたケルト・リグリア人の城壁都市の遺跡がある．これは，考古学的にも重要な遺物である．アントルモンの聖所から出土した彫像は，エクス＝アン＝プロヴァンスのグラネ博物館に展示されている．博物館では有名な「切れた首*」の像も見られる．

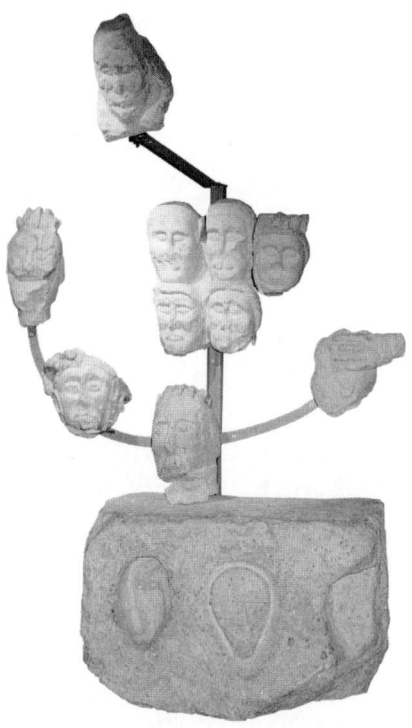

アントルモンの神殿から出土した首級像
フランス，エクス＝アン＝プロヴァンス，グラネ美術館

アンナ Anna
⇨アナ

アンナ，オルカニーのロットの妃 Anna, Loth d'Orcanie

【アーサー王（イギリス）】アンナは，アーサー王*の異母姉で，ガウェイン*（フランス語ではゴーヴァン*），アグラヴェイン*（フランス語ではアグラヴァン*），ガヘリス*（フランス語ではガエリエ*）の母である．ある物語では，アンナはモルゴースとも呼ばれている．おかげでモルゴースと妖精モルガ

ン*を混同する嘆かわしい事態が生じた（とくにジョン・ブアマン監督の映画『エクスカリバー』ではこの混同が尾を引いている）．

こうした混同は神話の本質をねじ曲げている．中世のどの物語でも，モルガン*は「裏切り者」モードレッド*の母親ではない．モードレッド*の母親は，はっきりアンナ（またはモルゴース）と指示されている．アーサー王*は，自分の異母姉のアンナと血縁関係があることも知らずに，本気で近親相姦の関係を結んでしまう（自分の本当の出生を知る前のことである）．

アンヌウヴン　Annwfn（またはAnnwynn）

【ウェールズ】ウェールズでは，「異界」のことをアンヌウヴンという．この言葉は「原初の深淵」を意味するが，元をたどれば，カエサルの証言に行き着く．カエサル（前100-前44）によれば，ドルイド僧*は，人類の先祖は闇と深奥の神，ディス・パテル*であると教えているというのだ．

注意しなければならないことは，ケルト人*にとって，1日が合法的に始まるのは日暮れであることだ．英語で2週間をfortnightというが，実際には「14夜」（fourteen nights）なのに「15日」，「ほぼ15日」にあたるこの言葉を2週間の意味で使うのは，ケルトの残映をそこに見る思いがする．⇒シード（異界）

アンフォルタス　Amfortas

【アーサー王（ドイツ）】アンフォルタスは，ヴォルフラム・フォン・エッシェンバハ（1170頃-1220頃）の『パルチヴァール*』（1210頃）に登場する漁夫王*の名前である．アンフォルタスは，大腿部に負った傷に苦しむ（大腿部は性器を婉曲に表す言葉である）．凍りつくような寒さのときには，もっとこの傷に苦しめられる．

だから，アンフォルタスは太陽（寒さに閉じ込められた太陽）を象徴している．彼は身分の低い女と結婚した科で，この傷を負うことになった．聖杯*を守る一族にふさわしくない女と性的な関係を結んでしまったのだ．

ヴォルフラムによれば，聖杯*を守る一族とは，テンプル騎士団のことで，アンフォルタスは騎士団長なのである．傷を治してくれたのは甥のパルチヴァール*である．パルチヴァール*が単純にこう質問したときに傷は治った．「伯父上，何に苦しんでおいでで」．リヒャルト・ヴァーグナー（1813-83）は，アンフォルタスに幾分怪しげな神秘性を与えて，アンフォルタスの役割を著しく膨らませた．

イ

イアルモネル　Iarbonel

【アイルランド】イアルモネルは，ネウェド*の息子で，詩人にして占者である．

イヴァル　Ibar

【アイルランド】イヴァルはクー・フリン*の御者であるが，より厳密には，クー・フリン*がシェーダンタ*と名乗っていた頃の御者である．イヴァルは，クー・フリン*がまだ5歳か7歳の頃に最初の武勲を立てたときにクー・フリン*のお供をしていた．

イヴァン（オウァイン）　Yvain (Owein)

【アーサー王（フランス・ウェールズ）】イヴァン（ウェールズ語ではオウァイン）は，アーサー*の戦友である．『イヴァン*または獅子の騎士』(1177-81頃)で，クレチアン・ド・トロワ(1135頃-85頃)はバラントン*の泉で繰り広げられたイヴァンの冒険とその後の経緯を語っている．イヴァンは，あらゆる闇の力に立ち向かってゆく文化英雄のような存在であるが，「女性」の支配権の中でしか生きていくことができない．事実，イヴァンの妻「泉の貴婦人*」ローディーヌ*は，湖を司る母神であり，イヴァンに対し絶対的な権力を主張している．

『イヴァン*または獅子の騎士』によると，ブロセリアンド*の森で泉の番人「赤毛のエスクラドス*」を倒したイヴァンは，未亡人となった番人の妻ローディーヌ*と結婚する．その後，結婚により騎士の本分を忘れることのないようにとゴーヴァン*（英語ではガウェイン*）から忠告されたイヴァンは，新妻から1年間にわたる出立の許可をもらい，馬上槍試合を転戦するうち，約束の期限を忘れてしまう．そのためイヴァンは，妻から使者を介して絶縁を言い渡されると狂気に陥り，森の中で野人同然の暮らしを始める．魔法の膏薬に救われ狂気を脱したイヴァンは，ヘビに襲われていたライオンを救うと，その後ライオンはイヴァンを命の恩人として慕い，忠実な戦友になる．武勇を重ねたイヴァンが「獅子の騎士」と呼ばれるようになったのはそのためである．ローディーヌ*との結婚のときには，ローディーヌ*の侍女リュネット*（ウェールズ語ではリネット*）が仲介役になったが，物語の大団円でもリュネット*がイヴァンとローディーヌ*の和解に手を貸し，以後2人は幸せに暮らす．

ウェールズの伝承では，イヴァンに相当するオウァインは，父ウリエン*（フランス語ではユリアン*）から有名な「ワタリガラス*の大群」を譲り受けている．版によっては，オウァインはモルガン*の息子となっている．詩人（バルド*）タリエシン*（6世紀）は，オウァインのために「弔いの歌」を1編書いている．オウァインはそもそも，父親同様，完全に実在の人物であり，サクソン人に対して北方のブリトン人*が挑んだ絶望的な戦いというはっきりとした場面に登場する．

イウェイン　Ywain

【アーサー王（イギリス）】⇨イヴァン

イーヴェイン　Iwein

【アーサー王（ドイツ）】イーヴェインは、ハルトマン・フォン・アウエ（1165頃-1210頃）が著した『イーヴェイン』（1205）の主人公の名で、クレチアン・ド・トロワ（1135頃-85頃）が著した『イヴァン*または獅子の騎士』（1177-81頃）の主人公イヴァン*に対応する。

イウェレット　Iweret

【アーサー王（ドイツ）】イウェレットは、ランスロット*（フランス語ではランスロ*）伝説の古層を伝える『ランツェレット*』に現れる、ランスロット*に相当するランツェレット*が倒さなければならない魔術師である。イウェレットの名は、イチイ*との関連を持っている。イウェレットは、ランツェレット*（ランスロット*）が、いまだ知らされていない自分の名を教えてもらうために遠ざけなければならない、闇の力を擬人化した存在である。イウェレットを倒していなければ、「湖の貴婦人*」はランツェレット*に決して彼の名前を明かしてくれなかったであろう。

イガラット　Ygharat

【アーサー王（ウェールズ）】イガラット⇨アンガラット

イグレーヌ　Ygraine

【アーサー王（イギリス）】イグレーヌ（フランス語ではイジェルヌ*、ラテン語ではインゲルナ*）は、ウェールズ語*では Egr に相当する。イグレーヌはコーンウォール*公爵ゴルロワ（ラテン語ではゴルロイス）の妻で、その後ウーゼル・ペンドラゴン*（フランス語ではユテル・パンドラゴン*）王の妻となる。イグレーヌはアーサー*、モルガン*、アンナ*（モルゴース）の母である。

イザルデ　Isalde

【アーサー王（ドイツ）】イザルデ⇨イズー

イジェルヌ　Ygerne

【アーサー王（フランス）】イジェルヌ⇨イグレーヌ

イス（ケル・イス，イスの町）　Is (Ker-Is)

【ブルターニュ】イスの町は、グラドロン*王の娘ダユー*が、土手に守られた海辺の場所に建てさせた伝説の町である。ブルターニュ*（古名はアルモリカ）に伝わるキリスト教色の濃い伝説によると、ダユー*と、快楽に身を任せて罪にまみれたイスの町の住人たちに降りかかった神罰によって、イスの町は水没してしまう。しかしながら民間伝承によると、イスの町は相変わらず海底にあり、町を見ることができるし、時には町の中に入ることもできるという。ある言い伝えはさらに、（「イスに匹敵する」Par Is という意味の）パリ（Paris）についての民間語源に基づいて、「イスが波間から浮かび上がるとき、パリは沈むだろう」と付言している。

イスに相当する遺跡を、ラ岬とヴァン岬の間、あるいはドゥアルヌネ湾の中に見つける試みがなされた。しかしブルターニュの*海岸にはいたるところに、水没した町々に関する伝承が残っており、その幾つかは完全に史実に基づくものである。イスの伝説は、ブルターニュ*（古名はアルモリカ）の伝説の中で最も有名で、最も根づいたものであるが、アイルランド、ウェールズ*、さらにはフランスの他の地方にさえ同工異曲の伝説が認められる。

イスの町の伝説は、気候と地質の変動と、無意識における抑圧というよく知られた心理学的な図式との出会いから生まれた重要な神話である。イスの町の伝説にはまた、歴史的な次元では、原始的な母権社会と勝利を収める父権社会との相克を、また宗教的な次元では、ドルイディズム*（ドルイド教の教義）とキリスト教の対立を見ることもできる。

イズー　Iseut

⇨イズー Yseult

イズー　Isoud

【アーサー王（イギリス）】⇨イズー Yseult

イズー　Yseult

【アーサー王（フランス）】イズー（英語ではイズールト*，イゾード*，イズー，ドイツ語ではイゾルト*，イザルデ*，イゾルデ*）は，アイルランド王の娘で，コーンウォール*のマルク*王の妻，トリスタン*の恋人である．イズーの原型はアイルランド人グラーネ*であるが，グラーネ*（Grainné）の名は「太陽」を意味する grian という語に由来している．「金髪の」イズーはケルト人*が崇拝した古代の太陽女神に相当する．

　神話では，イズーは生命，熱，光を恋人トリスタン*に分かち与えるが，「月」であるトリスタン*は少なくとも月に1度イズーに会わなければ生きてゆけない．金髪のイズーは最も完全で輝かしい「女性」像である．イズーは，ヘロドトス（前484頃-前425）が報告しているスキタイ人のアルテミスに似た，全能の神の似姿に対応している．イズーの名はケルト*起源ではない．イズーの名は Ishild という古形に由来するが，この形には「若い娘」を意味するゲルマン＝スカンジナビア語 hild が認められる．これによりトリスタン*伝説へのアイスランドの影響が想定される．

イスバザデン・ペンカウル　Yspaddaden Penkawr

【ウェールズ】イスバザデン・ペンカウルは，ウェールズのアーサー王物語『キルッフ*とオルウェン*』に現れるオルウェン*の父である．イスバザデンは片目の巨人であるがその目は，ちょうどアイルランドの伝承に現れるフォウォレ族*のバロル*のように「邪眼」である．イスバザデンは長い探索の末に，キルッフ*によって殺される．

泉の貴婦人　Dame de la Fontaine

⇨ローディーヌ

イズールト　Iseult

【アーサー王（イギリス）】⇨イズー

イゾード　Isode

【アーサー王（イギリス）】⇨イズー

イゾルデ　Isolde

【アーサー王（ドイツ）】⇨イズー

イゾルト　Isolt

【アーサー王（ドイツ）】⇨イズー

イチイ　If（ゲール語*では「ユール」iúr）

【ケルト】イチイは，ケルト人*にとっての聖樹である．ドルイド僧*はイチイの枝を使って魔法を行ったり，イチイの枝に碑文を刻んだりした．碑文は通常，呪詛の文句であり，オガム文字を用いた．アイルランドの伝承には，有名な2つのイチイがある．その1つは「ロスのイチイ」と呼ばれる最古の木で，その果実を食べる者に知識と英知を与えていた．もう1つは「ムグナのイチイ」で，キルデア州のムーン近郊にあり，これもまた最古の木である．その果実は泉の中へ落下し，1匹のサケ*の食べ物となるが，そのサケ*にはこの世の知のすべてが集められていた．「ム

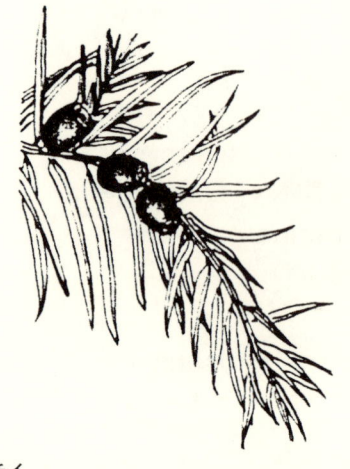

イチイ

背中の毛を逆立てたイノシシ
ガロ＝ロマン期の青銅像，オルレアン歴史博物館

グナ」はまさしく「サケ*」という意味で，「ムグナ」(Mugna)は「ムーン」(Moone)と発音される．

　ガリアとブリトン*の諸部族の中には，イチイ(evor)を指す古いケルトの*名前を想起させる呼称も持つ部族がいる．例えば，ベルギーの「エブロネス」(Eburones)族や，フランス・エヴルー地方の「アウレルキ・エブロウィケス」(Aulerci Eburovices)が挙げられる．エヴルー(Évreux)とヨーク(York)の名はイチイに由来する．

イデール　Yder

【アーサー王（フランス）】イデール⇨エデルン

イト　Ith

【アイルランド】イトは，ミール*の祖先にあたるブレオガンの息子で，詩人アワルギン*の兄弟である．イトは，アイルランドへやってきたすべてのゲール人*のなかで，最初に上陸した人である．

イーニッド　Enid

【アーサー王（ウェールズ）】イーニッド⇨エニッド

イヌ　Chien

【アイルランド】イヌは，ケルト*神話で大きな役割を果たしている動物である．イヌは家畜の群れの番をする．コンホヴァル*にしてもクー・ロイ*にしても数多くの叙事詩の主人公がその名に「イヌ」の語を秘めている．英雄クー・フリン*の名は，「クラン*のイヌ」という意味である．鍛冶師クラン*のイヌを殺したために，クー・フリン*はこの名を与えられた．過ちを犯した償いに，クー・フリン*は殺したイヌの身代わりになって，鍛冶師の守り手（番犬）になることを約束したのである．しかし，この話にはトーテミズムの漠とした名残が認められる．事実，クー・フリン*に課せられた禁忌の1つにイヌの肉を食べてはならないという掟がある．

イノシシ　Sanglier

【ケルト】イノシシは，ケルト人*にとっての聖獣である．イノシシは，ドルイドからなる祭司階級の象徴であるが，イノシシはまた，ウェールズの物語『キルッフ*とオルウェン*』に登場するトゥルッフ・トゥルウィス*に代表される，人々が幻想的な狩猟を通じて亡きものにしようとする，怪物的な動物でもありうる．

イブリス　Iblis

【アーサー王（ドイツ）】イブリスは，ウルリッヒ・フォン・ツァトツィクホーフェンの『ランツェレット*』に現れる，ランスロット*（フランス語ではランスロ*）に相当するランツェレット*が冒険の途上で「一時的に」契りを結ぶ女性のうちの1人の名前である．『ランツェレット*』は，グウィネヴィア*（フランス語ではグニエーヴル*）が全く姿を見せない，ランスロット*伝説の古層を窺わせる作品である．

イムラウ　Imramm

【アイルランド】「イムラウ」は，ゲール語*で「航海」を意味し，不思議な品，女性，あるいは天国のような場所を求めて，海上へと旅立ってゆく英雄が経験する冒険を指している．アイルランドの数多くの物語が，この図式に沿って作られている．

インケール，「ひとつ目の」　Ingcel le Borgne

【アイルランド】「ひとつ目の」インケールは，ブリテン島*の王の息子だったが，盗賊の一味の頭になって，飽くことのない強欲を満たし続けていた．インケールは，アイルランドの至高の王コナレ大王*の3人の乳兄弟と契約を結び，王を亡き者にしようとした．インケールのひとつ目はとてつもなく長く伸びて，あらゆる穴から中へ入っていくことができるので，インケールはこのようにして難なく敵の見張りをすることができる（『ダ・デルガの館の崩壊』）．

インゲルナ　Ingerna

【アーサー王】インゲルナ⇨イグレーヌ

インデフ　Indech

【アイルランド】インデフは，マグ・トゥレド（モイ・トゥラ）*の第2の戦いに現れる，フォウォレ族*の王である．インデフは，トゥアタ・デー・ダナン*にとって最も手強い敵である（『マグ・トゥレドの戦い』）．

インボルグ（祭）　Imbolc

【アイルランド】インボルグは，2月1日に行われるケルトの*大祭である．インボルグは，アイルランドでは聖ブリギッド*祭として，またキリスト教世界全体では，聖母お清めの祝日として生き延びている．インボルグは，冬のさなかに儀式的に行われる，いわば浄めの祭りである．

ウ

ウアタハ　Uatach

【アイルランド】ウアタハは，クー・フリン*に武芸の手ほどきをした，女戦士にして女妖術師スカータハ*の娘である．ウハタハ自らもクー・フリン*の修業に貢献する．ウアタハの名は「実に恐ろしい」という意味である．(『エウェルへの求婚』)

ウァテス　Vates

【アイルランド】「ウァテス」は，「占者」を指すラテン語である．ドルイドからなる祭司階級には，占者・預言者のような人々も含まれていたが，占者の役割は女性たちが行うことができた．ゲール語*で「ウァテス」に対応するのは faitte である．

ウアト　Uath

【アイルランド】ウアトは，アイルランドの伝承が伝える巨人である．ウアトはクー・フリン*によって首を斬られるが，今度は自分がクー・フリン*の首を斬るために次の年に再び会う約束をする．しかしながら約束の時が来るとウアトは，クー・フリン*の首を斬る振りをするにとどめる．この「首切りゲーム」は大変に流布したテーマで，アイルランドの『ブリクリウ*の饗宴』に見られるばかりか，『ペルスヴァル*』の第1続編(「カラドックの書」)や『ガウェイン*と緑の騎士』といったアーサー王物語の中でも取りあげられている．

ヴィヴィアーヌ　Viviane

【アーサー王(フランス)】ヴィヴィアーヌ ⇨ヴィヴィアン

ヴィヴィアン　Viviane

【アーサー王(イギリス)】ヴィヴィアン(フランス語ではヴィヴィアーヌ*)は，アーサー王物語では，ブロセリアンド*の森でマーリン*(フランス語ではメルラン*)に出会い，マーリン*に恋をする若い娘である．マーリン*はヴィヴィアンに魔術と様々な能力を教える．ヴィヴィアンはマーリン*を人の目には見えない城の中に閉じこめる．こうして「妖精ヴィヴィアン」となった彼女は，少年ランスロット*(フランス語ではランスロ*)を誘拐し，湖の中にある不思議な国でランスロット*を育てる．ヴィヴィアンはつまり「湖の貴婦人*」なのである．アーサー*に名剣エクスカリバー*を授けるのも，カムラン*の戦いの後，エクスカリバー*を引き取るのもヴィヴィアンである．ヴィヴィアンは，「湖の貴婦人*」として，母神であるのと同時に湖の妖精である．

ウェールズの伝承に現れるマーリン*の妹グウェンズィズ*と多少とも混同されてきたヴィヴィアンは，版によってはニニアーヌという名前で登場し，大変に謎めいた人物であり続けている．ニニアーヌはスコットランドで福音を伝道した聖人ニニアン(Ninian, 432年頃死去)の名の女性形であるが，この名はその後，モオンにある「カン・デ・ロワ」(「王たちの野営地」の意)と呼ばれる城塞跡の近くを流れる，ウスト川の支流，モルビアン県の川の1つに与えられた．なお「カン・デ・ロワ」という城塞は，湖水のランスロット*に対し，父ベノイックのバン王*が授

けた領土である可能性が高い．

いずれにせよ，ヴィヴィアンという名は恐らく「白い雌ウシ*」を意味する古形 Bo-Vinda が変形したものである．Bo-Vinda は，アイルランドの河川名ボイン*のことであるが，それは言い換えればダグダ*の姉妹かあるいは娘で，オイングス*の母にあたるボアンド*である．ヴィヴィアンはボアンド*と同様にいわば，淡水を司る妖精であり，「異界」の様々な力と秘密を握っている．この点を考慮すれば，水晶でできた居城でヴィヴィアンが，湖水のランスロット*を育て，彼の導き役を演じているのが納得できる．

ウィンロゲー　Winlogee

【アーサー王】ウィンロゲーは，イタリアのモデナ大聖堂の装飾窓飾りに施された彫刻に見られる，王妃グウィネヴィア*（ウェールズ語ではグウェンホヴァル*，フランス語ではグニエーヴル*）に対応する人物の名前である．この彫刻はグウィネヴィア*の誘拐とその解放を描いているが，それはクレチアン・ド・トロワ（1135頃-85頃）が『ランスロ*あるいは荷車の騎士』（1177-81頃）を著すにあたって利用した原話の概要を，いわば図像を用いて表現したものである．

ウェネティ族　Vénètes

【ブルターニュ】ウェネティ族は，フランス・ヴァンヌ地方の部族で，カエサル（前100-前44）によるガリア戦役の頃には，大西洋とイギリス海峡上での交易を牛耳っていた．ウェネティ族は，もともとはケルト人*ではなかったと思われるが，ケルト人*と同化していった．ウェネティという名（これはベネチア人の名でもある）は，白さ，美しさ，高貴の生まれを指す語基 veno に由来している（ブルトン語*では gwenn，ウェールズ語*では gwynn，アイルランド語*では finn になる）．

ウェールズ　Galles（Pays de）

【ウェールズ】ウェールズは，大ブリテン島南西部の地方のことである．ここにはかつて，島へ侵略にきたサクソン人たちに追われたブリトン人*の大部分が避難した．ウェールズ（カムリ*）は，長い間独立を保ってきたため，ブリトニックと言われるケルトの*諸伝承の貴重な証人である．ウェールズは，現在でもなおケルト語圏の国であり，その言語は12世紀から（アルモリカの）ブルトン語*とは区別されている．

ウェールズ語　Gallois

【ウェールズ】ウェールズ語は，（アルモリカの）ブルトン語*の姉妹語にあたるブリトニック語のことである（ウェールズ語では，ウェールズ語を「カムライグ」Cymraeg と呼ぶ）．

ヴェントリー　Ventry

【アイルランド】ヴェントリーは，アイルランドのディングル半島に位置する湾の名である．伝承によると，フィアナ騎士団*の王フィン*がここで，アイルランドを侵略しようとしていた「世界の王」を敗ったとされる．

ウォルティゲルン　Vortigern

【アーサー王（ウェールズ）】ウォルティゲルンは，ウェールズの伝承に現れる，裏切りを働く簒奪王である．ブリテン島*へサクソン人を呼び寄せたのはウォルティゲルンである．ウォルティゲルンはマーリン*（フランス語ではメルラン*）の初期の伝説に登場するが，ウォルティゲルンは間違いなく実在の人物である．ウォルティゲルンの逃亡先と考えられているブルターニュ*（古名はアルモリカ）では，伝承によると，ウォルティゲルンは隠者になり，かの地でギュルティエルン

(Gurthiern) というすぐにそれと分かる名前で「聖人」と見なされているとされる。ギュルティエルンという名は，「偉大な長」あるいは「偉大な王」を意味するウォルティゲルン（Vortigern）の音声変化から生じたものである。

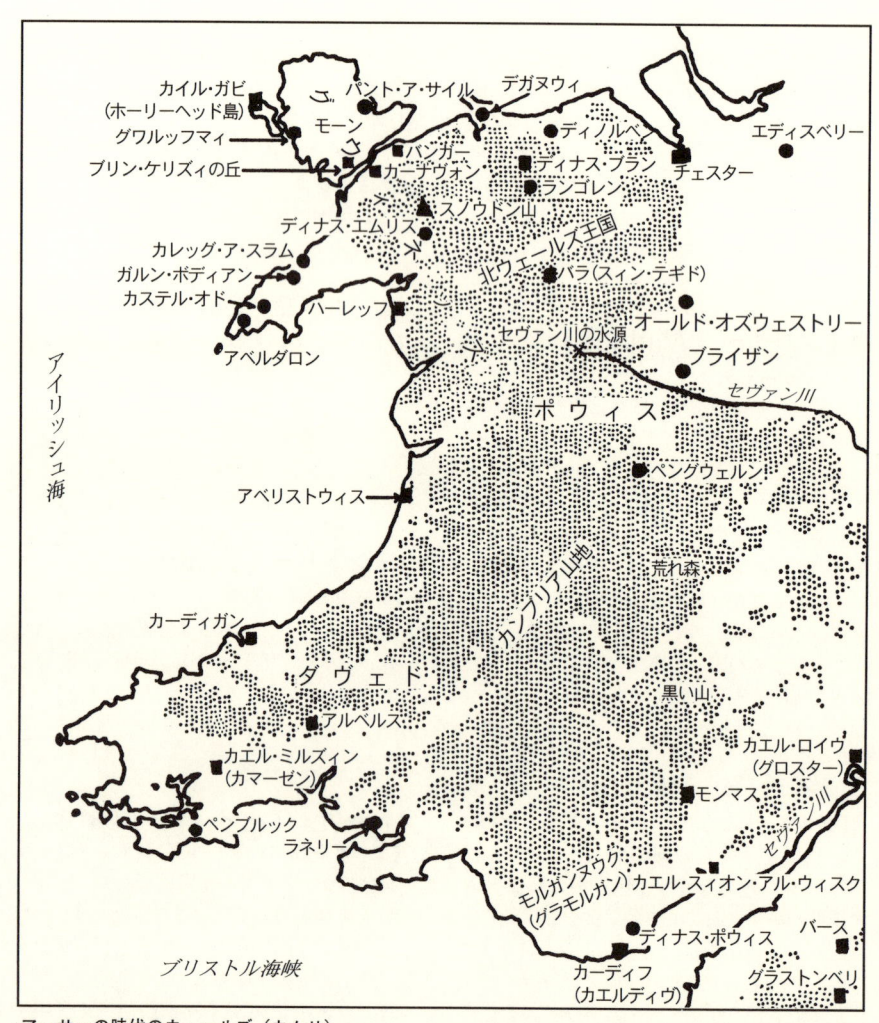

アーサーの時代のウェールズ（カムリ）

この領土全体は，主として3つの小王国ダヴェド，ポウィス，グウィネッズを含んでいるが，これにモルガンヌウク（グラモルガン）も加えなければならない。この一帯は，500年頃は，今日よりも広かった。セヴァンの谷は，いまだサクソン人に征服されていなかった。しかしながら，まさにセヴァンの谷へ，ピクト人*とサクソン人の侵攻を逃れた，北方のブリトン人*が集結しにやって来て，ウェールズに，特に文化的な面で新たな衝撃を与えた。

ウシュネフ　Ushnag（ou Uisneach）

【アイルランド】ウシュネフはミース*州にある、アイルランドの聖なる丘の1つである。ウシュネフの頂上からは、アイルランドの全32州のうち20州を目にすることができると言われている。伝承によると、トゥアタ・デー・ダナン*の王トゥアタル*が、フィル・ヴォルグ族*に対して勝利を収めた後に城塞を建てさせたのはウシュネフの地であるとされる。

ウシュリウ　Usnech（ou Uisnech）

【アイルランド】ウシュリウは、アルスター物語群に属する伝説に登場する、デルドレ*の愛人となる美貌のノイシウ*の父の名前である。（『ウシュリウの息子たちの流浪』）

ウーゼル・ペンドラゴン　Uther Pendragon

【アーサー王（イギリス）】ウーゼル・ペンドラゴン（フランス語ではユテル・パンドラゴン*）は、ブリテン島*の王で、アーサー*の父である。実のところ、ウーゼル伝説は、ネンニウスが著した『ブリトン人の歴史』（800頃）の写本の誤読から生まれたものである。「ウーゼル（ユテル）」に相当するutrという語は、アーサー*に付けられていた添え名にすぎない。その添え名とは、mab utr, つまり「恐るべき息子」であるが、これはアーサー*が子供の頃、クマ*に似て醜かったことを暗示している。アーサー*の名はクマ*に由来し、「クマ*」を意味するケルト*語artの派生語である。文字通りには「竜*の頭」を意味するウェールズ語の「ペンドラゴン」はいわば、偉大な人物のために頻繁に用いられる敬称である。

ウラド人　Ulates

【アイルランド】ウラド人は、アルスターに住む人々のことである。

ウリエン　Uryen

【アーサー王（ウェールズ）】ウリエン（フランス語ではユリアン）は、オウァイン*（フランス語ではイヴァン*）の父で、ランカスターとクライド川の間に位置する、北部のブリトン人*の国レゲドの王である。ウリエンは6世紀に実在した人物であるが、すぐさま伝説が彼を取りあげた。ウリエンは息子オウァイン（イヴァン*）同様に、神話上の英雄になった。また、ウリエンが苦境に立たされるたびに助けにやってくる「カラス*の大群」はウリエンのものとされている。この妖精たちのカラス*のうちに、「異界」の住人である鳥娘たちの姿を認めるのは難しくない。アーサー王伝説では、版によっては、ウリエンを妖精モルガン*の夫としているものもあるが、モルガン*は周知の通り、彼女自身、鳥に変身することができる。

エ

エヴァサハ　Évallach

【アーサー王】エヴァサハは，アーサー王物語の数編の原典で漁夫王*―または漁夫王*の父―の名前である．この名はケルト語*の名詞リンゴ，またはアヴァロン島*（ウェールズ語で「アヴァサハ*の島」という）と関係する．

エウィン・アヴラハ　Emain Ablach

【アイルランド】エウィン・アヴラハは，リンゴの島（「インスラ・ポモルム」），つまりアヴァロン島*のゲール語*名である．

エウィン・ワハ　Emain Macha

【アイルランド】エウィン・ワハの現地名は，「エマニア」でアルスターにある．ここはウラド人*の古代都市だった．この名は「マハ*の双子」を意味し，伝説の中で女神マハ*が創建した陣地と関係している．

エウェル　Emer

【アイルランド】エウェルは，アイルランドの英雄クー・フリン*の妻である．エウェルは素晴らしい性格の持ち主で，『エウェルへの求婚』や『クー・フリンの病』に登場する．⇨エトネ・イングヴァ

エーヴェル　Éber

【アイルランド】エーヴェルは，エーレウォーン*の兄弟に当たる．エーレウォーン*は，アイルランドに住む「ミール*の息子たち」（ゲール人*の祖先）の初代の王である（『アイルランド来寇の書』）．エーヴェルの名は，おそらくラテン語の hiber（「冬」の意）を生んだインド＝ヨーロッパ語の語根と関係しているのだろう．ローマ人はアイルランドのことをヒベルニア（Hibernia）といっていたが，この呼称にもインド＝ヨーロッパ語の語根の痕跡が認められる（『アイルランド来寇の書』）．

エヴニシエン　Evnissyen

【ウェールズ】エヴニシエンは，ウェールズの『マビノーギ*』（幼な物語）第2話に登場し，ブランウェン*とブラン・ベンディゲイド（「祝福されたブラン*」の意）の異母兄弟に当たる．エヴニシエンは，ブリトン人*を救うためにゲール人*が使っていた再生の釜を破壊する．

エブリウ　Ebliu

【アイルランド】エブリウは，マンスター王ファルヴェの妃である．エブリウは，義理の息子のエッカを愛してしまい，一緒に逃ざるをえなくなる．

エウン・エレス　Yeunn Ellez

【ブルターニュ】エウン・エレスは，（フランス・フィニステール県の）ブラスパールと

ブレンニリスの間にある，ブルターニュ*（古名はアルモリカ）のアレ山脈の沼の窪地であり，土地の伝承では地獄の門の1つと考えられている．

エオガン　Éogan

【アイルランド】アイルランド神話に登場する数人の人物にエオガンの名が付けられている．そのうちの1人，フェルンマグの王の息子エオガンは，デルドレ*が愛したウシュリウ*の息子ノイシウ*をコンホヴァル王*に唆されて殺してしまう（『ウシュリウの息子たちの流浪』）．

エオガン・モール　Éogan Mor

【アイルランド】エオガン・モールはアイルランドの神話上の王である（『マグ・ムクラマの戦い』）．

エオヒド（エルクの息子）Éochaid, fils d'Erc

【アイルランド】エルクの息子エオヒドはフィル・ヴォルグ族*の王である（『アイルランド来寇の書』）．

エオヒド・アレウ　Éochaid Airéainn

【アイルランド】エオヒド・アレウは，アイルランドの伝説上の王である．エオヒド王は，2度目のエーダイン*（転生したのではなく，生まれ変わったのである）と結婚したものの，妖精の国でエーダイン*の最初の夫であったミディル*神から妻を返して欲しいと要求される．エオヒド王とミディル*は，賭け勝負をする．ミディル*が勝ってエーダイン*を我が物にすると，2人はハクチョウに身を変えて妖精の国へ逃げ延びる．エオヒド王は，アイルランド島をくまなく探して追跡し，2人が身を隠した巨石塚のシード*（異界）を掘り起こさせる（『エーダインへの求婚』）．

エオヒド・フェドレフ　Éochaid Feidlech

【アイルランド】エオヒド・フェドレフはコナレ大王*の祖父である（『クアルンゲのウシ捕り』，『ダ・デルガの館の崩壊』）．

エオフ　Éochu

【アイルランド】アイルランドの伝承に登場する数人の人物にエオフの名が付けられている．ゲール語でエオフ（Éochu）はエオヒド*（Éochaid）の主格である．エオフの名は，「ウマ」を意味するインド＝ヨーロッパ古語の ekwo から派生した人名である．

エクスカリバー　Excalibur

【アーサー王】エクスカリバーは，フランスとイギリス双方の原典でアーサー王*の剣の名称である．エクスカリバーは，ウェールズ名のカレトヴルッフ（Caledfoulch/Kaledfoulc'h）を変形したものである．この語は「硬い切り込み」（「深い切り傷」の意もある）を意味するといわれていた．しかし，接尾辞の bulg または fulg にむしろ注意を向けるべきである．bulg にせよ fulg にせよ，つまりこれはインド＝ヨーロッパ語で，ラテン語「フルグル」fulgur（「雷，稲光り」の意）の母胎となった言葉である．カレトヴルッフ（Caledfoulch）は，したがって「硬い稲光り」または「硬い雷」（「硬い」には「激しい」の意もある）という意味で，この呼称は，まさに魔法の剣にふさわしい．エクスカリバーをクー・フリン*の「秘法の武器」ガイ・ボルガ*やトゥアタ・デー・ダナン*の魔法の剣カラドボルグ*（Caladbolg）と比較してみる必要があろう．

アーサー王物語群でエクスカリバーは，アーサー*に託された王権の剣である．ウーゼル・ペンドラゴン*に王位継承者として白羽の矢が立ったときに，若きアーサー*は，石

段に突き刺さっていた剣を抜き取るが、エクスカリバーはこの剣ではなく、「湖の貴婦人*」、別名ヴィヴィアン*によって「異界」からもたらされ、アーサー*に渡されたもう一方の剣のほうである。

カムラン*の戦いの後、アーサー*は、騎士のグリフレット*（またはギルフレット*、フランス語ではジルフレ*）に命じてエクスカリバーを湖に返させる。エクスカリバーが誰の手に渡ってもならないと考えたからである。すると、湖水から手が伸びて、剣をつかみ、3度剣を振り上げてから水中に消えていった。王権を表す魔法の剣は、「湖の貴婦人*」に返されたのである。

エシスト　Essyllt

【ウェールズ】エシストはイズー*のウェールズ*名である。

エスス　Esus

【大陸ケルト】エススはガリアの神で、ガロ＝ロマン期の*彫像によって確認されてい

王権の剣エクスカリバー
この図は、暗黒時代の考古学資料に基づいて、アーサー*の剣がどのように姿を見せたかを描いたものである。エクスカリバー（Excalibur）という名前は、ウェールズ語で「カレトブルッフ」（Caledfwlch）となったブリトニック語に由来し、「激しい雷」を意味するゲール語の「カラドボルグ」（caladbolg）と同じ系列の語である。それはトゥアタ・デー・ダナン*が、世界の北方の群島から持ち帰った4つの魔法の品の1つである。（モーン・リゴルによるデッサン）

エスス像

る，とくにパリのクリュニー美術館にあるナウテス（船乗りたち）の祭壇の浅浮き彫りにその像が刻まれている．エススの名は，おそらく「善良な」という意味らしい．

エーダイン　Étaine

【アイルランド】エーダインは，アイルランドの神話物語（『エーダインへの求婚』）のヒロインである．彼女はアイルランド王の娘である．ミディル*神は，エーダインのことが好きになり，養子のオイングス*を介して，自分が支配しているブリー・レイト*の地下の領地にエーダインを連れて来させる．

ところがミディル*の前妻フアムナハ*は，エーダインに魔法をかける．エーダインは昆虫にさせられる．昆虫は暴風雨に巻き込まれ，王妃に呑み込まれてしまう．王妃は妊娠し，新しいエーダイン*を生む．これは転生ではなく，生まれ変わりである．新しく生まれ変わったエーダイン*は，エオヒド*王の妃になる．ところがミディル*神から横槍が入る．ミディル*は，最後にエーダインをさらって，一緒に逃げてしまう．

エーダイン　Étaine

【アイルランド】ある物語（『ダ・デルガの館の崩壊』）によれば，ミディル*はエオヒド*王と仲直りをして，王にエーダインを返したらしい．ところが，本物のエーダインの身代わりにエオヒド王*とエーダイン*の実の娘を返したようだ．こうしてエオヒド*王と実の娘とがそれと知らずに結ばれ，この近親相姦から生まれた娘の名がやはりエーダイン*であったという．このエーダイン*はコナレ大王*の母になる．

エーダイン　Étaine

【アイルランド】エーダインは，鍛冶師オルク・アハの娘の名前である．エーダインは，コン*の息子アルト*とかりそめの恋をして，未来の王コルマク・マク・アルト*を生む．エーダインやエトネ*の名はいろいろな女性に付けられているが，いずれもアイルランドの王権を表している．

エダルシュケール　Eterscel

【アイルランド】エダルシュケールは，アイルランドの至高の王で，コナレ大王*の父親である（『ダ・デルガの館の崩壊』）．

エッカ　Ecca

【アイルランド】エッカは，マンスター王ファルヴェの息子である．エッカは，義母エヴリウ*との不義密通が発覚し，共にマンスターを逃れて北方の平原に居を定める．この平原には魔法の井戸があって，使った後は必ず蓋をしなければならないことになっていた．うっかり忘れたため，井戸があふれ出し，平原は水浸しになってネイ湖*になった．この話は，イス*の町の洪水の話と少なからず共通するところがある．

エデルン　Edern

【アーサー王（ウェールズ）】ウェールズの伝承でエデルンは，ニッズ*の息子に当たる．フランスのブルターニュ*（古名はアルモリカ）でエデルンは「聖人」になった．とくにフィニステール県（ブルターニュ半島突端にあり，エデルンとランヌデルンの教区）でエデルン信仰はきわめて根強い．これに対して，エデルンの兄弟に当たるグウィン*のほうは，ウェールズ*ではキリスト教の地獄の門番になった．

エデルンは，アーサー王*（ウェールズではアルスル*王）の宮廷の最も古い騎士の1人で，アーサー王物語群に湖水のランスロット*（フランス語ではランスロ*）が導入される以前は，王妃グウィネヴィア*（フランス語ではグニエーヴル*）の愛人の1人であった．エデルンの最大の手柄は，グウィネヴィア*を震え上がらせたクマ*を絞め殺したことである．この手柄話は意味深長である．アーサー王*の名称にはクマ*の名詞が組み込まれているからである．

ン*と結婚し、「あらゆる技芸に通じた」長い腕のルグ*神を生む（『マグ・トゥレドの戦い』）。

エトネ　Ethné

【アイルランド】エトネは、トゥレン*の娘の名前である。トゥレン*の不運な息子たちの姉妹で、この息子たちは、ルグ*の父キアン*を殺してしまう。ルグ*は、途方もない探索の使命を彼らに課して、復讐心を満足させる（『トゥレンの息子たちの最期』）。

エトネ　Ethné

【アイルランド】エトネは、ブルグ・ナ・ボーネ*（アイルランド北東部ニューグレンジ*の巨石塚）の執事ディフ*の娘である。オイングス*がこの妖精の宮殿を奪い取ったときに、父親は執事をしていたのである。

エトネは、魔法をかけられ、魔法のウシ*の乳しか飲むことができなくなる。実際、魔法をかけられたおかげで、エトネは妖精でなくなり、ただの人間になってしまう。このため、トゥアタ・デー・ダナン*を離れ、キリスト教徒になる（『2つの牛乳差しの館の滋養』）。

エトネ・イングヴァ　E(i)thné Inguba(i)

【アイルランド】エトネ・イングヴァは、英雄クー・フリン*の妻の名前である。『クー・フリン*の病』という物語だけ前半でそう呼ばれている。しかし、後半で妻の名前はエウェル*に変わっている。エウェル*のほうが通例の名前である。

エデルン

アルモリカ（現在のブルターニュ*）の聖人伝承では、エデルンは、シカ*とも関係している。いずれにせよ、野性動物と戦う太古の守護神の面影がエデルンにはあるのだ。アーサー王*を扱ったフランスの原典では、エデルンはノーサンブリアのイデールと呼ばれている。

エトネ　Eithné

【アイルランド】エトネは、アイルランド神話に登場する母神である。エトネの名前はいろいろあって、エーダイン*になることもあれば、ブリギッド*で現われることもある。

エトネ（長い舌の）　Eithné à la Longue Langue

【アイルランド】長い舌のエトネは、アイルランドの至高の王、百戦のコン*の最初の妃で、アルト*とコンラ*の母である。

エトネ　Ethné

【アイルランド】エトネはフォウォレ族*の娘である。トゥアタ・デー・ダナン*のキア

エニッド　Énide

【アーサー王（フランス）】エニッド（ウェールズ語ではイーニッド*）は、クレチア

ン・ド・トロワ（1135頃-85頃）の物語（『エレックとエニッド』1170頃）では，エレック*（またはゲライント*，ウェールズの異文による）の妻である．この名は「魂」を意味する．象徴的にいえばエニッドは，主人公エレック*の勇気を表している．エニッドは，古代のシカ信仰から生まれたものらしい．というのも，彼女が登場するどの物語でもエニッドは，シカ*のテーマとつながりを持っているからである．

エーニーテ　Enite

【アーサー王（ドイツ）】エーニーテは，ハルトマン・フォン・アウエ（1165頃-1210頃）が著した『エーレク*』（1190）のヒロインの名で，クレチアン・ド・トロワ（1135頃-85頃）が著した『エレック*とエニッド*』（1170頃）のヒロインであるエニッド*に対応する．

エフラム（聖）　Efflam

【アーサー王（ブルターニュ）】エフラムは，ブルターニュ*（古名はアルモリカ）の聖人である．伝説によれば，エフラムはアーサー王*の義兄弟になっている．この聖人は，サン゠ミシェル゠アン゠グレーヴ（フランス，ブルターニュ地方コート・ダルモール県）の海岸で，恐ろしい竜*を巧みに手なずけたという．

エポナ　Épona

【大陸ケルト】エポナは，ガリアというよりガロ＝ロマン期の*ウマの女神である．実際，エポナには古代の雌ウマ女神の面影が残っており，名称も「ウマ」を意味するガリア語の「エポ」epo-（ラテン語の「エクウス」equusに当たる）から派生している．エポナ信仰はローマ帝国全域に流布した．エポナはアイルランドのマハ*，ウェールズのリア

エポナ
フランス，アリエ県，国立古代博物館

ンノン*と同じ女神である．

エメリス・ウルディグ　Emrys Gwledig

【ウェールズ】エメリス・ウルディグは，アンブロシウス・アウレリウス*のウェールズ*名である．5世紀末の大ブリテン島で，ブリトン・ローマ連合軍の最後の司令官を務めた1人である．伝説では，エメリス・ウルディグは，若きマーリン*（ウェールズではメルズィン*）の庇護者になっている．

エーリウ　Eriu

【アイルランド】エーリウは，ゲール人*の祖先に当たる「ミール*の息子たち」がアイルランドに来寇したとき最初に会った女神，または妖精の女たちの1人である．ゲール語*で国名アイルランドの主格はエーリウ（Eriu），属格は「エリン」（Erin）である

(『アイルランド来寇の書』).

エルクワル　Elcmar
【アイルランド】エルクワルは，トゥアタ・デー・ダナン*に属している．彼はダグダ*の兄弟で，ボアンド*の夫である．エルクワルは，オイングス*によってブルグ・ナ・ボーネ*（アイルランド北東部ニューグレンジ）の領地を奪われる．ダグダ*とボアンド*は，怪しげな契約を交わして不義密通を結んだ．そこから生まれた息子がオイングス*である（『エーダインへの求愛』，『2つの牛乳差しの館の滋養』）．

エルフィン　Elphin（Elffin）
【ウェールズ】エルフィンは，ウェールズの伝承に登場する．グウィズノ・ガランヒル*の息子で，バルド*（詩人）であったタリエシン*の庇護者である．

エレイン　Elaine
【アーサー王（イギリス）】エレインは漁夫王*ペレス*の娘で，シトー修道会の影響を受けた『聖杯*の探索』（13世紀前半）に登場する．パーシヴァル*（フランス語ではペルスヴァル*）が食事中に不思議な行列を見て，黙ったままでいたときに，聖杯*を捧げ持っていた乙女がエレインである．エレインは湖水のランスロット*（フランス語ではランスロ*）と結ばれ，ガラハッド*（フランス語ではガラアド*）を生む．ガラハッド*は，キリスト教色の最も強い物語の中では，聖杯*のまぎれもない発見者になろう．

エーレウォーン　Éremon
【アイルランド】エーレウォーンは，アイルランドを支配したゲール人*の最初の王である．エーレウォーンの名（Éremon）は，インド・イラン系の神アリヤマン（Aryaman）に近い．これは，ゲール人*がインド＝ヨーロッパ語族であるとする考えの裏付けになる（『アイルランド来寇の書』）．

エーレク　Erec
【アーサー王（ドイツ）】エーレクは，ハルトマン・フォン・アウエ（1165頃-1210頃）が著した『エーレク』（1190）の主人公の名で，クレチアン・ド・トロワ（1135頃-85頃）が著した『エレック*とエニッド*』（1170頃）の主人公エレック*に対応する．

エレック　Érec
【アーサー王（フランス）】エレックは，クレチアン・ド・トロワ（1135頃-85頃）の物語『エレックとエニッド*』（1170頃）の主人公である．結婚後，妻のエニッド*に対してだけでなく，とくに自分自身のためにおのれの使命をやり遂げる能力があることを証明するために，驚くような武勇を発揮した騎士，これがエレックである．

物語の冒頭，「白シカ狩り」への参加をきっかけにエレックは美しいエニッド*と出会い結婚するが，その後エレックは愛に溺れ，騎士としての本分を忘れてしまう．妻の愛に疑問を持ったエレックは，妻とともに冒険の旅に出る．エニッド*は常に夫の前を進むことになるが，夫に何も話してはいけないと言われる．しかし危険が襲うたびにエニッド*はそれをエレックに知らせてしまう．一連の試練を克服した後，2人は愛を再確認する．その後エレックは「宮廷の喜び」と呼ばれる冒険を首尾良く切り抜けると，エニッド*とともにアーサー王宮廷に帰還する．そこで父の訃報を受け取ると，エレックは妻とともに戴冠する．

エレーヌ　Élaine
【アーサー王（フランス）】エレーヌ⇨エレイン

オ

オイウ　Oiw

【ウェールズ】オイウは，ウェールズ*の詩人（バルド*）の伝承に現れる唯一の原初の神の名前である．しかしながらこの伝承は，12世紀よりも前に遡ることはなく，従って「ドルイド的な」意味は全くない．それでも「オイウ」の発音が奇妙にも，東洋の「オーム」（AUM）やキリスト教の「アーメン」（AMEN）を想起させる点には注意しなければならない．

オイングス　Oengus

【アイルランド】オイングスは，「若い息子」を意味するマク・オーグ*の異名をもつ．アイルランドの伝承に現れるこの重要な人物は，ダグダ*とボアンド*の息子で，ミディル*の（時として，他の版によればマナナーン*の）養子である．オイングスは，シード*（異界）の丘ブルグ・ナ・ボーネ*の主である．オイングスは，エーダイン*とディアルミド*の守護神の役割を果たしている．オイングスは，人の目から姿を消してしまうマントを持っており，これを使って保護しようとする者たちを包むのである（『妖精の塚の奪取』，『エーダインへの求愛』，『オイングスの夢』）．

オイングスの城塞（ドゥン・アエングサ）Dun Aengusa

【アイルランド】ドゥン・アエングサ（Dun Aengusa）の文字通りの意味は「オイングス*の城塞」である．アラン諸島*の1つイニシュモアー島の断崖突端にある半円形の城塞が「オイングス*の城塞」である．明らかにこの場所は聖地であった．

オウァイン　Owein

【アーサー王（ウェールズ）】オウァインは，ユリアン*（ウェールズ語ではウリエン*）の息子である騎士イヴァン*のウェールズ名である．オウァインという人物は6世紀に，ランカスターとクライド川の間に住む，北部のブリトン人*のもとに実在したと考えられている．伝説によるとオウァインは，アーサー*の仲間の1人で，バラントン*の泉の冒険の主人公となっている．

オウァテス　Ovates

⇨ウァテス

オガム　Ogam（またはOgham）

【アイルランド】オガムは，アイルランドの文字で，ゲール人の*影響を受けたアイルランド，スコットランド，ウェールズ*の石碑に認められる，石あるいは木の上に垂直に彫られた文字である．この文字には，何ら魔術的なものはなく，ドルイド僧*が呪文のために使っていたに違いない．オガム文字は，ラテン語のアルファベットを作り変えたもので，その起源はキリスト教時代の開始以前には遡らない．

オグマ　Ogma

【アイルランド】オグマは，アイルランドの神であり，トゥアタ・デー・ダナン*の一

員である．オグマは，オガム文字の発明者と考えられている（『マグ・トゥレドの戦い』）．

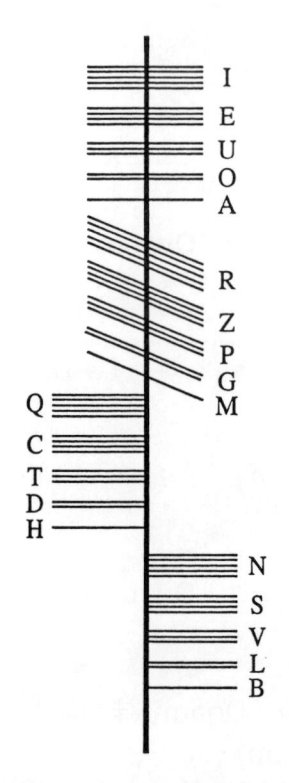

オガム文字

この文字体系は，ラテン語のアルファベットを置き換えたものであり，その起源は1世紀あるいは2世紀よりも前に遡ることはない．オガム文字は，立石あるいは木の柱の線上に刻まれ，水平あるいは斜めの線の連続からなっている．碑文は常に，献辞かあるいは賛嘆をこめた弔辞である．このオガム文字の実例が見つかるのは，アイルランドと大ブリテンの西部だけである．大陸には，1例も見つかっていない．アイルランドの伝承によるとこの文字は，ギリシア人にオグミオス*の名で知られていた雄弁の神オグマ*が発明したとされる．明らかにこの文字は，ケルト世界に特有のものであり，歴史上のアーサー*の時代に使われていた．

⇨オグミオス

オグミオス　Ogmios

【大陸ケルト】オグミオスは，サモサタのルキアヌス（120頃―180以後）が著した『死者の対話』によると，雄弁と言葉を司るガリアの神で，年老いたヘラクレスのような姿で描かれている．オグミオスの両耳からは金の鎖が出て，これがオグミオスに付き従う人々の口に達している．オグミオスは，インドのヴァルナのように，魔術の力で犠牲者たちを麻痺させる「縛める神」である．オグミオスはまた，聖なる言葉によって，神の世界を人間の世界に結びつける繊細な綱の象徴でもある．さらにオグミオスの名は，ケルト*起源とは思われず，「道」を意味するギリシア語に由来している．オグミオスあるいはオグマ*は従って，「天」を「大地」と結びつける原初の神＝ドルイド僧*と考えることができる．

オーグル（人喰い鬼）Ogre

【フランス】フランス語の「オーグル」（人喰い鬼）は，ラテン語の「オルクス」（Orcus）に由来するが，「オルクス」は「ウルク」（Ourcq）川の名のもとにもなっている．「オーグル」は民間伝承に受け継がれた神話上の人物で，これに相当するのは，人を殺めたり生き返らせたりする棍棒を持ったアイルランドのダグダ*や，有名なガルガンチュア*である．

オシアン　Ossian

⇨オシーン

オシーン　Oisin

【アイルランド】オシーンは，アイルランドの伝承（「フェニアン物語群」）に現れる人物である．ロマン派の時代にはヨーロッパ全体が，オシアン*と呼ばれたこの人物に熱狂した．オシアン*という名は，ジェイムズ・マクファーソン（1736-96）が英訳したとさ

れる有名な「オシアン」詩篇の中で，オシーンに与えたものである．オシーンは，フィン*とサドヴ*の息子である．オシーンという名は「子鹿」を意味する．オシーンは，好意的な人物でありまた，あらゆる不正に敵対する人物として描かれている．父親に忠実なオシーンは，それでもしばしば父の血気を鎮めたり，父の気配りのなさを取り繕おうとしている．オシーンは，フィアナ戦士団*のような荒々しい戦士社会において，調整役をつとめる英雄の典型である．アイルランドとスコットランドの民間伝承によるとオシーンは，複数の説話の主人公となっており，多くの詩篇がオシーンの作とされている．

雄ウシ　Taureau

【ケルト】雄ウシはケルト人*，特に牧畜民が大半を占めるアイルランド人にとっての聖獣である．叙事詩的なアルスター物語群は全体にわたって，神のような雄ウシをめぐる古代の信仰についての無意識的な記憶にあふれている．⇨「タルウォス・トリガラヌス」

オスカル　Oscar

【アイルランド】オスカルは，オシーン*の息子で，フィン*の孫にあたる．オスカルの名は「シカ*を可愛がる者」という意味である（「フェニアン物語群」）．

オルウェン　Olwen

【ウェールズ】オルウェンは，『キルッフ*とオルウェン*』に現れるウェールズのヒロインで，巨人イスバザデン・ペンカウル*の娘である．オルウェンは，英雄キルッフ*との結婚を運命づけられている．キルッフ*は，アーサー*とその仲間たちの助力を得て開始した長い探索の末に，イスバザデン*の首を斬り，それによりオルウェンを娶ることができる．オルウェンとは，「白い足跡」という意味である．

オルカニー　Orcanie

【アーサー王】オルカニーは，ガウェイン*（フランス語ではゴーヴァン*）の父ロット*が支配する国である．物語によるとオルカニーは神話上の国であるが，恐らくはオークニー諸島（Orkney）のことである．オルカニーという名前には，実に古い伝承が伝えるオルクス（Orcus）が認められる．オルクスの名は，例えばペトロニウス（1世紀）の『サチュリコン』では，ニケロスの語る話の中に死神として登場している．

オルミアハ　Oirmiach

【アイルランド】オルミアハは，ディアン・ケーフト*のもう1人の息子で，トゥアタ・デー・ダナン*の医師である．ヌアドゥ*の治療に加わるところからも，オルミアハが外科に熟練していることがわかる．

カ

カイ（またはクー） Kaï（ou Keu）

【アーサー王（ウェールズ・フランス）】カイ（フランス語では「クー」，英語では「カイ」*，ドイツ語では「ケイエ」*）は，ブリテン島*に伝わる初期の伝承の中では，最も古くからのアーサー*の仲間の1人である．フランスのアーサー王物語は，クーをアーサー*の乳兄弟，さらにはアーサー*の執事としている．また，クーをお喋りでほら吹きとして描くことで，クーの性格に変更を加えているように思われる．

　もともとは，カイはお喋りでもほら吹きでもなかった．カイは事実，呪力を備えた恐るべき戦士である．なるほどカイには，身体をとてつもなく長く伸ばし，1本の木よりも背丈を高くすることができ，またカイの体内の熱は雨の滴をすべて乾かし，彼の仲間たちを暖めることができるほどのものである．カイは明らかに，古代の怪力神を髣髴とさせる．

　ウェールズの*1編の詩は，カイがグウィネヴィア*（フランス語ではグニエーヴル*）の愛人であったことを示唆しているが，それはクレチアン・ド・トロワ（1135頃-85頃）が著した『ランスロ*または荷車の騎士』（1177頃-81頃）に現れる，クーがグニエーヴル*との不倫関係を疑われる一節を裏付けているように思われる．ウェールズの*物語では，カイはしばしば「カイ・ヒール」（長いカイ）あるいは「長い男」と呼ばれている．「カイ」（Kaï）という綴りは，フランスの物語で使われている「クー」（Keu）という綴りを，ウェールズ語の発音で正確に転記したものである．

ガイ・ボルガ Gai bolga

【アイルランド】ガイ・ボルガの文字通りの意味は「雷の投擲」である．ガイ・ボルガは，女武者スカータハ*が英雄クー・フリン*に教えた，戦闘で用いる魔術的な恐るべき技で，クー・フリンだけがこれを心得ていた（『クアルンゲのウシ捕り』，『アイフェの1人息子の最期』）．

カイル（城塞，都市） Caher

【アイルランド】「カイル」（Caher）はゲール語*で，ウェールズ語の「カエル*」（caer），後期ラテン語の「カストルム」（castrum）の変形された言葉である．ときにcahirまたはcathair（現代アイルランド語の綴り）とも書く．いずれにせよ「カイル」cairと発音する．意味はウェールズ語の「カエル*」（caer）と同じ「城塞」，「都市」である．

カイルテ Cailté

【アイルランド】カイルテ（Cailté）の現在の綴字はクィールチェ（Caoilté）である．フィアナ騎士団*の1人で，フィン・マク・クウィル*，オシーン*，ディアルミド*の冒険仲間である．カイルテの異名は「長い足」，早足で通っている．この人物はアイルランドの民間伝承（『古老たちの語らい』）で主役を演じるだけでなく，ごく最近の口承説話にもたびたび現われる．⇨『古老たちの語らい』

カヴァル Cavall

【アーサー王（イギリス）】カヴァルは、アーサー王*のイヌの名前である．ネンニウス（9世紀初）作とされるラテン語の原典、『ブリトン人の歴史』（800頃）やウェールズ*の数編の物語に登場する．

ガーヴァーン　Gawan

【アーサー王（ドイツ）】ガーヴァーン⇨ガウェイン

ガウェイン　Gawain

【アーサー王（イギリス）】ガウェイン（フランス語ではゴーヴァン*、ドイツ語ではガーヴァーン*）は、アーサー*の甥の中で最も有名な人物であり、古いケルトの*慣例に従えば、いわばアーサー*の跡継ぎである．ガウェインは事実、アーサー*の姉妹の息子で、そのためガウェインは、母系が指名する後継者となっている．ガウェインは、典型的な太陽英雄である．その証拠にガウェインの力は、太陽が地平線に昇るにつれて強くなり、午後になると弱まる．

　フランスの「円卓物語」ではガウェインは、冒険のさなかに出逢う「乙女」に必ず言い寄る、薄っぺらな人物になっている．しかしガウェインのこの姿は、本来の古い版には見られなかったはずである．ガウェインは、恐るべき戦士だったはずであり、クレチアン・ド・トロワ（1135頃-85頃）の『ペルスヴァル*または聖杯の物語』*の異教的な版と言うべきウェールズの*物語、『ペレドゥル*の物語』の中で、ガウェインの本来の姿が確認できる．『ペレドゥル*の物語』では、ガウェインに相当するグワルッフマイ*は、主人公ペレドゥル*よりも先に「不思議の城」にやってくる．

　幾つかの古い原典によれば、ガウェインが王妃グウィネヴィア*（フランス語ではグニエーヴル*、ドイツ語ではギノヴェーア*）の唯一の恋人か、あるいは恋人たちの１人であった可能性もある（ちょうどトリスタン*が王妃イズー*の恋人であったように）．ガウェインは、グウィネヴィア*の恋人としての役割を、湖水のランスロット*（フランス語ではランスロ*）に奪われることになったが、アルモリカ（現在のブルターニュ*）起源のランスロット*伝説は、アーサー王物語群に遅れて入り込んできたものである．

ガヴリニス　Gavrinis

【ブルターニュ】ガヴリニスは、ブルターニュ*（古名はアルモリカ）のモルビアン湾にある島で、ここには巨石塚がある．巨石塚の支柱の大半には、謎めいた図像が彫られている．ガヴリニスの建造物は、アイルランドにあるニューグレンジ*の建造物に匹敵するが、ケルト*神話の中でニューグレンジ*が見せる重要性についての伝承は、何も伝えられていない．

ガヴリニス（フランス・モルビアン県、ラルモル＝バダン）
これは、ガブリニス島の通廊形石室の内壁を形作っている、装飾割石である．大女神の表象は、母胎に集中し無限に広がっていく一連の曲線によって表現されている．これは絶えず創造をおこなう、普遍的なエネルギーの象徴である．

カエダン　Kaherdin

【アーサー王（イギリス）】⇨カエルダン

「帰らずの谷」　Val sans retour

【ブルターニュ】「帰らずの谷」は、（フランス・モルビアン県の）トレオラントゥの近郊、パンポン（ブロセリアンド*）の森にある小さな谷のことである．伝承によると、そこには妖精モルガン*が魔法をかけた危険な「谷」があったという．モルガン*はその谷で、愛する女性に忠実でなかった騎士たち全員を囚われの身としていた．この魔法を解いたのは湖水のランスロ*（英語ではランスロット*）である．

ガエリエ　Gaheriet

【アーサー王（フランス）】ガエリエ⇨ガヘリス

カエル　Caer

【ウェールズ】「カエル」（caer）は、後期ラテン語「カストルム」（castrum）から派生したウェールズ語*で、最初は「城塞」（英語のcastle）を意味した．それから、現代風にいえば「都市」の意味を持つようになった．（アルモリカの）ブルトン語*の「ケル*」（Ker）に当たる．

しかし、ケルト族*全盛期には、城塞化した囲い地は、必ずしも居住地というわけではない．危険が迫ったときだけ避難する城塞か宗教的な祭儀に当てられる聖地としての城塞であった．いずれにせよ、「カエル」（caer）という言葉は、ローマがブリテン島*を占拠した後、ケルト語*の「ドゥン*」dun に取って代って使われ出した言葉である．⇨カエル Kaer とケル Ker

カエル　Kaer

【ウェールズ】「カエル」（kaer）は、ウェールズ語*「カエル*」（caer）の、英語およびフランス語による綴りである．「カエル」（Kaer）は、軍事上あるいは宗教上用いられた、要塞化した囲い地を指していたが、その後、現在使われているように町を指すようになった．

カエル・ウィドル　Caer Wydr

【ウェールズ】カエル・ウィドル（Caer Wydr）の逐語訳は「ガラスの都市」である．ウェールズの伝承では「異界」の城壁都市のことで、この都市は、太陽光線が収束する「水晶の部屋」のテーマと結びついている．

カエル・ウィドル　Kaer Wydr

【ウェールズ】カエル・ウィドル（Kaer Wydr）の文字通りの意味は「ガラスの要塞」である．ウェールズの*写本に見られるこの定式表現は、「ガラスの島」を指す「イニス・グトリン」（Ynys Gutrin）という別の定式表現と一致しており、ラテン語の写本ではこの表現は、「ガラスの町」を意味する「ウルブス・ウィトレア」（Urbs Vitrea）という形で現れる．この「ガラスの町」は、民間語源の力を借りて意図的にグラストンベリ*に特定されている．古い神話によると、ガラスの壁を通して「異界」の人々の姿が見られるという．ただし、異界の人々を目にしても、彼らに話しかけることはできない．

この神話は、クレチアン・ド・トロワ（1135頃-85頃）の諸作品の中でもとくに、「ガラスの島の領主マエオラス*」という人物を登場させている『エレック*とエニッド*』（1170頃）に認められる．このマエオラス*は、『ランスロ*または荷車の騎士』（1177頃-81頃）ではメレアガン*となる．メレアガン*は、王妃グニエーヴル*（英語ではグウィネヴィア*）の誘拐者であるが、もともとは「そこから誰も戻ることのない」ゴール*国の王子である．写本の中には、「ゴール*」（Gorre）の代わりに「ヴォイル」（Voirre、「ガラス」の意）と書かれているものもあり、それは「異界」を扱う伝説集に現れる「ガラスの要塞」のもつインパクトを強調している．

カエル・シディ　Caer Sidhi

【ウェールズ】ウェールズのバルド*（詩人）, タリエシン*（6世紀）の作とされる難解な詩の中で, カエル・シディは, 島にあった不思議な城壁都市で, ここには9人の乙女に守られた鍋があった. ウェールズ語*の「シディ」(sidhi)は, 明らかにアイルランド語の「シード*」(sidh「異界」の意)と関係がある. カエル・シディは,「異界の城壁都市」に違いない.

カエル・シディ　Kaer Sidhi

【ウェールズ】カエル・シディは, 詩人（バルド*）タリエシン*（6世紀）—あるいはタリエシン*の名を借りた詩人—の作品に現れる,「異界」の要塞である. ウェールズ語*の「シディ」(sidhi)は, ゲール語*の「シード*」(sidh)と関連しているように思われる. ゲール語*の「シード*」は, 女神ダナ*の民, 言い換えればケルトの*古い神々が住んでいる塚を指している.

カエル・スィオン　Caer Llyon (Kaerlion, Carlion, Carléon)

【ウェールズ】カエル・スィオンの逐語訳は「軍団の都市」である. かつてローマが進出した南ウェールズ*にあり, ウィスク（ウスク）川のほとりは, アーサー王*の居住地の1つとみなされている.

カエルダン　Kaherdin

【アーサー王（フランス）】カエルダン（英語ではカエダン*またはカヘドリン*）は, トリスタン*伝説の大団円に現れる,「白い手のイズー*」の兄である. また, トリスタン*の腹心の友であり戦友である.

カエル・ペドリヴァン　Kaer Pedryfan

【ウェールズ】カエル・ペドリヴァンは, 四角形をした（「ペドリヴァン」perdyfanの指す意味）,「異界」の不思議な要塞のことである. この要塞は, 未知の国へ向かって出発したアーサー*の遠征を物語る, 詩人（バルド*）タリエシン*（6世紀）の作とされる, 謎めいた詩に登場する.

カエル・メルズィン　Caer Myrddin（または Caer Fyrddin）

【ウェールズ】カエル・メルズィンは, カマーゼン（ウェールズ南部の港市）のウェールズ*名である. 伝説によれば,「マーリン*（ウェールズではメルズィン*）の都市」とされている. しかし, メルズィン(myrddin)という言葉は,「海の城塞」を意味するラテン古語,「モリドゥヌム」(moridunum)の派生語である.

カエル・ロイウ　Caer Lloyw

【ウェールズ】カエル・ロイウは, 現在のグロスター*（英国イングランド南西部）のウェールズ名である. グロスターは「光の都市」といわれ, ここにモドロン*（母なる女神マトロナ）の息子, 若きマボン*が幽閉される. 若きマボン*は朝日を表している.

カシの木　Chêne

【ヨーロッパ】カシの木は, 全ケルト人*—また数多くの他民族—の聖樹である. 大プリニウス（23-79）によれば, ドルイド僧*は, カシの木や「象徴的にカシの木と見なされている他の木に生えている」ヤドリギ*を刈り集める（『博物誌』第16巻第249-251節）.

ヤドリギはガリアの言葉で「すべてを癒すもの」と呼ばれ, カシの木は神聖な生命力を表している. しかし, プリニウスが報告していることとは違うのだが,「ドルイド僧*」

(druide) という名詞は，カシの木を意味するケルト語の*名詞（dervo や cassano）から派生しているわけではない．

カタイル　Cathaír

【アイルランド】カタイルは，多少とも伝説的なアイルランドの至高の王である．フェドリウィドの息子で，百戦のコン*の後継者である（『ブリクリウの饗宴』）．

カタイル　Cathaír

【アイルランド】カタイルは，アイルランドの貴族で，エトネ*の父，至高の王コルマク・マク・アルト*の最初の王妃である．

カーディガン（湾）　Cardigan (baie de)

【ウェールズ】カーディガン湾は，ウェールズ西海岸の入り江である．ここにはイス*の町の伝説と同じようなウェールズの伝説が残っている．ある乙女がセイテンヒン王*に誘惑される．乙女は泉を守っていたが，過ちをおかし，それで泉の水があふれ出し，国が水没するという話である．

カトヴァド　Cathbad

【アイルランド】カトヴァドは，アルスター叙事詩群の最も有名なドルイド僧*である．コンホヴァル*の父親であるが，コンホヴァル*がアルスターの王位に就いたのは，女戦士であった母親のネス*の策略のおかげである．カトヴァドは，大半の物語群でコンホヴァル*の賢明な助言者として登場している（『ウシュリウの息子たちの流浪』，『クアルンゲのウシ捕り』，『クー・フリンの少年時代』）．

カノ　Cano

【アイルランド】カノは，アイルランドの短い物語に登場する主人公で，カノの運命はトリスタン*を想わせる．物語の終わりにイバラのテーマが出てくるが，このイバラは恋

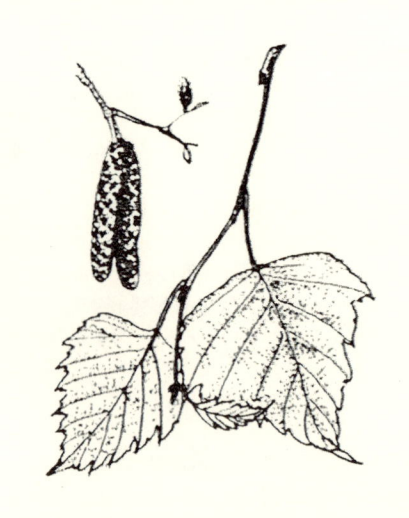

カバの木

人たちの墓を1つに結びつける．

カバの木　Bouleau

【アイルランド・ウェールズ】カバの木は，ドルイド僧*の聖樹である．落葉樹で，その分布は北の最果てまで広がる．だから，カバの木は生者と死者の神を象徴する．『カット・ゴザイ』（木々の戦い）は，ウェールズのバルド*（詩人）であったタリエシン*（6世紀）の作といわれているが，この作品で魔神グウィディオン*はカバの木に身を変える．カバの木というケルト語*の名詞は，地名になっている．とくに「ベズ」（Bézu）の地名はたくさんある．

貨幣　Monnaie†

【大陸ケルト】大陸ケルト人*が最初に貨幣を使い始めたのは，前4世紀頃のことである．ケルト貨幣は，都市化が進んだポー川（イタリア）北部のガリア地域で，ギリシア植民地のマッサリア（現在のマルセイユ）で流通していた貨幣（ドラクマ）の影響を受けて造られた．ポー川南部にも流布したが，初期の貨幣は，マケドニア王であったフィリッポス2世時代の金スタテル（20—28ドラクマに当

たる金貨の単位）を忠実に模倣したものが多い．

　その後鋳造されたケルトの貨幣としては，ガリア北部（現在のベルギー）で使われていたタラントの金スタテル，ヨーロッパ中部のアレクサンドロスの金スタテルなどがある．銀の貨幣が使われるようになったのは，前3世紀の中葉からで，やはりマケドニア色が強い．前2世紀に城壁に囲まれた都市に近いオッピダ（集落）の発展に伴い，ガリアでは貨幣システムが一変し，貨幣鋳造が多様化する．このため，貨幣に含まれている貴金属の純度が低下し，貨幣の名目上の価値と実質上の価値が遊離するまでになる．カエサルのガリア征服で貨幣鋳造は壊滅的な打撃を受けるが，青銅貨幣だけはアウグストゥス帝の時代に入っても鋳造され，ガロ゠ロマン期の*紀元後3世紀までこの鋳造は続く．イギリスのテムズ河畔でもすでに前2世紀頃に外来の貨幣が使われていたことが確認されている．

カヘドリン　Kahedrin
　【アーサー王（イギリス）】⇒カエルダン

ガヘリス　Gaheris
　【アーサー王（イギリス）】ガヘリス（フランス語ではガエリエ*）は，アーサー王物語に登場するガウェイン*（フランス語ではゴーヴァン*）の兄弟である．

カムラン　Camlann
　【アーサー王（イギリス）】カムランの戦いは，島のブリトン*軍とこれに立ち向かうピクト・サクソン同盟部族軍との戦いである．『カンブリア年代記』によれば537年，アイルランドの原典，『ティゲルナハ年代記』によれば541年に戦いは始まっている．歴史的にいえば，この戦いによって，島のブリトン人*の自立は終わり，アングル人（5世紀末以降，イングランドに定着したゲルマン民族），サクソン人，ジュート人（5，6世紀に大ブリテン島に渡った西ゲルマン部族），ピクト人*（ブリテン島*の古代民族）の侵略軍が勝利を収める．

　伝説ではアーサー王*がモードレッド*（メドラウト）と交えた最後の戦い，これがカムランの戦いである．モードレッド*はアーサー王*の甥―異父姉のモルゴースとの間に生まれた近親相姦の息子のこともある―である．アーサー*はモードレッド*を殺すが，自らも致命傷を負う．これが壮大なアーサー王叙事詩の全編を締めくくる．この戦いは，実際には2人のブリトン軍団長の壮絶な敵対関係から生まれたように見える．

　フランス語と英語の原典では，この戦いは，ストーンヘンジ*の巨石群遺跡からほど遠からぬソールズベリー（イングランド南部の州都）の平原に設定されている．しかし，コーンウォール州（イングランド南西部）のカムルフォード（カムル川の浅瀬）で戦いが行われた可能性が高い．カムルフォードには「虐殺の橋」（Slaughter Bridge）という名の橋がある．地域の伝承では，アーサー*とモードレッド*の戦いが行われた場所はこの橋に特定されている．橋の近くで石碑が発見されており，残念ながら日付はないが，事件を偲ばせる碑文が彫られてある．

カムリ　Cymru
　【ウェールズ】カムリはウェールズ語*の固有名詞で，「ウェールズ*」の意味である．

カムロ　Camulo
　【ウェールズ】カムロは，ブリトン人*とローマ人が融合した時期に軍神マルスに付けられた異名である．アイルランド伝承にもカムロ（Camulo）はクワル*（Cumal）の名で残っている．クワル*はフィアナ騎士団*の王，フィン*の父親である．

ガラアド　Galaad

【アーサー王（フランス）】ガラアド⇨ガラハッド

カラス　Corbeau

⇨ワタリガラス

カラダウク（カラドック）Karadawg（Caradog）

【ウェールズ】ウェールズの伝承では，複数の人物にカラダウクという名がつけられている．そのうちの1人は「ブラン・ベンディゲイド*（「祝福されたブラン*」）の息子」と言われている．アーサー*の仲間の1人にもカラダウクがいるが，この人物はフランスの諸作品ではカラドック（Caradoc）あるいはカラドゥック（Caradeuc）という名前で姿を現す．このフランス語名は，ブルターニュ*（古名はアルモリカ）でも使われている．

カラディーン　Calatin

【アイルランド】カラディーンは，コナハト（現在のコノート州）の女王メドヴ*のために戦ったアイルランドの戦士である．カラディーンと27人の息子たちは，レルネの沼沢地に住む9頭の大蛇，ヒュドラのケルト*版といった存在で，クー・フリン*に殺される．しかし，カラディーンの死後に生まれた6人の娘たちは魔女になって，クー・フリン*を魔法の罠にかけ，死へ追いやる．最後に父の仇を取ったのである（『クアルンゲのウシ捕り』，『クー・フリンの最期』）．

ガラテヤ人　Galates

【大陸ケルト】ガラテヤ人は，小アジア中央部にいたガリア民族である．ガラテヤ人という名前は，ケルト語の*語基「ガル」（gal）に由来する「ガリア人」（Gaulois）という名前と同じである．

カラドック　Caradog

【アーサー王（フランス）】⇨カラダウク

カラドボルグ　Caladborg

【アイルランド】カラドボルグは，トゥアタ・デー・ダナン*の魔法の剣で，ヌアドゥ*王が持っていた．剣を横領した者は，その手にやけどを負った．「雷の激しい一撃」，これがおそらくカラドボルグの意味である．アーサー王*のエクスカリバー*に匹敵する剣である．

ガラハッド　Galahad

【アーサー王（イギリス）】ガラハッド（フランス語ではガラアド*）は，シトー修道会の影響を受けた伝説，つまり13世紀前半に逸名作者によって書かれた『聖杯の探索』に代表される伝説に現れる，聖杯*の英雄の名前である．湖水のランスロット*（フランス語ではランスロ*）と，漁夫王*の娘エレイン*の息子であるガラハッドは，聖人と呼ぶにふさわしい人物である．何一つ欠点のないガラハッドは，聖杯*のあらゆる試練に成功し，聖なる器の中にあるものを見つめながら息絶える．

ガラハッドの名前は，『創世記』31, 48に現れる，ラバンの国とヤコブの国の境界となる塚の名「ガルエデ」に由来すると見られてきた．しかしながら，ガラハッドがキリスト教的な姿を顕著に見せているにもかかわらず，ガラハッドの名前は，「異国の」あるいは「力強い」を意味するケルト語の*語基「ガル」（gal）に由来しているように思われる．「ガル」（gal）は，「ガッルス」（Gallus「雄のニワトリ」の意）と「ガラティ」（Galati「ガラテア人」の意）の語基である．

ガラハッド　Galahad

【アーサー王（イギリス）】ガラハッド（フランス語ではガラアド*）は，湖水のランスロット*（フランス語ではランスロ*）の本名

ガリゼナイ　Gallicènes（Gallisènes）

【ブルターニュ】ガリゼナイは，クラウディアヌス帝時代のポンポニウス・メラの『世界地理』(43末-44初頭) に代表される古代の著作家たちの証言によると，フランス・ブルターニュ半島の突端に位置するサン島（ラテン語ではセナ島）に住んでいた，魔法を操り予言を行う女祭司たちのことである．ガリゼナイは，アヴァロン島*に住むモルガン*とその姉妹たちにまつわる伝説と確かに関係している．

ガルオ　Galehot

【アーサー王（フランス）】ガルオ（英語ではガレホール*またはガレハウト*）は，アーサー王物語に登場する大変不可解な騎士で，「女巨人の息子」，さらには「遠島国の領主」と呼ばれている．ガルオは，湖水のランスロ*（英語ではランスロット*）に対して強い賛嘆の念と同時に，顕著な同性愛的傾向も見せているため，両者の関係は大変に謎めいている．

ガルガメル　Gargamelle

【フランス】ガルガメルは，ガルガンチュア*の母である．ガルガメルという名前は，ラブレー (1494頃-1553) が発明したものではない．ラブレーはガルガメルに，「大口」という意味を与えているだけである．ガルガメルは事実，ケルトの*古い「跛行」神の名が変形されたものである．

ガルガン　Gargam

【ブルターニュ】ガルガンは，ブルターニュ*（古名はアルモリカ）の口承が伝える，巨人のような存在である．ガルガンの名前は，「腿の曲がった」，つまり「跛行」という意味である．ガルガンは，太古の伝承を受け継ぐ神話上の人物である．「ガルガン」は，モン＝ガルガン（「ガルガン山」の意）などフランスの地名にもその名を残し，ラブレー (1494頃-1553) はガルガンチュア*という人物の中にこれを取り込んだ．

ガルガンチュア　Gargantua

【フランス】ガルガンチュアは，ラブレー (1494頃-1553) が作中人物として用いた，フランスの民間伝承に現れる人物である（『ガルガンチュア物語』）．ガルガンチュアは，フランスや西ヨーロッパの地名に（例えばイタリアのモンテ＝ガルガノ），数多くの痕跡を残した古代ガリアの神を彷彿とさせる．ガルガンチュアは，建設し破壊する神であり，生と死を司り，大食漢で絶倫である．アイルランドでガルガンチュアに対応するのは，ダグダ*である．ガルガンチュアはもともとは，ギリシアの火と鍛冶の神ヘパイストスに似た跛行の大柄な神であったに違いないが，アレシア*の創設伝説から明らかなように，ガルガンチュアの外見はどちらかというとヘラクレスに似ていた．

カルナック　Carnac

【ブルターニュ】カルナックは，モルビアン県（フランス，ブルターニュ半島）南部にある先史時代の名所である．ガロ＝ロマン期の*地名で—エジプトの古代都市カルナク (Karnak) とはまったく関係ない—まさに正式の名称になっており，「堆石の地所」という意味である．メンヒル（立石）が驚くほど立ち並び，おびただしいドルメン（巨石記念物）をかかえたカルナックの遺跡は，しかしながら，ケルト文明のものではない．カルナックの遺跡はいつの時代も聖地であった．この聖地はケルト人*にも利用された．（44

カルナック
カルナックのケルマリオ巨石群

頁の写真参照)

カルヌテス(の森) Carnutes

【大陸ケルト】カエサルの『ガリア戦記』第6巻第13節によれば、カルヌテスの森は、全ガリアの宗教上の中心地であった。ドルイド僧*が年毎に集会を開いた場所は、この森である。大聖所が森の中のどこにあったのか正確には分からない。フランスのサン゠ブノア゠シュール゠ロワール(ロワール川沿いの町)にあったという人もいるが、大変疑わしい。それよりも、フランスのロワール゠エ゠シェール県(パリ南部)にあるシュエーヴルの謎めいた聖地とするほうがよかろう。

聖地のある場所は、広大なカルヌテスの森の中の聖なる空き地にすぎなかったのかもしれない。その跡地にシャルトル大聖堂が建てられた。知っての通り、シャルトル大聖堂は、行き当たりばったりに建てられたわけではなく、ドルイド教の残映を留めているのである。

カルン Carn

【アイルランド】「カルン」(Carn)はケルト語*で、始めは「堆石」を意味し、それから英語の「ケルン」(cairn)になった。「カルン」は、墓塚、とくに巨石墳墓を示す公式の用語である。

カルン(島) Carn

【ブルターニュ】カルン島は、ブルターニュ半島突端にあるフィニステール県北岸の小島である。この島にはとても風変わりな巨石、ケルン(堆石)が残っている。地域の民間伝承によれば、この島には、「ウマの耳を持った」不思議な王が住んでいた。この王とは、トリスタン*伝説の有名なマルク*王のことかもしれない。

華麗な白い角を持つもの Beau cornu d'aé

【アイルランド】『クアルンゲのウシ捕り』と呼ばれている有名な叙事詩の中で、コナハト(現在のコノート州)王アリル*の所有する聖なる雄ウシ*を「華麗な白い角を持つもの」といった。アイルランド語ではフィンド

ヴェナハ（Findbennach）．この聖牛は「クアルンゲの褐色のウシ*」と対立した．

カレトヴルッフ　Kaledvoulc'h
⇨エクスカリバー

カレドヴルッフ　Caledfoulch
⇨エクスカリバー，カラドボルグ

ガレハウト　Galehaut
【アーサー王（イギリス）】ガレハウト⇨ガルオ

ガレホール　Galehault
【アーサー王（イギリス）】ガレホール⇨ガルオ

カログルナン　Calogrenant
【アーサー王（フランス）】カログルナンはケノン（Kynon）のフランス語名で，クレチアン・ド・トロワ（1135頃-85頃）の『イヴァン*または獅子の騎士』（1177-81頃）では，アーサー王*にバラントン*の泉の不思議を物語る戦士である．

ガロ゠ロマン(期)の　Gallo-romain†
【大陸ケルト】「ガロ゠ロマン（期）の」という言葉は，ガリアがローマ帝国の支配下にあった時期，すなわちカエサルの平定が完成する前51年から，西ローマ帝国が滅亡する476年までの時期を指す．イタリア北部では，この形容語がいささか異なる意味合いで用いられる．ラ・テーヌ*期の影響が依然として大きい，つまり前2世紀から前1世紀初頭にかけての，ポー川北部のガリア地方のローマ人的面貌が「ガロ゠ロマンの」と形容されることがあるからである．

ガンガモール　Guingamor
【フランス】ガンガモールは，12世紀に逸名作者が著した短詩（中世の比較的短い物語詩）の主人公である．狩りの途中，ガンガモールは，「白いブタ*」を追いかけて道に迷い，「異界」に入り込んでいく．そこでガンガモールは，1人の妖精の愛を勝ち得るが，その妖精は，ガンガモールが「白いブタ*」の姿で見かけた女性に他ならなかった．

キ

キアン　Cian
【アイルランド】キアンはトゥアタ・デー・ダナン*に属する．キアンはルグ*神の父親である（『マグ・トゥレドの戦い』）．

ギヴァルシュ　Guivarc'h
【ブルターニュ】ギヴァルシュは，ブルターニュ*（古名はアルモリカ）の民間伝承に現れる，マルク*王の名前である．ギヴァルシュ王は「馬の耳」とはっきり述べられている．⇨マルク

キグヴァ　Kicva
【ウェールズ】キグヴァは，『マビノーギ*』（幼な物語）が伝える古いウェールズの伝承では，プリデリ*の妻の名前である．プリデリ*は，アンヌウヴンの長プイス*と，熟達した騎手として登場する女神リアンノン*の息子である．

ギジュマール　Guigemer
【フランス】ギジュマールは，マリ・ド・フランス（12世紀）が著した12編の短詩のうちの1編の主人公である．女性との恋愛経験がなかったギジュマールは狩りの途中で雌シカの姿をした女神と出会う．ギジュマールが雌シカに向けて放った矢は，跳ね返ってギジュマール自身の脚に怪我を負わせる．その怪我は，愛する女性の力がなくては癒すことができない．つまり，ギジュマールは実際に，女神に対して自らの非を認めて謝罪しなければならなくなる．

キトルアド　Cithruad
【アイルランド】キトルアドは，至高の王コルマク・マク・アルト*に仕えるドルイド僧*の重鎮である．この名は「赤い雲」を意味する．マンスター王との苛烈な戦いに参加したキトルアドは，呪力を使って敵陣に戦いを挑む．しかし，ドルイド僧*モグ・ルート*に敗れる．モグ・ルート*の魔術のほうが上回っていたからである．

ギノヴェーア　Ginover
【アーサー王（ドイツ）】ギノヴェーア⇨グウィネヴィア

キムリック人　Cymry
【ウェールズ】ウェールズ人は自分たちのことをキムリック人といっていた．「同国人」（Combroges）という意味である．この言葉は，ブリトン人*の撤退に合わせてサクソン人が西部に侵攻し，ブリトン人*の一部がアルモリカ（現在のブルターニュ*）に移住した後にようやく使われるようになった．

キャドベリ　Cadbury
【アーサー王（イギリス）】もっと正確にいうと，英国イングランド南部のウィルトシャー州にある「サウス・キャドベリ」のことをいう．6世紀の城塞化された丘で，城塞の遺跡も含まれる．「キャメロット*」の所在地と推定されており，信憑性がきわめて高い．「キャメロット*」というのは，伝説の中でアーサー王*となる人物が構えていた居住地の1つである．

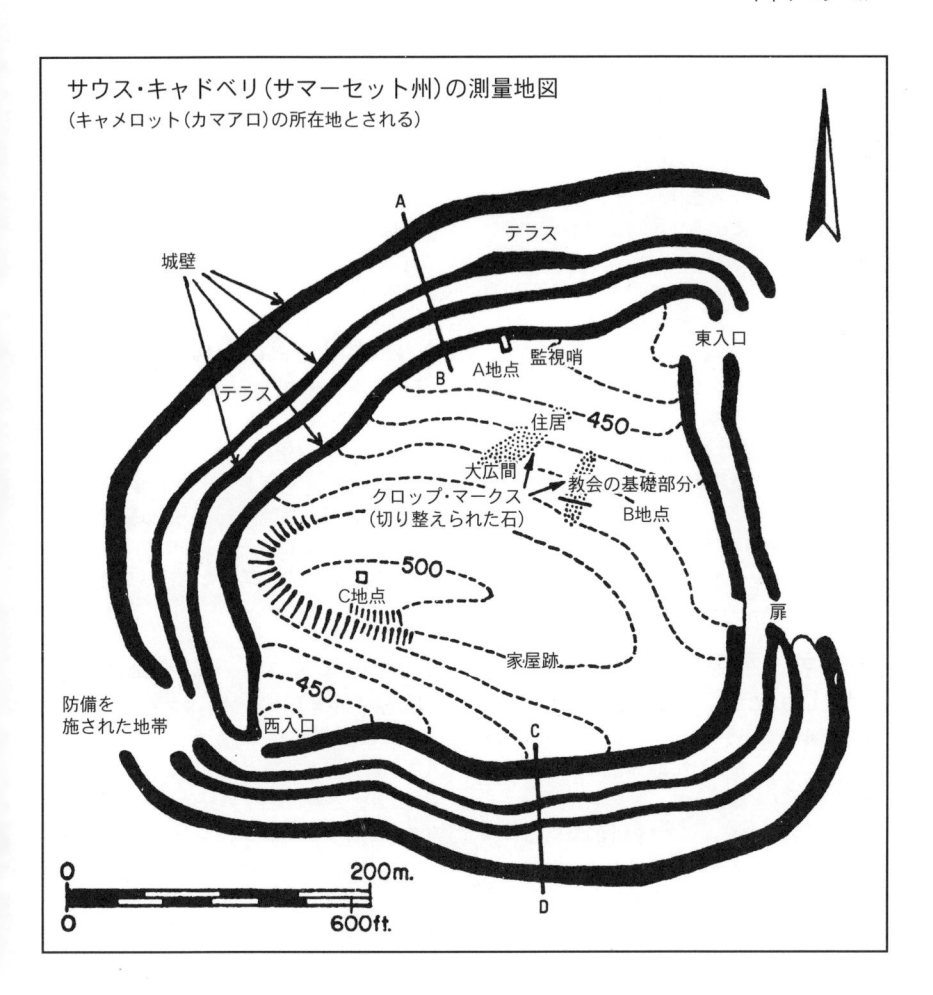

サウス・キャドベリ（サマーセット州）の測量地図（キャメロット（カマアロ）の所在地とされる）
1966年の発掘に基づいて作成されたこの地図をみると，アーサー*の居城カマアロが実際に存在したはずの場所を特定することができる．それは，鉄器時代の防備を施された丘で，ローマ時代に再利用された．発掘によれば，500年頃，暗黒時代の間は，強力な防衛システムを備えていた．A地点とC地点は，戦略上の場所で，地平線を見渡し，敵が丘へ接近するのを見張ることができる．B地点は，宗教上の場所であると思われ，ここに立てられた教会は，ブリトン人とローマ人が融合したブリト＝ロマン期の聖所となった．防備を施された地帯全体は，軍隊の大規模な召集が可能であり，主として騎兵からなっていたアーサー*軍のような軍隊に大変好都合であっただろう．城塞の4層からなる全体の幅の平均（AからB，およびBからC）は120メートルである．クロップ・マークスは，実にきれいに切られた石からできており，堅固な建築物を指している．

キャメロット　Camelot

【アーサー王（イギリス）】キャメロット（Camelot）は，フランスの写本ではしばしば「カマアロ」（Kamaaloth）と綴られる．アーサー王*の居住地の1つで，円卓の騎士たちが全員集まる出会いの場所である．

キャメロットはしばしば伝説の場所と考えられ，その跡地をめぐってさまざまな仮説が飛び交った．しかし，歴史上のアーサー*は，どうやらサウス・キャドベリ*（イングランド南部・ウィルトシャー州）に軍団の総司令部のようなものを置いていたらしい．サウス・キャドベリ*にある城塞の丘には6世紀のおびただしい遺跡が残っているからである．

漁夫王　Roi Pêcheur

⇨アンフォルタスとペレス

ギラ・ディアカル（無情なギラ）
Gilla Deacair（Gilla le Dur）

【アイルランド】ギラ・ディアカル（無情なギラ）は，やせこけて醜い奇妙な人物で，幻想的な雌ウマに乗って，フィン*，ゴル*，ディアルミド*，フィアナ戦士団*を挑発にやってくる．ギラは，結局は彼らを様々な幻想的な冒険へと連れ出すことになる．その冒険は，いずれ劣らぬ不思議な国々を巡っていくものである．その1つ「波の下の国」はまた，「約束の地*」が見せる様々な側面の1つである．この物語の異本の幾つかは，ギラがマナナーン*・マク・リルその人に他ならなかったことを示唆している．

切られた首，首切りの儀式
Têtes coupées（Rituel des）

【ケルト】首切りの儀式は，ケルト人*に特有の信仰であり，ギリシアやラテンの著作家たち，アイルランドの物語，「円卓物語」および考古学上の発見に見られる通りである．ただ単に倒した敵の首だけでなく，自分たちの仲間の首も大切に取っておかなければならなかった．首は力と知性が宿るところと考えられていたからである．聖杯*伝説のウェールズ版（『ペレドゥル*の物語』）では，聖杯*（グラアル）はお盆に男の首を載せたものとして描かれている．ガロ＝ロマン期の*彫像には，「切られた首」を描いたものが多く見られる．

キル　Cill（英語の綴りは kill）

【アイルランド】アイルランドの多くの地名に接頭辞として「キル」が入っている．この言葉はラテン語の「ケラ」（cella）から派生している．「ケラ」は「地下倉」，さらに「小部屋」，「隠者の住まい」を意味する．その後，この言葉はゲール語*に入って，人里離れた場所に隠者が建てた礼拝堂を意味するようになった．

ギルヴァエスウィ　Gilvaethwy

【ウェールズ】ギルヴァエスウィは，ウェールズの伝承によると，ドーン*の息子の1人である．ギルヴァエスウィは，アリアンロド*とグウィディオン*の兄弟である．マソヌウイの息子であり，ドーン*の息子たちの叔父にあたるマース*を生き延びさせている処女，若きゴイウィン*にギルヴァエスウィが恋したとき，グウィディオン*は策を弄して，マース*を遠ざけ，兄弟のギルヴァエスウィがゴイウィン*の処女を無理矢理奪う手助けをする．その復讐のために，マース*は一時，2人の甥（グウィディオン*とギルヴァエスウィ）を，性の異なる様々な動物の姿に変える．

ギルダス　Gildas

【ブルターニュ】ギルダスは，ブリテン*島出身の修道士である．ギルダスは，アルモリカ（現在のブルターニュ*）へ移り，そこに様々な草庵や，サン＝ジルダ＝ド＝リュイ（Saint-Gildas de Rhuys）修道院を創設し

た．ブリトン人の移住に関する興味深い著作『ブリタニアの破壊と征服』(*De Excidio et Conquestu Britanniae*) は，ギルダスの作とされている．ブルターニュ（古名はアルモリカ）の*聖者伝には，ギルダスに関する伝説的な要素が沢山見られる．

キルッフ　Kulhwch

【ウェールズ】キルッフは，ウェールズ語*による最古のアーサー王物語『キルッフとオルウェン*』に現れる英雄である．片目の巨人イスバザデン・ペンカウル*の娘，若きオルウェン*を妻に迎えられるように，キルッフはアーサー*とその仲間たちの助力を得て，彼らとともに幻想的な冒険に乗りだす．キルッフとは，「豚の囲い」という意味である．

キルデア　Kildare

【アイルランド】キルデアは，アイルランドにある古いドルイドの聖地で，謎の多い聖女ブリギッド*がここに修道院を開いた．キルデアの名は，「カシの木*の草庵」という意味である．

ギルフレット　Girflet

【アーサー王（イギリス）】ギルフレット⇨ジルフレ

キンヴァウル　Cynfawr

【ウェールズ】ウェールズの数名の人物にキンヴァウルという名が付いている．この名は，ゲール人*のコンホヴァル*（Conchobar），ブリトン人*（古名はアルモリカ人）のコノモール*（Konomor）に当たる名称である．

キンヴァルフ　Kynvarch

【ウェールズ】キンヴァルフは，有名な『ブリテン島三題歌*』が伝えるウェールズの伝承によると，ウリエン*王の先祖である．ウリエンは，息子オウァイン*（フランス語ではイヴァン*）とともに，アーサー王*の古

聖ギルダス像

くからの仲間の1人である．キンヴァルフの一族は，カラス*の大群を自由に操っていた．ワタリガラスの大群は，親族集団（クラン）に属する者たちを守り，親族集団と敵対する者には誰でも狂暴に襲いかかった．

キンズィラン　Kynddylan (Cynddylan)

【ウェールズ】キンズィランは，ウェールズ*のブリトン人の*長，ポウィスの領主であり，6世紀にブリテン島*を襲ったサクソン人の来襲の犠牲となった．ウェールズの*写本には，詩人（バルド*）スェヴァルフ・

50 キンズィラン

ヘンの手に帰されている秀作「キンズィランの死を弔う歌」が見られる．

ク

クー　Keu
⇨カイ

クアルンゲの褐色のウシ　Brun de Cualngé
【アイルランド】クアルンゲの褐色のウシ*は聖牛で，アイルランド最大の叙事詩『クアルンゲのウシ捕り』では，この聖牛をめぐってアルスター軍とコナハト軍との間で熾烈な戦いが繰り広げられる．アルスターの住民を守るのは英雄クー・フリン*，一方，女王メドヴ*の周りにはコナハト（現在のコノート州）の住民が集結し，両陣営は仮借ない戦いに突入する．クアルンゲの褐色のウシ*は，アイルランド語ではドン・クアルンゲ（Donn Cuailnge）．

クィールチェ　Caoilté
⇨カイルテ

グウィオン・バッハ　Gwyon Bach
【ウェールズ】グウィオン・バッハは，タリエシン*（6世紀）が変身前に持っていた名前である．

グウィズノ・ガランヒル　Gwyddno Garanhir
【ウェールズ】グウィズノ・ガランヒルは，ウェールズ*にあるカーディガンの半ば伝説上の王である．中世に作られた1編の物語と1編の詩によると，グウィズノ・ガランヒルの国は，イス*の町を襲った事件に似た，一連の事件が起こった後，波に呑み込まれてしまったとされる．

グウィディオン　Gwyddyon
【ウェールズ】グウィディオンは，ウェールズの伝承で最も有名な英雄の1人である．グウィディオンは，ドーン*の息子，アリアンロド*の兄弟で，スェウ・スァウ・ゲフェス*の父である．グウィディオンは，自分の叔父にあたる，マソヌウイの息子マース*のもとで魔術を学ぶ．兄弟のギルヴァエスウィ*（アーサー王物語に現れるジルフレ*に相当する）とともに，グウィディオンは，叔父マース*に対して罪を犯すと，マースは一時的にこの2人の甥の姿を，性の異なる様々な動物に変える．その後，グウィディオンは，マース*の助力を得て，カシノキ（デリ）の花と，エニシダ（バナディル）の花と，シモツケソウ（エルウァイン）の花からブロダイウェズ*を創り，これをスェウ・スァウ・ゲフェス*に妻として与える．スェウ*の殺害と復活の後，グウィディオンは，ブロダイウェズ*をミミズクに変える．

タリエシン*（6世紀）の作とされる有名な詩『カット・ゴザイ』（木々の戦い）によると，グウィディオンによって木に変えられたブリトン人*たちは，敵軍と戦って勝利を収めることができた．ここには，ケルト*神話に頻繁に現れる，「植物の戦い」のテーマが見られる．グウィディオンという名は，「博識」という意味である．グウィディオン

は事実，古代のドルイド僧*から受け継いだ魔術的な力を表しており，ゲルマンの神オーディン＝ウォータンに似た第1機能（デュメジル説によると聖性に関連）を代表する，古いケルトの*神を英雄化した表象と考えることができる．

グウィネヴィア　Guinevere

【アーサー王（イギリス）】グウィネヴィア（フランス語ではグニエーヴル*，ドイツ語ではギノヴェーア*，ラテン語ではグエンヌエラ*）は，アーサー王*の妻である．グウィネヴィアは，とりわけ湖水のランスロット*（フランス語ではランスロ*）との姦通愛で有名である．アーサー*と湖水のランスロット*との間に生じる諍いの原因は，グウィネヴィアにあると言ってよい．この諍いは，アーサー王*が支配する騎士団を弱体化し，その消滅を早めてしまう．

グウィネヴィアの物語は，ウェールズの*原典と，伝説の古層をとどめるフランスの幾つかの原典に照らすと，より複雑なものとなってくる．ランスロット*は，伝説本来の図式の中へ遅れて導入された人物であるが，グウィネヴィアには，ランスロット*以前にも多くの愛人がいたように思われるからである．その意味では，グウィネヴィアは，コナハト（現在のコノート州）のメドヴ*女王に匹敵する．メドヴ*女王は，王国が必要としていた戦士たちと喜んで臥所を共にしていたからである．

伝説の幾つかの版によると，グウィネヴィアは，アーサー*の甥であるガウェイン*（フランス語ではゴーヴァン*），エデルン*，カイ*（英語ではケイ*，フランス語ではクー*，ドイツ語ではケイエ*），さらには彼女を誘拐したメレアガン*はもちろんのこと，アーサー王世界を破滅に導くアーサー*の不義の息子で甥であるモードレッド*（フランス語ではモルドレ*）とも性的な関係を持っていた可能性がある．グウィネヴィアは「王権」を表しており，また「聖娼」として，この王権

グウィネヴィア*王妃とランスロット*（逸名作者によるフランスの版画，1478年）

これは，ケルト的な*タイプの「王妃」を中世の「宮廷風」に，つまり雅な姿で描いたものである．しかしながら，物語の古層をとどめる原典では，グウィネヴィア*（フランス語ではグニエーヴル*）はどちらかというと「王の娼婦」のような存在として現れ，象徴的に彼女の恋人となっている部族のメンバー全員に対して，彼女が体現している「王権」を分かち合わせている．

を自由に操り，王権を委ねられた戦士たちが王権を動かしていた．王権を託された戦士たちは従って，王妃グウィネヴィアが体現し象徴している集団の名において，武勲を立てる．

ブリテン島*で書かれた他の原典は，アーサー*が相次いで娶ったと思われる3人の異なるグウィネヴィアを引き合いに出している．そのうちの1人で，3番目にあたる女性は，アーサー*の前に，醜い老女の姿で現れたとされる．この女性に接吻し，そうすることで嫌悪感に打ち勝たねばならない状態に追い込まれたアーサー*は，接吻によって相手に，

若くて美しい姿を取り戻させたとされる．これは，王の任命についてアイルランドで流布しているテーマであり，王たる者は，外見に惑わされることなく「王権」を選ばなければならないのである．グウィネヴィアという人物は，それでもなお，多くの謎を残したままである．

グウィン　Gwynn

【ウェールズ】グウィンは，ニッズ*の息子で，エデルン*の兄弟である．グウィンは，恐るべき戦士である．キリスト教時代には，グウィンは地獄の番人の1人とされた．グウィンの名は，「白」を意味する．

グウィンヴリン　Gwynvryn

【ウェールズ】グウィンヴリンは，ロンドンの「ホワイト・ヒル」に相当する場所である．ウェールズの『マビノーギ*』(幼な物語) 第2話・第3話によるとここには，ブラン・ベンディゲイド*（祝福されたブラン*）の生首が葬られた．

グウェルターズ　Gweltaz

【ブルターニュ】グウェルターズは，ギルダス*の，ブルトン (アルモリカ) 語*名である．

グウェングワルク　Gwengwalc'h

【ブルターニュ】グウェングワルクは，ブルターニュ*の聖者伝承に現れるトレギエの若き学僧で，海の妖精によって海中へ連れて行かれる．聖テュグデュアルがグウェングワルクを救うが，妖精はグウェングワルクに自分のベルトを残した．グウェングワルクは病気になり，1年後に亡くなる．この話の図式は，アイルランドのコンラ*についての伝説と同一である．グウェングワルクという名は，「白いタカ」を意味する．

グウェンズッズ　Gwendydd

【アーサー王（ウェールズ）】グウェンズッズは，ウェールズの伝承によると，メルズィン*，つまりマーリン*（フランス語ではメルラン*）の妹である．グウェンズッズと兄との関係は，実に曖昧である．グウェンズッズは，ヴィヴィアン*（フランス語ではヴィヴィアーヌ*）と同一人物である．グウェンズッズという名前は，「白い日」を意味するが，ヴィヴィアン*という名前が，グウェンズッズという名前に由来するかははっきりしていない．

グウェンノレ　Gwennolé

【ブルターニュ】グウェンノレは，ブルターニュ*（古名はアルモリカ）の伝承では，ランデヴェネック修道院を創設した聖者である．グウェンノレは，イス*の町の水没を招いた諸々の事件に巻き込まれる．

グウェンホヴァル　Gwenhwyfar

【アーサー王（ウェールズ）】グウェンホヴァルは，グウィネヴィア*（フランス語ではグニエーヴル*）のウェールズ*名で，「白い幽霊」を意味する．

グウリ・グワスト・エウリン（黄金の髪のグウリ）　Gwri Gwallt Euryn

【ウェールズ】グウリ・グワスト・エウリン（黄金の髪のグウリ）は，ウェールズの『マビノーギ*』(幼な物語) に現れる人物名で，出生後に誘拐されたウェールズの英雄プレデリ*が，母親の女神リアンノン*によって息子と認められプレデリ*と名付けられるまで，プレデリ*に付けられていた名前である．

グウルグント　Gwrgwnt

【ウェールズ】グウルグントは，ガルガンチュア*の原型となった巨人神のウェールズ*

名である．⇨ガルガン

グウルナッフ・ガウル
Gwrnach Gawr

【ウェールズ】グウルナッフ・ガウル（巨人グウルナッフ）は，『キルッフ*とオルウェン*』が伝えるウェールズの伝承によると，トゥルッフ・トゥルウィス*という破壊的なイノシシ*を，唯一殺めることができる，魔法の剣を持っている巨人である．

グエンドロエナ　Guendoloena
（Gwendoline）

【アーサー王】グエンドロエナは，ジェフリー・オヴ・モンマス（1100頃-55頃）の『マーリン伝』（1148-55）に現れる，マーリン*の妻の名前である．グエンドロエナは，多少ともウェールズの伝承に現れるグウェンズッズ*と混同されてきた．

グエンヌエラ　Guennuera

【アーサー王】グエンヌエラ⇨グウィネヴィア

グトゥアテル　Gutuater

【大陸ケルト】グトゥアテルは，ユリウス・カエサル（前100-前44）の『ガリア戦記』の最後の巻を著したヒルティウスが記している名で，固有名詞と受け取られている（『ガリア戦記』第8巻38）．グトゥアテルというのは，実際には祭司職名で，これについては他に全く情報が残されていない．グトゥアテルという名は「言葉の父」を意味し，それは声による呪文という観念を含んでいる．語基 gut，あるいは gud は，ゲール*語のゲシュ*と関連を持っている．

グニエーヴル　Guenièvre

【アーサー王（フランス）】グニエーヴル⇨グウィネヴィア

首環　Torgue

⇨トルク

クー・フリン　Cûchulainn

【アイルランド】クー・フリンは，アイルランドの叙事詩に登場する最も有名な人物である．クー・フリン伝説のいくつかの異文では，彼はルグ*神の息子ということになっている．本名はシェーダンタ*（ここにはブリトニック諸語の「道」という名詞が認められる）だが，異名でクー・フリン（「クラン*のイヌ*」の意）と呼ばれるようになった．ウラド人*の鍛冶師クラン*のイヌ*を殺した償いに，イヌ*の身代わりになって，鍛冶師の守り手（番犬）になることを約束したことから，こういう異名をもらったのである（『クー・フリンの誕生』）．

若い頃から，クー・フリンは，「ヘラクレスのような」武勇で異彩を放つ．そもそもクー・フリンにはきわめてはっきりしたヘラクレスの特徴が見て取れる．同時にスキタイ伝承，とくにナルト族の中に同じような人物が認められる．クー・フリンは，英雄バトラズと驚くほど似ており，その点でインド＝ヨーロッパ系の元型とつながりを持っている．バトラズと同じように，戦闘心が嵩じて怒り心頭に発すれば，怒りを消すのに桶の水が何杯あっても足りないくらいである．百面相の能力は信じられないくらいで，これで身体の形相が完全に変わって見えてしまうほどである．こうして，人間離れのした側面が強調され，クー・フリンはキュクロプスのような存在になる．頭部からは「英雄の光」が放射されている．この光は半神のしるしで，神の霊感を得た人間であることを示している．

クー・フリンは，スコットランドで女戦士や魔女に囲まれ戦術を習った．同時に性的能力を驚くほど鍛練させた．『クアルンゲのウシ捕り』は壮大な英雄叙事詩だが，そこでク

ウェールズの貨幣*2枚に描かれた女戦士たち
アイルランドの伝承によると，クー・フリン*，フィン・マク・クウィルに代表される英雄たちは，女魔法使いの側面を幾分もった，不思議な女戦士たちから，戦闘術の手ほどきを受けている．このテーマは，聖杯*の物語群にも認められる．聖杯の物語群では，ウェールズ版によると，ペルスヴァル*が（グロスターの）カエル・ロイウの魔女たちから戦いの，さらには性の教育を受けるのが見られる．この慣例は，ケルトの*諸民族の間に太古の昔から伝わるものであると思われる．（モーン・リゴルによるデッサン）

ー・フリンは，アルスターの全住民中ただ1人，女神マハ*の呪いが引き起こす魔法の病を免れている．彼は女王メドヴ*が集結させたアイルランドの他の王国連合軍を敵に回して孤軍奮闘の戦いを挑む．

クー・フリンの武勇伝を数え上げたらきりがない．1人でする場合もあれば，戦友のロイガレ*やコナル・ケルナハ*と一緒にする場合もある．クー・フリンは，「ガイ・ボルガ*」（「雷の投擲」の意）という槍の秘法にたけていた．女妖術師からその操法を学んだ妖槍だった．彼は，恐ろしい槍の一突きで，敵にまわったかつての親友フェル・ディアド*を殺す．また，クー・ロイ・マク・ダーリ*にブラートナド*を横取りされたことから，クー・フリンは，女のブラートナド*と共謀してクー・ロイ*を殺す．さらに，「妖精の地*」へ出向き，そこで女神ファン*と大恋愛に落ちる．最後に女王メドヴ*に味方した敵方の同盟に敗れ去る．

クー・フリン*は魔術の罠にはまって，イヌ*の肉を食べなければならなくなる．これは，彼の最大の禁忌なのだ．この禁忌を破れば，それ以外の禁忌も破らざるをえなくなる．魔術とヒロイズムが火花を散らす波乱に満ちた一連の冒険の後で，クー・フリンは，自らの手で血祭りにあげたクー・ロイ*の息子ルギド*に殺される．クー・フリンの死の仇を取ったのは，コナル・ケルナハ*である．

クー・フリンは「光の英雄」，自分の所属する社会を擬人化した文化英雄であって，「光の英雄」のおかげで社会も神聖な性格を帯び始める．クー・フリンは，男性的な太陽信仰のようなものを表している（ケルト人*の間に太陽神は存在しない）．この太陽信仰は，ヒュペルボレイオス人（北方楽土）で崇

拝されていたアポロンの信仰と共通するところがある．クー・フリンは，またギリシアの英雄テセウスのように，この世から怪物や闇の力を一掃する偉大な正義の人である．アイルランドやスコットランドの民間口承でも，クー・フリンはじつに生き生きと描かれ続けた．

ダブリンの中央郵便局には，肩にハシボソガラス*（モリーガン*の象徴）を止まらせた瀕死のクー・フリン像が設置されている．この彫像は，アイルランドに居住するゲール人*が弾圧とまぎれもない集団大虐殺にさらされながら，英雄的に貫き通した抵抗運動のシンボルである．アイルランドは，あまりにも長い期間，そうした弾圧と虐殺に苦しめられてきたのである．

しかし，純粋に神話の枠内に限定していえば，あらゆる技芸に通じた「長い腕」のルグ*神の息子として，クー・フリンが「赤枝*」戦士団で果たした役割が，湖水のランスロ（英語ではランスロット）が円卓の騎士たちの中心人物としてアーサー王の社会で演じた役割とじつに似通ったところがある．⇨『クー・フリンの病』

『クー・フリンの病』 Serglige Con Culainn Inso Sis ocus Oenet Emire†

【アイルランド】原題は『クー・フリン*の病とエウェル*のたった1度の嫉妬』．クー・フリン*は1年間，正体不明の病に取りつかれる．サウィン祭*の日に1人の男が現われ，クルアハン*の平原でファン*が待っていると告げる．クー・フリン*は起き上がり，平原まで出かけて見ると，ファン*の姉妹，妖精リー・バン*が現われ，マグ・メル*（喜びの平原）まで来て，ラヴリド*の敵と戦ってくれれば，ファン*の愛が得られると語る．リー・バン*は，シード*（異界）の王ラヴリド*の妻であった．

クー・フリン*は，リー・バン*の懇願に応じ，戦車を駆って黄泉の島へ行き，ラヴリド*王の歓待を受ける．そして，敵の大軍と戦い，勝利を収める．こうしてクー・フリン*は約束通り，ファン*と1カ月の間，幸せな時を過ごす．別れの言葉を交わすとき，クー・フリン*は，アイルランドでの再会をファン*と約束する．

クー・フリン*の妻，エウェル*は，2人が約束した場所に先回りしてやって来る．クー・フリン*は，2人の女の嘆きに挟撃され，再会の場所は修羅場と化す．そこへファン*の夫，マナナーン・マク・リル*が突然現われ，妻をシード*（異界）へ連れ戻す．⇨クー・フリン

クマ Ours

【ケルト】クマは，ケルト人*にとっての聖獣であり，戦士階級から生まれた王の階級を象徴している．多くの英雄が，クマを意味する2つの名前，artとmatuから派生した名前を持っている．アーサー王*の名がその典型例である．

グラアル（聖杯） Graal

【アーサー王】「グラアル」(graal)という語は，オック語のgradal，現在のgrazalに由来する．「グラアル」の語は，12世紀末にクレチアン・ド・トロワ（1135頃-85頃）が著した『ペルスヴァル*または聖杯の物語』（1185頃）に，普通名詞として初めて現れる．クレチアンの作品では，「グラアル」は器であるが，クレチアンの続編作家たちの作品では平皿あるいは杯，シトー会派の影響を受けた『聖杯の探索』では聖盃，ヴォルフラム・フォン・エッシェンバハ（1170頃-1220頃）が著した『パルチヴァール*』（1210頃）では宝石，聖杯伝説の古層をとどめるウェールズ版『ペレドゥル*の物語』では，「切られた首*」をのせたお盆である．

「グラアル」は，キリスト教の影響を大き

聖杯（グラアル）（13世紀の聖盃）
中世キリスト教の原典によると、「グラアル」はイエス・キリストの血が注がれた聖盃のようなものである。ケルト*本来の伝承によると「グラアル」は、尽きることのない食べ物、あるいは不死の飲み物をふるまってくれる釜となっている。

く受けたが、その異教的なケルト*起源は疑いがない。「グラアル」の原型としては、アイルランド同様ウェールズ*にも見られる、再生・豊穣・霊感をもたらす釜や、中味が尽きることのない平皿や、健康の泉が挙げられている。何世紀にもわたり、この不思議な物体には、数多くの解釈が与えられてきており、新約聖書の外典の1つ『ニコデモの福音書』との比較もなされた。

キリスト教の正統的な版によれば「グラアル」は、アリマタヤのヨセフがキリストを埋葬する際に、キリストの血を受け取ったエメラルドの器とされるが、キリスト教の異端に、「グラアル」に多くの他の意味を与えてきた。ケルト*本来の見方によれば「グラアル」は、豊穣、知恵、不死といった観念と結びついた、力と全体性の象徴である。「グラアル」を登場させている儀式は、古代の王の即位式に属

している。この儀式の目的は恐らく、地上で神の原型を体現する、理想的で普遍的な王権の概念を浮き彫りにすることである。

さらに、中世の原典の中で「グラアル」という語が取る様々な形の中で、sangréalという形は、その曖昧さゆえに示唆的である。sangréalという語を2つに分けてみると、この語には、アリマタヤのヨセフの伝説に合致した「聖なる＝グラアル」（Saint-Graal）と同様に、現実のあるいは通過儀礼に現れる家系を示唆する「王の血」（Sang-Réal）を認めることができる。

「グラアル」に関連する原典はすべて、「グラアル」の守護を予め運命づけられた一門の重要性ばかりか、さらにはケルトの*慣例に従った、つまり母系の一門の重要性を力説している。例えばペルスヴァル*（英語ではパーシヴァル*またはパースヴァル*）は、漁夫王*の姉妹の息子である。「グラアル」はその場合、単なる物体である以上に、通過儀礼を通じて世代から世代へと伝えられる秘儀を象徴するものとなろう。

グラーウ・ディーゲン　Glam Dicinn

【アイルランド】グラーウ・ディーゲンは、フィリ*（詩人）が発する魔法の言葉による呪文で、呪文の対象となった人の顔に膿瘡を患わせることができる。呪われた人はその結果、大衆の前に出られなくなる。グラーウ・ディーゲンは文字通り、法益を剥奪する行為である。

グラストンベリ　Glastonbury

【アーサー王（イギリス）】グラストンベリは、（大ブリテンの）サマセット州にあるクリュニー派の修道院で、沼地の中央にある丘の上に建てられている。グラストンベリは、12世紀におけるアーサー王伝説伝播の一大拠点だった。グラストンベリの名は、民間語

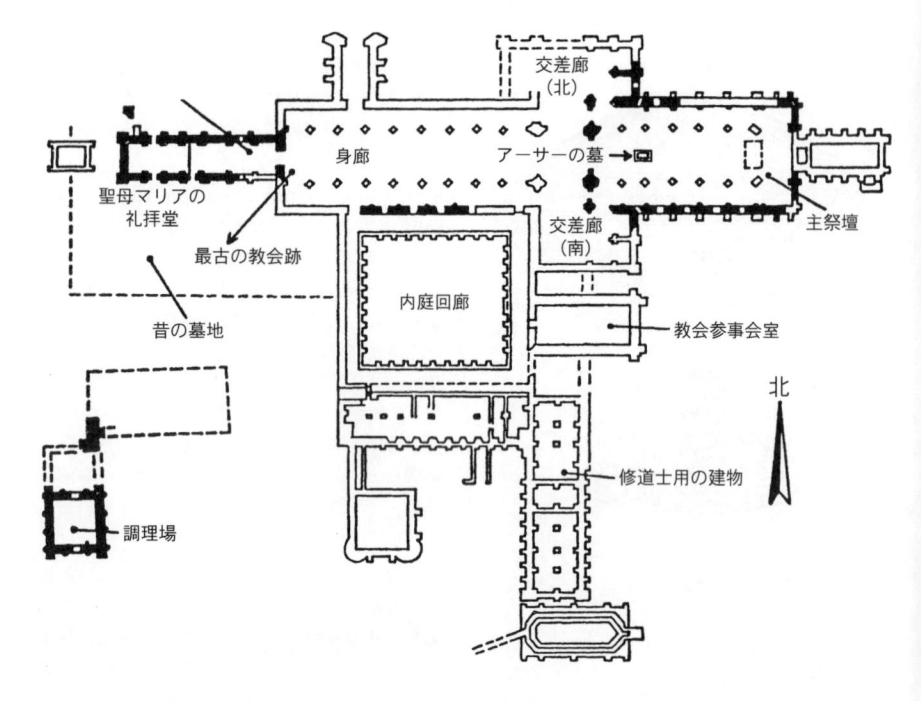

グラストンベリ修道院の図面（サマーセット州）

グラストンベリ修道院は、現在は廃墟となっているが、中世のものとされる一連の建物からなっている. ケルト的な*タイプの修道院跡に建てられ、複数の礼拝堂と、防備を施された広い囲い地の中にちりばめられた修道僧たちの部屋を備えていた. ケルトの*修道院自体は、ドルイドの聖地跡に建てられていた. 12世紀には、ヘンリー2世プランタジネット（1133-89）に後押しされて、まさにこのグラストンベリ修道院の中で、聖杯*とアーサー王*に関する伝説が展開された. 現地の伝承によれば、グラストンベリの最初の司教はアリマタヤのヨセフであり、彼がこの修道院に聖杯*を隠したとのことである. 英国国教会に流布している別の伝承によれば、イエス・キリストが15歳から30歳の間に、大叔父にあたるアリマタヤのヨセフとともに修道院へやって来て、ドルイド僧*たちと数多くの知的・霊的な交流を行ったとのことである. 中世全体にわたって、グラストンベリの修道僧たちは、何としてもこの修道院を謎めいたアヴァロン島*としてきたが、この見解は今日でも続いている.

源（「グラストンベリ」に含まれるglass「グラス」に注目されたが、実際はザクセン語の固有名詞 Glasteinである）から出発して、「異界」の名称の1つである「ガラスの町」（カエル・ウィドル*）として好んで解釈されてきた. グラストンベリは、アヴァロン島*とされてきた.

ヘンリー2世プランタジネット（1133-89）は、アーサー王*の正当な後継者であることを自認していたため、グラストンベリの修道僧たちを激励して、アーサー*に関する伝説を展開させ、それを流布させ、書き留めさせ、必要とあらば以上の目的のために作成された偽文書を利用した.

1191年に、グラストンベリでアーサー*とグウィネヴィア*（フランス語ではグニエー

ヴル*)の墓が「発見」されたと報じられたが，この墓は今日でも目にすることができる．グラストンベリには「チャリス＝ウェル」(Chalice Well，「聖杯の泉」の意)という泉があるが，その水は赤みを帯びている．聖杯*がそこに沈められていると言われている．グラストンベリの丘の頂上にある塔は，ケルトの*古い要塞跡である．現地の伝承によると，イエスの埋葬者として聖書に登場するアリマタヤのヨセフが，グラストンベリの最初の司教とされている．

グラドロン・ムール　Gradlon Meur

【ブルターニュ】グラドロン・ムール(グラドロン大王)は，ブルターニュ*(古名はアルモリカ)に存在したとされる，イス*の町の伝説上の王である．コルヌアイユ*には，グラドロンの名をもつ歴史上の王が複数存在したが，この伝説上の王が，いわば，1つの神話に惹きつけられた総合的な人物となっている可能性がある．ドルイディズム*(ドルイド教の教義)の残滓に対するローマのキリスト教と同様に，グラドロン大王は，娘のデュー*の権威に対する男性の権威を表している．12世紀の作とされるフランスの短詩の1つ『グラエラント』は，グラドロンに相当するグラエラントが妖精に恋をし，妖精を追って「異界」へと赴くさまを描いている．グラドロン大王は，「聖」コランタン*や「聖」グウェンノレ*と並んで，ブルターニュの民間伝承にしっかりと根付いている．

グラーニャ　Grania

【アイルランド】グラーニャは，グラーネ*(Grainné)という名前の別形である．

グラヌム　Glanum

【大陸ケルト】グラヌムは古代都市で，(フランス・ブーシュ＝デュ＝ローヌ県の)サン＝レミ＝ド＝プロヴァンス近郊にその廃墟が残っている．ケルト＝リグリア時代のものとされる最古の部分には，珍しい健康の泉があるが，これはその性質上，トゥアタ・デー・ダナン*の泉に似ている．さらにグラヌムという語は，glanに由来するが，glanは「純粋な」の意で，アイルランドの泉の1つの名前である．

グラーネ　Grainné

【アイルランド】グラーネは，フィン・マク・クウィル*の妻(あるいは許嫁)である．ある宴の間に，グラーネは恐るべきゲシュ*を使って，若きディアルミド*に彼女を連れ去るように強いる．そこから悲劇的な結末を迎える冒険が始まる(『ディアルミドとグラーネの追跡』)．グラーネは，金髪のイズー*の原型である．グラーネの名は，ゲール語*grianに由来する．grianは「太陽」を意味するが，太陽はケルト*諸語では常に女性名詞である．グラーネに備わる太陽の性格は明らかで，フランスの物語に現れるイズー*と同様に，グラーネは，ケルト人*が称えたいにしえの太陽女神を髣髴とさせる．

クラン　Culann

【アイルランド】クランはアルスターの鍛冶師で，ケルト*型の社会では重要な人物である．クー・フリン*は，若いときクランのイヌ*に襲われ，イヌ*を殺してしまう．その償いに若者は，「クランのイヌ*」，つまりクー・フリンと名乗るようになる(『アルスター物語群』)．

グラン　Grand

【大陸ケルト】グランは，フランス・ヴォージュ県にある町である．ここには，アポロン・「グランヌス」を祀る神殿があった．グランという現在の名は，アポロンの添え名であるこの「グランヌス」(Grannus)に由来する．

グランガレ　Gringalet

【アーサー王（フランス）】グランガレ⇨グリンガレット

グランヌス　Grannus

【大陸ケルト】グランヌスは，ガリアのアポロンに冠せられる添え名である．グランヌスは，「太陽」を意味するアイルランド語 grian を生んだケルト語の*語基に由来する．

グリアナン・アイレフ　Grianan Ailech

【アイルランド】グリアナン・アイレフは，アイルランドの，デリーからほど遠からぬところにある，ドニゴール州の高い丘にそびえる，鉄器時代の円形要塞である．この場所は，エウィン・ワハ*の王の城塞が捨てられた後，6世紀頃に，ウラド人*が占拠した．しかしながらグリアナン・アイレフは，軍事拠点である以上に，疑いなく「聖地としての城塞」であり，そこでは光の女神を称える祭儀が行われていたはずである．なぜなら grianan という語は，「太陽」を意味する grian の派生語だからである．

クリデンヴェール　Cridenbel

【アイルランド】クリデンヴェールは，トゥアタ・デー・ダナン*（またはフォウォレ族*，正確には分からない）の風刺詩人である．この詩人は，ダグダ*を翻弄しすぎて，最後にダグダ*に殺される（『マグ・トゥレドの戦い』）．

グリフレット　Griflet

【アーサー王（イギリス）】グリフレット⇨ジルフレ

グリンガレット　Gringalet

【アーサー王（イギリス）】グリンガレット（フランス語ではグランガレ*）は，アーサー王物語に登場する，ガウェイン*（フランス語ではゴーヴァン*）のウマの名前である．グリンガレットという名前は，「堅い背中」を意味するブルトン語*およびコーンウォール語 Kein-Kaled が変形したものと思われる．

クリンショル　Klingsor

【アーサー王（ドイツ）】クリンショルは，ヴォルフラム・フォン・エッシェンバハ（1170頃-1220頃）が著した『パルチヴァール*』（1210頃）に現れる，「黒い」魔術師の名前である．クリンショルは魔法を操り，彼の魔法の庭は，1つの罠になっている．

クルアハン　Cruachan

【アイルランド】クルアハンは，コナハト王アリル*と女王メドヴ*の居住地で，ロスコモン州（アイルランド北部）にある現在のラスクローハンがこの地に当たる．ここにはケルトの*城塞跡が残っていて，神話伝承によれば，城塞の下に妖精の住む「異界」の宮殿，シード*があったとされる．いずれにせよ，クローハンの城塞（ラスクローハンとは「クローハンの城塞」の意）は，タラ*，エマニア（古名はエウィン・ワハ*），グリアナン・アイレフ*，ウシュリウ*と並んでアイルランドにおける「異教の」聖地の1つである．

クルイティン　Cruithné

【アイルランド】クルイティンは，神聖な鍛冶師の娘である．『フィン*の幼な物語』というアイルランドの作品では，若いフィン*とクルイティンとの1年間にわたる結婚生活の顛末が語られている．実際，「クルイティン」というのは，ピクト人*の総称であって，ピクト（Picte）の元はプレタニア（Pretania），これが発展してブリタニア（Britannia，ブリテン島*のこと）になったのだから，この結婚は，ブリテン島*の大地との象徴的な結婚を暗示していることになる．

クルナン　Curnan

【アイルランド】クルナンは，アルスターにあるネイ湖*氾濫の物語に登場する人物である．この伝説は，イス*の町の伝説と同類のものである．しかし，氾濫の切っ掛けとなったのは井戸で，井戸の管理を任されていた女が管理を怠ったことから氾濫が起きた．クルナンは，これから起きることを予言していたのだが，誰1人それを信じなかった．

グルヒル　Gwrhyr

【ウェールズ】グルヒルは，ウェールズの伝承によると，最も古くからのアーサー*の仲間の1人である．グルヒルは，呪力を備えており，動物たちの言葉も含め，あらゆる言語を話す．グルヒルは従って，神＝シャーマンのような存在である．

クルンフ　Crunnchu

【アイルランド】クルンフは，女神マハ*の夫の名前である．

グレウルイト・ガヴァエルヴァウル（強握力のグレウルイト）　Glewlwyt Gafaelfawr

【ウェールズ】グレウルイト・ガヴァエルヴァウル（強握力のグレウルイト）は，ウェールズの*物語『キルフ*とオルウェン*』に現れる，アルスル*（アーサー*）に仕える恐るべき門番長の名前である．

クレード（またはクレーデ）　Créd（Créde）

【アイルランド】クレードまたはクレーデは，コンの息子アルト*を驚異の国で歓待する謎の女王の名前である．クレードは，アルト*が乙女のデルヴハイン*とめぐり合い，我が物にしてアイルランドまで何としても連れ帰れるようにさまざまな助言を与える（『コンの息子アルトの冒険』）．

クレードネ　Credné

【アイルランド】マグ・トゥレド*の第2の戦いの物語で，クレードネは，トゥアタ・デー・ダナン*の青銅鋳造師であることが分かる．青銅を豊富に活用していた社会の円滑油としてなくてはならない工匠だったのである．

クレードネ　Creidné

【アイルランド】クレードネは，フィアナ騎士団*に加わって，地上でも海上でも戦った女戦士である．父親と近親相姦の関係を結び，3人の息子をもうけたが，その後，家から逃げ出した．

クー・ロイ・マク・ダーリ　Cûroi Mac Dairé

【アイルランド】クー・ロイ・マク・ダーリは，アイルランドの叙事詩に登場する神話上の人物である．クー・ロイは，「異界」の神である．クー・フリン*と対立し，結局，自分の妻ブラートナド*と共謀したクー・フリン*に殺されてしまう．クー・ロイは，マンスターの王ともいわれている．マンスターの民間伝承と地名には，クー・ロイの痕跡が数多く残っている．クー・ロイは，しばしばキュクロプスの相貌を帯びる．自分の体を巨人に変身させることさえできた（『ブリクリウの饗宴』，『クー・ロイの最期』，『ウラドの人々の衰弱』）．

グロスター　Gloucester

⇨カエル・ロイウ

グロヌウ・ペビル　Gronw Pebyr

【ウェールズ】グロヌウ・ペビルは，ウェ

ールズの『マビノーギ*』(幼な物語) 第4話に登場するブロダイウェズ*の若き愛人で、スェウ・ァゥ・ゲフェス*を殺害する.

クロム・クルアハ　Cromm Cruach

【アイルランド】聖パトリック (385/390-461頃) の伝説によれば、クロム・クルアハとは、ドルイド教の囲い地で、ここで人身御供の儀式が行われていた. 聖パトリック*は、この石壁の囲いから「悪魔」を追い払っていたとのことである.

クロム・デロール　Crom Deróil

【アイルランド】クロム・デロールは、コナハト (現在のコノート州) 王アリル*と女王メドヴ*の配下にあるドルイド僧*の重鎮の1人である.

クロムレフ　Cromlec'h

【アイルランド】クロムレフ (石室墳墓の名称) とは、巨石文化時代のもので、いくつかの立石を円形に並べたものをいう. ケルト人*はこの環状列石を聖地として利用した. 英語でクロムレフといえば、ドルメン (巨石記念物) に当たる言葉である.

クロンファート (修道院)　Clonfert

【アイルランド】クロンファート修道院は、現在のゴールウェイ州 (アイルランド西部) に聖ブレンダン* (484-577/583) が建てた修道院である. この謎の人物はアメリカ大陸の発見者といわれた. 修道院の遺跡として残っているのは教会だけで、正面の扉口はアイルランドとローマの両方の特徴をあわせ持った美術様式の傑作である.

クロンマクノイズ (修道院)　Clonmacnoise

【アイルランド】クロンマクノイズ修道院は、アイルランド中部、現在のオファリー州シャノン川の岸辺に聖キアラン (516頃-549頃) が7世紀に建てた修道院である. 修道院の広大な敷地は、全ヨーロッパの文字通り名高き大学になった. ここの修道院で叙事詩的な伝承の最も貴重なゲール語*写本、とくに有名な『赤ウシ*の書』が作られた. この書には『クアルンゲのウシ捕り』の物語が入っている.

クワル　Cumal

【アイルランド】クワルは、フィアナ騎士団*に所属するオ・バシュクネという親族集団 (クラン) の長である. フィン*の父親で、兄弟殺しが行われたクヌーハの戦いで、モルナ*の親族集団の戦士たちに殺される.

クワルには古代ケルトの*軍神の面影が見て取れそうだ. クワル (Cumal) の名にはカムロ* (Camulo) の影が認められるし、カムロ*の名は、軍神マルスの添え名としてブリトン人とローマ人が融合した時期の碑文に彫られているからである (『フィンの少年時代の偉業』、『古老たちの語らい』).

グワルッフマイ　Gwalchmai

【アーサー王 (ウェールズ)】グワルッフマイは、ガウェイン* (フランス語ではゴーヴァン*) のウェールズ*名で、「5月の鷹」という意味である.

クンドリーエ　Kundry

【アーサー王 (ドイツ)】クンドリーエは、ヴォルフラム・フォン・エッシェンバハ (1170頃-1220頃) が中高ドイツ語で著した『パルチヴァール*』(1210頃) に現れる、聖杯*の女使者の名前である. クンドリーエは、クレチアン・ド・トロワ (1135頃-85頃) が著した『ペルスヴァル*あるいは聖杯の物語』

(1185頃）に現れる「雌ラバに乗った醜い乙女」，ウェールズの*物語『ペレドゥル*の物語』に現れる「謎の女帝」に対応している．

ケ

ケイ　Kay

【アーサー王（イギリス）】ケイ⇨カイ（またはクー）

ケイエ　Keie

【アーサー王（ドイツ）】ケイエ⇨カイ（またはクー）

ゲシュ（魔法の呪文，複数はゲッサ）Geis（複数は gessa）

【ケルト】ゲシュとは，ドルイド僧*，風刺家あるいは詩人だけでなく，アイルランド，さらには恐らくケルト語*圏全体で，誰でも用いることができる，恐るべき魔法の呪文である．ゲシュは，禁忌であると同時に義務である．

禁忌は，しかじかの動物の肉を食べてはいけないとか，ある場所へ渡ってはいけないとか，日が沈んだら客を迎えてはいけないという類のものである．王たちは，信じられないような数のゲシュに従っていた．それは英雄たちにもあてはまったが，ただドルイド僧*だけは，ゲシュを免れていたように思われる．

一方，義務は，それを守らなければ，命あるいは名誉を失うことになると言っておどし，相手に向けられた命令の形をとっているため，禁忌よりもさらにゆゆしいものである．グラーネ*がディアルミド*にゲシュをかけるとき，グラーネ*は相手にこう述べる，「もしそなたが今晩私を連れて行かなかったら，そなたは呪われるように」．命令は，人間に対するのと同様に，神に対しても強制力がある．

トリスタン*とイズー*が誤って口にしたと言われる媚薬は，無理矢理自分を愛するようにさせようと，イズー*がトリスタン*にかけた，元来のゲシュを和らげたものである．英雄クー・フリン*が命を落とすのは，クー・フリン*にかけられていたゲシュの1つを自ら破るようにと，敵たちが仕組んだからである．ゲシュを1つ破ると，クー・フリン*は，他のゲシュもすべて破ることになってしまった．ケルト人*の社会および宗教生活の中で，ゲシュが見せるこの重要性は，我々には理解が大変難しいドルイドの儀式における，口頭による呪文の役割を明らかにしてくれる．

ケスィル　Césair

【アイルランド】ケスィルは，洪水が起きる前にアイルランドに住んでいた原初の女である（『アイルランド来寇の書』）．

ケト　Cêt

【アイルランド】ケトはコナハト（現在のコノート州）の戦士，マーガハの息子で，ウラド人*の最も激しい敵対者の1人である．ケトは，アルスターの戦士を1人でも殺さないことには，決して寝付けなかった．コンホヴァル王*に傷を負わせるために，ケトは，コナル・ケルナハ*に追われ，殺される（『ケト・マク・マーガハの最期』）．

ゲライント　Gereint

【アーサー王（ウェールズ）】ゲライントは，エレック*のウェールズ*名で，ラテン語の「ゲロンティウス」（gerontius）に由来する．

ブリトン人とローマ人が融合したブリト゠ロマン期の城塞＝聖所

これは，大ブリテンのセヴァン河のほとりにあるリドニィ・パークの城塞＝聖所の全景を，推測に基づいて描いたものである．これは，小高い丘の頂上に建てられ外敵から守られた聖所の典型的なタイプであるが，その建築は，ローマの影響を受けている．しかしながら注意すべきは，ケルトの*慣例に従って，拝礼の場所は，幾つかの立石によって印されて野外におかれ，家々が居住と会合の場に使われていることである．

ケリドウェン　Keridwen（Cerridwen）

【ウェールズ】ケリドウェンは，ウェールズの伝承に現れる母神である．ケリドウェンは，テギド湖の真ん中に住み，息子のために，知恵と霊感と識別力をもたらす釜を沸騰させる．ケリドウェンからこの釜の見張りを任されていたグウィオン・バッハ*は，釜から飛び出した魔法のしずくを3滴受け取ると，これを口にする．ケリドウェンは，様々な姿に変身してグウィオン・バッハ*の追跡に乗りだし，ついには小麦の粒に変身していたグウィオン・バッハ*を呑み込む．ケリドウェンはその後妊娠し，タリエシン*を生む．ケリドウェンの名は，「成長する」を意味するインド＝ヨーロッパ語の語基に基づいており，ローマの古い豊穣の女神ケレス（Cérès）やゼウスとデメテルの娘で「乙女」の意であるコレ（Korê）という名前と関係づけることができる．ケリドウェンは，ガリアの女神ロスメルタ*のように，知恵と豊穣を司るいにしえの女神を髣髴とさせる．

ケル　Ker

【ブルターニュ】「ケル」(ker) は，「カエル*」(Caer) の（アルモリカの）ブルトン語*の形で，「要塞化した囲い地」を意味する後期ラテン語「カストルム」(castrum) に由来する．「ケル」は，現在でもなおブルターニュ半島全体にわたって，地名をつくるのに手を貸しているが，もはや一群の建物（少なくとも2つ）しか指さなくなっている．つまり「ケル」は「小集落」という意味になった．「ケル」は，「屋根」を意味するラテン語の「テクトゥム」(tectum) に由来する，「家」に相当する「ティ」(ti, ただし ty とは綴らない) と混同してはいけない．

ゲール語の　Gaélique

⇨ゲールの

ゲール人（ゴイデル人）　Gaëls (Goidels)

【ケルト】ゲール人（ゴイデル人）というのは，ゲール諸語*を話すケルト人*のことである．ゲール人は，アイルランド人と同義になっている．神話・歴史伝承では，ゲール人は，アイルランドの最後の侵略者であり，タルティウ*の戦いでトゥアタ・デー・ダナン*に勝利する「ミールの息子たち*」のことである．ゲール人がアイルランドの地上世界を手にしたのに対し，トゥアタ・デー・ダナン*は，シード*（冥界）と呼ばれる地下世界を占領した．

ゲール人の　Gaélique

⇨ゲールの

ケルト人　Celtes

【ヨーロッパ】ケルト人とは，出自は異なるものの，ケルト語*といわれる言語を話す諸民族の総体である．ケルト人という言葉には人種を暗示する意味はない．社会的，文化的な構造と関係しているだけである．それにこの名称が用いられるようになったのはごく最近のことで，人間集団をその特殊性に基づいて手軽に類別するのに使われるようになった．

いわゆるケルト民族は，前5世紀からヨーロッパの大半の地域に住んでいた．イギリス諸島（大ブリテン島，アイルランド島，チャンネル諸島ならびに隣接する島々）はいうまでもなく，ライン河口からピレネー山脈へ，さらに大西洋からボヘミアへいたる地域まで，北イタリアやスペイン北西部を巻き込む形で居住していた．

現在，ケルト語*を話しているケルト民族は，アイルランド人，北スコットランド人，マン島*人，ウェールズ人*，ブリトン人*（古名はアルモリカ人），英国コーンウォール州に住む相当数のコーンウォール人である．しかし，ケルト語*をもはや話さない諸民族の間でケルト的な*ものが生き残っていることもある．遠くさかのぼれば，古代ケルト人の伝統や気質を温存させている諸民族である．いわゆる「ガロ語」（東部ブルターニュ方言）を話すブルターニュ*，スペイン北西部のガリシア地方，英語圏のアイルランド，フランスやベルギーのある地域の場合がそうである．

ケルトの　Celtique

【大陸ケルト】カエサルの時代，「ガリア・ケルティカ」（ケルトのガリア）とは，セーヌ川とガロンヌ川との間に挟まれた地域のことをいった．現在，「ケルトの」という言葉は，古代ケルト人*の伝統に関わるすべてのことを示す．

ケルトの十字架　Croix celtique

【アイルランド・スコットランド】ケルトの*十字架は，キリスト教が導入される以前のもので，銘の刻まれた十字架である．青銅器時代の遺物の中に認められる．キリスト教がアイルランドやスコットランドに導入されて以降，このシンボルは，ローマの十字架に順応し，ブルターニュ地方のキリスト磔刑像のように多様な装飾彫刻が施された．

ケルト*でキリスト教の十字架が始めて出現したのは6世紀末からで，スコットランドに住むピクト人*の間で広がったようである．それから，アイルランド全土に拡大した．しかし，いわゆるイギリスでもアルモリカ（現在のブルターニュ*）でも古代の十字架は発見されていない．

こうしたケルトの*十字架は，文字通り傑作といってよい．それらは，ガリアのメンヒル（立石）やレフ（石室墳墓の名称），つまりカエサルが語っている有名な「シムラクラ」（神像）の系統に属するもので，ガリアのメルクリウス，別名ルグ*神を表す石柱や

ケルトハル　Celtchar

【アイルランド】ケルトハルはウテヒルの息子で，赤枝*の従士，コンホヴァル王*の最も忠実な戦士の1人である．妻に裏切られたケルトハルは，妻の恋人を王の館で殺す．これは法にそむく大罪である．その埋め合わせに，アルスターを脅かしていた3つのわざわいと戦わなければならなくなる．この3つの試練を首尾よく切り抜けたものの，最後の試練を終えるときにケルトハルは命を落とす（『ケルトハル・マク・ウテヒルの最期』）．

ケルト美術　Art celtique[†]

【ケルト美術】「ケルト美術」という名称は概して，ラ・テーヌ*文化圏のケルト人*に固有の造形表現にみられる独創的な形態について用いられている．スイスのラ・テーヌ*遺跡を名祖とする「ラ・テーヌ*美術」と呼ばれるこの美術様式は，鉄器時代に突如発達した訳ではなく，それ以前にアルプス以北のヨーロッパで栄えた「ハルシュタット*美術」から連続している．

「第1鉄器文化」と形容できるハルシュタット*期（前8世紀から前6世紀）の文化は，オーストリアのハルシュタット*遺跡を名祖とするもので，青銅器時代末期の火葬墓文化を基盤として形成された．ハルシュタット*文化圏の西部には，王族の時代の墓所が集中している．フランス東部のブルゴーニュ地方にあるヴィクス遺跡がその代表例である．同文化圏の東部では，ワインを混合するための青銅製のバケツ型の容器「シトゥラ*」に打ち出された戦争や儀礼などの説話的場面が特徴的である．「ハルシュタット*美術」に属する陶器や金属細工などの出土品を特徴づけているのは，山形紋，平行線，同心円といった単純な幾何学模様による装飾である．出土品に描かれているテーマは，馬や水鳥，様式化された人物像など数が限られており，大抵の場合，横並びに並置されているだけである．

この時期のケルトによる地中海美術の受容を示す例としては，ドイツのヒルシュランデンから発見された巨大な戦士像を挙げることができる．

「第2鉄器文化」時代にあたるラ・テーヌ*期（前5世紀から前1世紀）の工芸品は，身につける装飾品，武具，鉢やコインなど小規模なものが大半である．この時期のいわゆる「ラ・テーヌ*美術」の変遷をヴァンセスラス・クルータは，1）「草創期」，2）「開花期」，3）「要塞美術とコイン美術の開花」，4）「島での残存」という4つの大きな時期に区分して捉えている．

1）「草創期」は，前5世紀後半から前4世紀初頭に対応する．ドイツの古典美術研究家ヤコブスタールはこの時期を特徴づける様式を「初期様式」と呼んでいる．地中海世界との接触が増え，東方に起源をもつモチーフが導入される時期である．それはグリフォン，スフィンクス，ヘビ*などの動物文様や，パルメット（シュロの葉），ロータス（蓮）といった植物文様などである．またデザインを描くのにコンパスの利用が一般化し，複雑な図柄を描くのが可能になった．それにより，作品の装飾が，縁取りとしてではなく，本体と競合する効果を持つようになってくる．シュールレアリスムを思わせるこの大胆な装飾性は，「ケルト美術」の根本的な特徴となっていく．

2）「開花期」は，前4世紀初頭から前2世紀初頭に対応する．ギリシアやエトルリアとの直接の接触により，ケルトの職人が青銅鋳造や金銀細工に関する影響を受けた時期である．ドイツ中西部にある前4世紀の墓所を名祖とする，「ヴァルダルゲスハイムの様式」と呼ばれるこの新たな様式の流れは，植物文様を主な構成要素とし，モチーフを直線的に並置する代わりに，主として巻きひげ状の曲線文様を用いながら，反自然主義的な形態を用いるようになったところに新しさがある．この時期の代表的な出土品は，フランス・モーゼル地方のバス＝ユツ出土のワイン用細口

瓶(フラゴン)である.「ケルト美術」が最も広範に見られる時期は前3世紀である.フランス・シャンパーニュ地方,ボヘミア,ドイツ南部,オーストリアといった旧来のラ・テーヌ*文化圏のみならず,ハンガリー,スロベニア,クロアチア,セルビア,ルーマニアといった地域にも拡大していく.

3)「要塞美術とコイン美術の開花」は,前2世紀初頭から前1世紀後半に対応する.要塞(オッピダ)の発展に伴って現れる芸術作品は,それ以前の時期に見られる作品ほどはよく知られていない.最も数が多く代表的な出土品は,動物文様の描かれた陶器,手桶の金属製装飾,奉納用と思われる青銅の像である.石の作品としては,南フランスのロクペルチューズ*やアントルモンに見られる,人頭をモチーフにした石の彫刻がある.これはギリシア彫刻の派生形態であると思われるが,同じモチーフのケルト本来の例としては,ボヘミアのムシェッケー・ジェフロヴィツェから出土した石の人頭が挙げられる.この時期の主な図像資料は,貨幣*に描かれた図柄である.それは「ラ・テーヌ*美術」を特徴づける第一級の証言である.貨幣*の図柄には,象徴的な持ち物や伝統的な印を伴った人像や特徴的な怪物が描かれている.以上のような展開を見せてきた「ケルト美術」の特殊性と独自性は,ギリシア・ローマの造形表現の台頭とともに,前1世紀初頭から徐々に薄れていくように思われる.

4)「島での残存」は,前1世紀後半から5世紀初頭に対応する.島のケルト人*の美術はその当初から,特殊な性格を見せていたがそれでも,前5世紀から前1世紀にかけて,大陸の美術と密接な関係を持っていた.島のケルトの職人は,大陸の職人が活動を止めた後も,「ラ・テーヌ*美術」の基本的な原則を存続させた.その原則とは,土台となる形態への装飾の申し分ない適合,コンパスの体系的利用,装飾と作品本体との競合,暗示的な描き方,曲線文様の多用,植物文様と動物文様の結合などである.多色のエナメルにより,金属品の中には,それまで知られていなかった豊かな色彩が見られるようになる.基本的に持ち運び可能な工芸品は,ローマ様式の影響が少なく,伝統を重んじる農村部に特権的な表現形式である.大ブリテンによって部分的に征服された後も,島の工人たちはこの芸術形態を保持し,ローマの影響を受けたブリテンの作品にも,他のケルト地域には類を見ない特殊な性格を付与している.「ラ・テーヌ*美術」の最後の流れはアイルランドで開花する(例えば「トゥーローの石*」を参照).そこでは,「ケルト美術」の遺産は,独創性にあふれたキリスト教美術の土台となっていく.

ケルヌンノス Cernunnos (Kernunnos)

【大陸ケルト】ケルヌンノスはガリアの神で,シカ*の角や一般にはシカ*の枝を付けて描かれる.おそらく第3機能(デュメジル説で豊穣を司る機能)に属する豊穣の神であろうが,時代としてはケルト人*が侵入してくる以前の神にちがいない.ガロ=ローマ期の*彫像にはケルヌンノスの図像が数多く残っている.⇨ゴネストロップの大釜,コルネリ,シカ

ゲールの,ゲール諸語 Gaélique (ou goidelique)

【ケルト】フランス語の「ガエリック」(Gaélique)はゲール人*全般にかかわり,「ゲールの」あるいは「ゲール諸語」のことである.言語学的な観点から見ると,ゲール諸語とは,インド=ヨーロッパ語のK_w音を保持したケルト人*の一部(Qケルト語を話すケルト人*)の言語を指している.インド=ヨーロッパ語のK_w音は,ブリトニック語を話すケルト人*のもとではP音に変化した.ゲール諸語は,アイルランド,スコットランド,マン島*ではいまも話されている.

ケルヌンノス
アポロンとメルクリウスに囲まれたケルヌンノス，1世紀，ランス，サン゠レミ博物館

「ケルマリアの石」 Kermaria (Pierre de)

【ブルターニュ】「ケルマリアの石」は，ブルターニュ*（古名はアルモリカ）で発見されたガリアの石碑であり，アイルランドの「トゥーローの石*」に匹敵する「世界の臍」（オンパロス）であるように思われる．

ケレゾン（の森） Celyddon (Kelyddon)

【ウェールズ】ケレゾン（Celyddon）とはウェールズ語*で，ラテン語の「カレドニア」（Caledonia スコットランドの旧称）から派生した言葉である．しかし，この言葉は現在のスコットランドとイギリスとの国境地帯にある森のことをいう．北ブリトン人*の領地であったこの森で，ある歴史上の人物が野性の生活を送っていた．この人物こそ伝説上の魔法使い，マーリン*（ウェールズではメルズィン*）になった男である．

コ

コアダラン　Koadalan

【ブルターニュ】コアダランは，ブルターニュ*（古名はアルモリカ）の民間口承に現れる人物である．ある妖術師の召使いとなったコアダランは，不思議な雌ウマ女の助けで，妖術師のもつ何冊かの本を奪い，魔法の力を手にする．コアダランは，妖術師たちと多くのいざこざを経験するが，常に難局を切り抜ける．しかしながら土壇場になって，召使い女の不注意のせいで，コアダランは自分が不死身になる試みに失敗してしまう．

ゴイウィン　Goewin

【ウェールズ】ウェールズの『マビノーギ*』（幼な物語）の第4話によると，マソヌウイ*の息子マース*が，戦争のない平和時に生きながらえることができるように，処女ゴイウィンは，自分の膝にマース*の両足を載せなければならなかった．グウィディオン*の策略のために，ゴイウィンは，ギルヴァエスウィ*によって無理矢理処女を奪われた．

ゴイデル人　Goidels

　⇨ゲール人

ゴーヴァン　Gauvain

【アーサー王（フランス）】ゴーヴァン⇨ガウェイン

ゴヴァンノン　Govannon

【ウェールズ】ゴヴァンノンは，ウェールズの神話上の人物で，その名は鍛冶師を意味するケルト*語に由来する．ゴヴァンノンはドーン*の息子で，アイルランドのゴヴニウ*に相当する．ブルターニュ（古名はアルモリカ）でゴヴァンノンに対応する人物は，「聖」ゴブリアンであるように思われる（ゴブリアン Gobrien の名は，goff という同じ語基に基づいて作られている）．人々は釘をもってゴブリアンのところへお祈りに行くが，ゴブリアンは膿瘍を治すとされる．

ゴヴニウ　Goibniu

【アイルランド】ゴブニウは，トゥアタ・デー・ダナン*の鍛冶神である．ゴヴニウは工匠たちの長であり，戦士たちの武器を鍛え，奇妙な不死の饗宴を仕切る．その不死の饗宴で神々は，マナナーン*の所有する「魔法のブタ」を食べて生まれ変わる．ゴヴニウの名は，鍛冶師を意味するケルト*語から派生している（『マグ・トゥレドの戦い』）．

コナル・ケルナハ　Conall Cernach

【アイルランド】コナル・ケルナハは，クー・フリン*の戦友である．恐ろしい戦士で，奇形（神聖を表す象徴的な奇形）の男だが，数々の武勇をあげる．コナル・ケルナハは，最高の戦士に与えられる「英雄の分け前」をめぐってクー・フリン*に立ち向かう．しかし，手合わせに勝負をいろいろ挑んでみたが，クー・フリン*がこの果たし合いでは勝利者になる（『ブリクリウの饗宴』）．また，コナル・ケルナハは，クー・フリン*を殺したクー・ロイ*の息子，ルギド*の息の根を止めて，

クー・フリン*の死の仇を取る（『クー・フリンの最期』）．

コナレ・モール（コナレ大王） Conairé Mor

【アイルランド】コナレ大王は，アイルランドの半ば歴史的，半ば伝説的な王である．『ダ・デルガ*の館の崩壊』という物語では，コナレ大王が悲劇的な叙事詩の主人公になっている．

アイルランド王としてコナレ大王は，たくさんの禁忌—かの有名なゲシュ*—を背負わされていた．禁忌を大切に守っているかぎり，王国の繁栄と安定は保たれた．しかし，1つでも禁忌に違反すれば，その瞬間から他のすべての禁忌に背かざるをえなくなる．このため，王国では，何もかもうまく行かなくなり，コナレ大王は，すさまじい戦いの中で死んでいく．コナレ大王は，ケルトの*典型的な王である．その清廉潔白で，安定した性格は，王国の順風満帆の歩みを保証するものなのである．

コナン（禿げ頭の） Conan le chauve

【アイルランド】いわゆるオシーン物語群で，禿げ頭のコナンは，フィアナ騎士団*の一員で，フィン・マク・クウィル*，オシーン*，ディアルミド*の冒険仲間である．

コナン・メリアデック Conan Meriadec

⇨コナン・メリアデック　Konan Meriadek

コナン・メリアデック Konan Meriadeg

【ブルターニュ】コナン・メリアデックは，ブルターニュ*（古名はアルモリカ）の貴族階級に属する伝説上の始祖である．コナンは，ブリテン*島出身のブリトン人*だった．大陸征服のための遠征に出かけた，ブリテン島*の司令官マクセン・ウレディクに随行したシナン・メリアダウク（コナン・メリアデックのウェールズ*名）は，アルモリカ（現在のブルターニュ*）の支配を命じられると，アルモリカにブリトン人*を住まわせるために尽力する．この神話物語は，ローマ帝国の治下に始まった，島のブリトン人*の移住を契機とする，ブルターニュ*（古名はアルモリカ）の創設を象徴している．

コヌラン Konerin

【ブルターニュ】コヌランは，ブルターニュ*（古名はアルモリカ）の聖者伝承に現れる人物である．盗賊たちによって殺され，リンゴ*の姿に変えられたコヌランは，ある若い処女に食べられる．この女性は，後に「聖」コヌランとなる子供を生む．このキリスト教的な神話物語を通じ，異教のケルト*伝承になじみ深い，口からの懐胎というテーマと，二重の出生というよく知られたモチーフが認められる．

「ゴネストロップの大釜（または器）」 Gundestrup（Chaudron, ou Vase de）

【大陸ケルト】「ゴネストロップの大釜」は，デンマーク国立美術館に保管されている，考古学上有名な品であり，2世紀のものとされている．この大釜のすべての側板には見事に彫刻が施されており，ケルト*神話に見られる様々なテーマを図像によって申し分なく表現している．

側板内側には，神話的な場面が描かれている．車輪をもつ神は一般にタラニス*，シカの長い角のある神はケルヌンノス*とされ，戦士たちを再生させる儀式はテウテテス*を称えるものと考えられている．頂に猛禽を乗

ゴネストロップの大釜の内部に描かれたケルヌンノス

せた兜をかぶり，長い楯をもち，カルニュクスつまりラッパを吹いたりする．戦士たちはケルト人*であると思われる．他方，ライオン，グリフォン，竜*，象，イルカに乗った人物などのモチーフは，黒海周辺の影響が考えられる．

コノモール　Konomor

【ブルターニュ】コノモールは，ブルターニュ*（古名はアルモリカ）の半ば伝説上の王である．史実によれば，メロヴィンガ朝の頃に，大ブリテンの南西部（コーンウォールとデボン）と，アルモリカの北部ドゥムノニアを同時に支配していたブリトン人の*長である．コノモールは，メロヴィンガ朝の王たちと交友関係があった．伝説によるとコノモールは，マルクス・コノモルス（Marcus Conomorus）某とされ，そのためにトリスタン*伝説のマルク*王と混同されることになった．

しかしながら民間伝承によるとコノモールは，ブルターニュの*「青髭」のような存在とされている．次々に妻を迎えたコノモールは，1人が妊娠するとすぐにこれを殺めたがそれは，ある予言によりコノモールが，自分の息子によって殺められると告げられていたからである．コノモールは，ヴァンヌ王の娘トリフィナと結婚する．トリフィナがコノモールに，まもなく子供が生まれると告げると，コノモールは妻を追い立て，妻も生まれたばかりの子供も殺める．しかし聖ジルダ（ギルダス*）が母親と子供を生き返らせる．トレムールという名の子供は，神のはからいでコノモールを殺めて復讐を果たす．コノモール伝説は，カモールの森，カルエー地方とカルノエの森と切り離せない．

コノル　Conor

【アイルランド】コノル（Conor）は，コンホヴァル*（Conchobar）のゲール語*の発音を別の表記法に書き改めるときによく使われる綴りである．

コーベニック（城）　Corbenic

⇨コルブニック（城）

コモール　Comore

⇨コノモール

コラニアびと　Corannieit

【ウェールズ】コラニアびとは，ウェールズの伝説に登場する地下の民で，ブルターニュ*（古名はアルモリカ）のコリガン*に相当する．コラニアびとは，優れた聴覚の持ち主として知られ，ウェールズの民話では，魔法の力を持ち，いたずらをする小人としてたびたび登場する．

コランタン　Korentin（Kaourentin）

【ブルターニュ】コランタンは，ブルターニュ*（古名はアルモリカ）の聖者伝承に現れる聖人で，カンペールの司教であったと思われる．コランタンは，イス*の町の伝説と関連を持っている．

ゴリアス　Gorias

【アイルランド】ゴリアスは，4つある「世界の北方の島」の1つで，トゥアタ・デー・ダナン*は，アイルランドへ渡ってくる以前に，この島で学問，ドルイディズム*（ドルイド教の教義），呪術の手ほどきを受けた．

コリガネッド　Ozeganned

【ブルターニュ】コリガネッドは，フランス・ヴァンヌ地方で，コリガンたち*を指すブルトン*語名である．

コリガンたち　Korrigans

【ブルターニュ】コリガンたちは，ブルターニュ*（古名はアルモリカ）の民間信仰によれば，荒れ地や地下世界に住んでいる小人たちである．フランス・モルビアン県では，コリガンたちはコリガネッド*と呼ばれている．⇨レプラコーン

ゴール（王国）　Gorre

【アーサー王（フランス）】ゴール王国は，メレアガン*の父ボードマギュ*が支配している城壁都市である．「そこからは誰も戻ってくることのない」このゴール王国が「異界」，時に用いられる呼称によれば「ガラスの町」である可能性がある．「ウルブス・ウィトレア」（Urbs Vitrea,「ガラスの町」の意）のテーマは，ウェールズ*の地でラテン語で著された文学的な作品の中に頻繁に現れ，それはアーサー王物語群の開花を用意した．

コルガ　Colga

【アイルランド】コルガは，ロホラン*（スカンジナビア）の王で，アイルランドに来寇するが，幸いフィン・マク・クウィル*がこれを打ち破る．しかし，その後，コルガの息子が父親の仇を取ろうとして，アイルランドに「世界の王」という謎の人物を連れてくる．

コルソル　Corsolt

【フランス】ギョーム・ドランジュ詩群に分類できる複数の「武勲詩」で，「サラセンの」英雄コルソルは，後にキリスト教徒に改宗する巨人として描かれている．コルソルの由来をたどれば，ケルト*に行き着くことは疑いない（コルソルの名には「巨人」を意味するcor, 古くはcaurというケルト語が含まれている）．

コルソル（Corsolt）は，ブルターニュ*（古名はアルモリカ）の北海岸に住んでいたガリア民族，コリオソリテス族（Coriosolites）の名祖になった．この名は，ディナン（ブルターニュのコート・ダルモール県）に近いコルスル（Corseul）という市名に継承されている．ガロ=ロマン期の*遺跡がたくさんあるところである．

コルヌアーユ　Cornouaille (Kerné)

【ブルターニュ】コルヌアーユは，フランスのブルターニュ*（古名はアルモリカ）南西部にあるかつての伯管轄区で司教区，カンペールを中心とした地方である．コルヌアーユ地方には，フィニステール県南部，モルビアン県の2つの小郡，コート・ダルモール県南西部が含まれる．この地方では，（アルモリカの）ブルトン語*をコルヌアーユ方言で話している．

コルネリ　Korneli

【ブルターニュ】コルネリは，ブルターニュ*（古名はアルモリカ）の聖者伝承に現れる聖人である．コルネリは，教皇コルネリウス某と混同されるが，特に（フランス・モルビアン県の）カルナック*で崇敬の対象となっている．土地の伝説によると，複数の雄ウシ*がひく戦車にのって，敵たちから逃れたコルネリは，追い手に呪いをかけ，彼らを石の塊に変え，それが有名なメンヒルの列（アリニュマン）になったとされる．聖コルネリは，角のある獣たちの守護聖人であるが，コルネリはガリアの神ケルヌンノス*をキリスト教化した存在であるように思われる．

コルブニック（城）　Corbenic

【アーサー王（フランス）】シトー修道会の影響を受けた『聖杯*の探索』（13世紀前半）の物語で，コルブニック城（英語ではコーベニック城*）は，漁夫王*ペレス*が住んでいる城の名である．

コルマク・コン・ロンガス　Cormac Conlanges

【アイルランド】コルマク・コン・ロンガスは，アルスター王コンホヴァル*の息子の1人である．コルマクは，デルドレ*事件のときにノイシウ*の保証人になるが，父親の二枚舌の罠にはまる．フェルグス*も保証人になるが，こちらも老王に裏切られる．コルマク・コン・ロンガスは，フェルグス*と一緒にアリル*王と女王メドヴ*が治めるコナハト（現在のコノート州）へ逃げ延びる（『ウシュリウの息子たちの流浪』）．

『コルマクの冒険』　Echtrae Cormaic†

【アイルランド】この物語は『レカンの黄書』と『バリモートの書』に収められている．コルマク*王がタラ*の塁壁の上に立っていると，1人の戦士が近づいて来る．戦士は，黄金のリンゴが3つついた枝を持っていた．この枝を振ると，心地良い音楽を奏でた．何処から来たのか訪ねると，真実の国から来たという．コルマク*は，戦士からリンゴの枝をもらい，代わりに戦士の3つの望みをタラ*で叶えてやることにした．

その後，戦士は3回やって来て，最初はコルマク*の娘，次に息子，最後に妻のエトネ*までさらっていった．コルマク*は，さすがに耐えられず，戦士の後を追った．気がついて見ると深い霧のたちこめる平原に1人で立っている．

そばに宮殿があったので，入って行くと，戦士と美しい娘，それにブタを引き連れた男がいた．ブタを料理することになり，それぞれ順番に真実の話をすれば，ブタは4分の1ずつ焼きあがると戦士が言った．次々に嘘偽りのない話を始め，ブタも4分の3焼きあがった．最後にコルマク*は，妻や息子や娘がさらわれた話をした．ブタ料理がすっかりできあがった．が，コルマク*は，連れてきた50名の戦士と一緒に食べると言って，食事を辞退した．

戦士は眠りの歌でコルマク*を眠り込ませた．目を覚ますと，50人の戦士と一緒に妻，息子，娘がそばに立っていた．戦士は，マナナーン・マク・リル*と名乗り，真実と虚偽を見分ける黄金の杯を見せた後，コルマク*

を「約束の地*」へ連れて行った.

　翌朝, コルマク*が目を覚ますと, 黄金の杯とともに妻, 息子, 娘がタラ*の芝生の上にいた. コルマク*の杯は真実を見分ける聖具として使われたが, 王の死後, 消失したという. ⇨コルマク・マク・アルト

コルマク・マク・アルト　Cormac Mac Airt

　【アイルランド】コルマク・マク・アルトはアイルランドの至高の王で, 半ば伝説的, 半ば歴史的な人物（3世紀初頭）である. コルマクはアルト*の息子, コン・ケードハタハ*（百戦のコン）の孫である. 生まれは謎に包まれているが, コルマクは王位に就く. アルト*の息子であったこと, また, 揺るぎない正義の感覚を表明していたためである.

　アイルランドの伝承でコルマク・マク・アルトは, この上ない立法者のイメージを保っており, タラ*にさまざまな慣習法を敷いた生みの親とされている. しかし, この王にまつわる物語では,「神々に祝福され」,「妖精たちに庇護された」コルマク像が強調されているが, 実際の行動は, 必ずしも理想像とそぐわない.

　事実, 彼は貪欲で, 横暴だし, 復讐心にかけては情け容赦もない. レンスター物語群では, コルマクの娘, グラーネ*がフィアナ騎士団*の老王, フィン・マク・クウィル*と結婚する. ところがグラーネ*は老王を裏切って, 若いディアルミド*と駆け落ちする. ここからグラーネ*とディアルミド*を追跡する有名な話が生まれる（『ディアルミドとグラーネの追跡』）. この話は明らかにトリスタン*とイズー*伝説の原型になっている. ⇨『コルマクの冒険』

ゴル・マク・モルナ　Goll mac Morna

　【アイルランド】ゴル・マク・モルナは, フィン*の父クワル*の敵である. ゴルは, クワル*のために片目を失った. 片目になったゴル・マク・モルナは, 復讐を遂げようとするが, 最終的にはフィン*と和解し, フィアナ戦士団*の一員になる（『フィンの少年時代の偉業』）.

コルム・キレ（聖）　Columcill

　【アイルランド】聖コルム・キレ（521-597）は, 6世紀アイルランドの偉大な聖人の1人である. 彼は王族の出身で, フィリ*（詩人）でもあった. 聖コルム・キレは, アイルランドにいくつもの修道院を建てた. 他の司祭が持っていた詩篇集を不法に書き写したことから, 修道士間の苛烈な戦いに巻き込まれた. 聖コルム・キレは政治にも積極的に関わったために, スコットランドへ追放を余儀なくされる. 彼はアイオナ島に渡って修道院を建て, ピクト人*に宣教活動を行い, スコットランドにキリスト教を根付かせたばかりか, ゲール*文化をもたらした. ⇨コロンバ（聖）

ゴレイディズ　Goleuddydd

　【ウェールズ】ゴレイディズは, 最古のアーサー王物語『キルッフ*とオルウェン*』に登場する, 英雄キルッフ*の母親である. ゴレイディズは, ブタの囲いの中でキルッフ*を生んだ後, 病を得て亡くなる. ゴレイディズの名は,「輝く日」という意味であるが, ゴレイディズは, 古代の雌ブタ女神との関連を持っている.

『古老たちの語らい』　Acallam na Senorech†

　【アイルランド】『古老たちの語らい』はフィン物語群に入り, 紀元1200年頃の作品とされる. 物語の長さは,『クアルンゲのウシ捕り』に次ぐ長大なものである. 話は, フィアナ騎士団*の最後の生き残りであるオシー

ン*とカイルテ*が数人の同志と放浪の旅に出るところから始まる．やがてカイルテ*は友と別れ，1人で旅を続ける．そこでアイルランドを旅していた聖パトリック*（385/390-461頃）と出会う．老残のカイルテ*は旅に同行する．アイルランドを巡遊しながら，カイルテ*はかつてフィアナ騎士団*の一員として遍歴した各地の伝説や騎士団の偉業を聖パトリック*に地誌学風に語って聞かせる．物語はキリスト教化されているが，失われた過去の英雄時代に想いをはせる物語の主調は晴朗である．

コロンバ（聖） Colomba

【アイルランド】聖コロンバ（521-597）は，英国国教徒（イギリス人）が聖コルム・キレ*に付けた名前である．聖コルム・キレ*は，デリー，ダロウ，アイオナ島などにケルトの*修道院を創建した有名な聖人である．ただし，聖コロンバを聖コロンバン*と混同してはならない．

コロンバン（聖） Colomban

【アイルランド】聖コロンバン（543頃-615）は，7世紀のアイルランドにおける偉大なキリスト教の聖人である．聖コロンバンは，大陸に渡り，メロヴィング朝の王たちと対立しながら，ガリアのほとんどの地域を布教して回った．多くの修道院の創建者で，とくにリュクスーユ（フランス中東部），スイスのザンクト・ガレン，それにイタリアのボッビオに修道院を設立した．コロンバンの規定といわれるアイルランド規定書を制定するが，これは，のちにベネディクト会派の最初の規定書と合体する．

コン Conn

【アイルランド】アイルランド伝承に登場する数名の人物にこの名が付けられている．そのうちの1人にリル*の不幸な息子がいる．リル*の息子コンは，継母の魔法にかかってハクチョウ*に変えられてしまう（『リルの子供たちの最期』）．

コーンウォール Cornouailles (Kernew)

【イギリス】コーンウォールというと，現在の英国イングランドのコーンウォール州（州のことを伯爵領というが，実際は公領）にデヴォン州を加えた，厳密な意味での英国南西部の半島を指している．ここはアーサー王*生誕の地であると同時に，トリスタン*とイズー*の物語に出てくる主要なエピソードの舞台になったところである．

イングランドのコーンウォール（フランス，ブルターニュの地方名コルヌアーユ*Cornouaille に s が付くことに注意）では，かつてコーンウォール語（kernewek）が話されていた．コーンウォール語というのは，古いブリトニック諸語の方言で，現在のウェールズ語*と（アルモリカの）ブルトン語*の中間に位置する言語である．数10年前から，コーンウォール語は名誉を回復して，原状に復帰している．⇨コルヌアーユ

コンガンフネス Conganchnes (Conganges)

【アイルランド】コンガンフネスはケルトハル*の娘，ニアウ*の夫である．コンガンフネスは，妻のニアウ*に裏切られ，3つある試練の1つに挑んでいたときに義父のケルトハル*に殺される．コンホヴァル王*の宮殿で不敬にも殺害を犯し，その赦しを得るために，是が非でも試練をくぐり抜けなければならなかったときに，殺されたのである（『ケルトハル・マク・ウテヒルの最期』）．

コン・ケードハタハ（百戦のコン） Conn Cétchatach

【アイルランド】コン・ケードハタハ（百戦のコン）はアイルランドの至高の王で，歴

史にも伝説にも登場する．ある物語では，どうしてコン・ケードハタハ（百戦のコン）が「異界」に連れて行かれたかが語られている．「異界」ではルグ*神がコンに向かってこの先，彼の種族がどうなるかを明かしてくれるのだ．コン・ケードハタハ（百戦のコン）は，ある妖精を恋してしまう．この妖精は追放され，呪われた女で，彼女がいるだけでアイルランドを滅亡へ追いやってしまう．呪いを首尾よく解いてやれたのは，コンの息子アルト*であった（『（百戦の）コンの狂気』，『（百戦の）コンの幻想と旅と冒険』）．

コンフルト　Conchruth

【アイルランド】コンフルトは，コンヘン・ケンファダ*の夫，デルヴハイン*の父親である．デルヴハイン*は，コン*の息子アルト*が探索の旅に出て，アイルランドに連れ帰った若い娘である．コンフルトという名は「赤い頭」という意味である．コンフルトは，「コンクリンの王」である．これは「モチノキのイヌ*の王」という意味である．冥界の番犬，ケルベロスの神話と同じ神話の系統に属していることは明らかだろう（『コンの息子アルトの冒険』）．

コンペール（城）　Comper

【ブルターニュ】コンペール城は，コンコレ（ブルターニュ半島モルビアン県）にある城で，妖精ヴィヴィアーヌ*（英語ではヴィヴィアン*）が住んでいるといわれていた．

コンヘン・ケンファダ
Coinnchen Cennfada

【アイルランド】コンヘン・ケンファダは「驚異の島」の女王で，モルガン・ミンスコタハ*の妻，デルヴハイン*の母親である．コン*の息子アルト*は，若い娘のデルヴハイン*を探し出し，アイルランドに連れ帰って，父親の疎ましい内縁の妻がこの国にかけた呪いを解かなければならない（『コンの息子ア

ルトの冒険』）．

コンヘン・ケンファダという名前は，女王の「冥界的な」特徴を示している．というのも，この名は「イヌ*の頭」，「長い頭」を意味しているからである．これは，ギリシアのケルベロス像にも認められる冥界の番犬というきわめて古い神話の残映である．

コンホヴァル　Conchobar

【アイルランド】コンホヴァルは，アルスターの神話上の王である．ある原典では，パレスティナでイエスが誕生したのと同じ頃に生まれたという．彼の生誕は謎に包まれている．しかし，コンホヴァルは女戦士ネス*とドルイド僧カトヴァド*の息子である．母親のネス*の尽力でコンホヴァルは，アルスターの王位に就いたが，実はフェルグス・マク・ロイヒ*が王位に就くのが順当な道筋だったはずなのである．コンホヴァルは，「赤枝*」という戦士団の長である．数々の武勇をあげたが，とくに甥の英雄クー・フリン*に助けられる．

ここには，マルク王*と甥のトリスタン*，アーサー王*と甥のガウェイン*に相当する関係が認められる．コンホヴァルの王政は，政治的でもあったが，同時に道義にうるさく魔術にうったえる王制であった．王にはとても神秘的な呪力が授けられた．しかし，同時にとても厳格で拘束力を伴う義務も課された．コンホヴァルは，たえずアイルランドの他の王国，とくにメドヴ*を女王と仰ぐコナハト（現在のコノート州）と戦闘を繰り返した．

コンラ　Condlé

【アイルランド】コンラは，百戦のコン*の息子である．アイルランドのある物語（『コンラの異界行』）では次のように話が進む．1人の妖精が訪ねて来たので，コンラは歓待する．1年間，恋の病に取りつかれ，あげくの果てに妖精の島をめざし，水晶の船に乗って

船出するのだが，妖精の国から2度と戻ってくることができなくなる．

サ

サウィン（祭）Samain (Samhuin)

【アイルランド】サウィンは，11月1日に最も近い満月の日に祝われていたドルイドの大祭である．サウィンは疑いなく，あらゆる原典が証明しているように，1年のうちで最も重要な祭りであり，いわば「新年」にあたる．サウィンはケルトの*暦上で重要な日付であり，大規模な集会や複雑な儀式を催すのにおあつらえ向きだった．

サウィン祭は，語源上は「夏の終わり」であり，家畜の群を小屋へ戻す時期にあたっている．この習慣は，かつての農牧社会を示唆している．象徴的にみると，サウィン祭は─現実には「サウィンの夜」であるが─永遠を表している．時間が廃棄され，シード*（異界）の世界が生者たちの世界に対して開かれるからである．

キリスト教は，この祭りを「諸聖人の祝日」（11月1日）にすることによって，この祭りを完全に取り込んでしまった．「諸聖人の祝日」は，聖徒の交わり，つまり生者と死者との間に位置する，非の打ち所のない共同体を称えるものである．

アングロ＝サクソンの国々では，サウィン祭は「ハロウィン」というカーニバル的なお祭り騒ぎに姿を変え，ブルターニュ*（古名はアルモリカ）では，目に見える姿で現れる死者たちに関する数多くの民間信仰が，この古いケルトの*概念の永続性を証明している．

サケ Saumon

【ケルト】サケは沖へ向かうことができる魚である．しかしサケは産卵のために，川の上流まで戻っていく．ケルトの*伝承では，サケは「知恵」の象徴，つまり過去と未来を完璧に見抜く力の象徴である．

サドヴ Sadv

【アイルランド】サドヴは，ある「黒いドルイド僧*」によってかけられた妖術に苦しむ若い女性である．サドヴはほとんどの場合，雌シカの姿で現れる．人間の姿でフィン・マク・クウィル*と結婚したサドヴは，再びドルイド僧*の魔法にかかり，雌シカの姿に戻って子供を生む．子供はオシーン*，つまり「子鹿」と呼ばれることになる．サドヴは古語ではSadbまたはSadhbで，現代語ではサーヴ（Sadhbh）．

サモニオス Samonios

【大陸ケルト】サモニオスは，コリニーの暦に現れるサウィン*祭のガリア名である．リヨンのガロ＝ロマン文明博物館が所蔵する「コリニーの暦」は，ケルト人*の1年の区分を示す唯一の考古学上の証言である．コリニーはフランス南東部のアン県にあり，この暦は1897年11月に発見されたものである．80頁の図参照．

サンザシ Aubépine

【アイルランド】アイルランドで，サンザシの茂みは妖精の住む場所とみなされている．

コリニーの暦
フランス，リヨン，ガロ＝ロマン文明博物館

シ

シェーダンタ　Setanta

【アイルランド】シェーダンタは，クー・フリン*の本名で，「道を進んでいく者」を意味する．シェーダンタはブリトニック語であり，ゲール語*を用いるアイルランドでは意外な現象である（『クー・フリンの誕生』，『クー・フリンの少年時代』）．

シェンハ・モール　Sencha Mor

【アイルランド】シェンハ・モールは，アルスターのコンホヴァル*王に仕えるドルイド僧*兼歴史家である．

シカ　Cerf

【アイルランド】シカは，ケルト*神話で大きな役割を果たしている動物である．アイルランドのレンスター物語群は，オシーン物語群とも呼ばれているが，この物語群は，シカ科の星のもとに括れそうである．英雄フィン*の本名はデウネ*，つまり「ダマジカ」という意味である．フィンの妻サドヴ*は，雌ジカの女である．フィン*の息子オシーン*（オシアン）は，「子ジカ」という意味である．フィン*の孫オスカル*は，「シカを可愛がる者」という意味である．

　おそらく先史時代の残映をここに見て取らなければなるまい．先史時代はシカ狩りが生き残る唯一の生活手段だった．アイルランドには堂々たる強い大きな赤ジカがいたことが知られている．伝承ではこうしたシカが象徴的に重要な意味を持っていたことが分かる．
⇨ケルヌンノス

死者の船（ベッゲール・ヴァルー）　Bag er varu

【ブルターニュ】「夜の船*」（ベッグ・アン・ノーズ）のことをまさにヴァンヌ地方（ブルターニュ）では「死者の船」（ベッゲール・ヴァルー）と言っている．

シード（異界）　Sidh

【アイルランド】「シード」は「安らぎ」を意味するゲール語*で，神々，英雄たち，死者たちの住む，人の目には見えない世界を指している．この一般的な呼称は，音声上英語の綴り shee によって表現されているが，トゥアタ・デー・ダナン*の国である，ケルトの*「異界」のことである．「シード」は大規模な巨石塚や，あるいは多少とも想像上のものであるが常に天国のような不思議な島々に位置づけられている．⇨アンヌウヴン

シトゥラ　Situle†

【ケルト美術】シトゥラは，鉄器時代にワインを混合するために使われたバケツ型の容器である．青銅によるシトゥラの出現は青銅器時代末期であり，鉄器時代初期には，大規模なものが多く現れる．ケルト圏では，シトゥラには概して装飾が見られないが，シトゥラ装飾はイタリア北部（特にヴェネト族）や，現在のスロベニア周辺で，前7世紀から顕著な展開を見せる．例えば，北イタリアにあるボローニャ近郊チェルトーザの墳墓から出土したシトゥラには，戦争や儀礼の場面が描かれている．神話的なテーマと思われるこの説話的芸術は「シトゥラ芸術」の名で知られ，

前6世紀から前5世紀初頭にかけて絶頂期を迎える．

シナン・メリアダウク　Cynan Meriadawg

【ウェールズ】シナン・メリアダウクは，コナン・メリアデック*のウェールズ*名である．

蛇身（ヘビの騎士）　Anguipède (Cavalier à l')

【大陸ケルト】蛇身は，ガロ＝ローマ期の*彫像に頻繁に現われる造形図像である．人頭蛇身の怪物を踏みつけている騎士の図像である．このテーマはいろいろ解釈されたが，竜*を退治する聖ミカエルの神話を異教文明が独自に解釈したものと見るべきだろう．聖ミカエルの神話は，民間伝承の物語で大いに活用された神話だからである．

この神話はウェールズの『ペレドゥル*の物語』にも現われる．主人公のペレドゥル*がヘビを殺すのだが，ヘビ*の尻尾に奇跡の石が入っていたという話である．ベルール(12世紀頃)の『トリスタン*物語』(1165-70または90年代)でも主人公は，「アイルランドのとさかの付いた大蛇*」を殺して，イズー*を手に入れ，イズー*を叔父マルク*と結婚させる．フランスのモン＝サン＝ミシェル*の伝承は，明らかにこのテーマを典拠にしているのである．

「祝福されたブラン*」　Bran Vendigeit

⇨ブラン・ベンディゲイド

シュリム　Sulim

【ブルターニュ】シュリムは，(フランス・モルビアン県の) ビウズィ＝レ＝ゾにあるカステネック岬の古名である．ナントからカルエー経由でアベル＝ヴラックへ向かうローマ街道上の監視所となる前は，シュリムは恐らく女神スル*に捧げられたガリアの聖所であった．

シーラ・ナ・ギグ　Sheela na gig

【アイルランド・イギリス】ゲール語*であるシーラ・ナ・ギグは，翻訳不可能で，その正確な意味はいまだかつて定義されないできている．シーラ・ナ・ギグが指しているのは，石碑，教会の壁あるいは柱頭彫刻に描かれた女性像であり，これはアイルランドと大ブリテンの西部にしか見られない．これらの表象は「猥褻」と呼ぶにふさわしい．なぜなら描

シーラ・ナ・ギグ (イングランド，ヘレフォードシャー，キルペク・セント・メアリ＝セント・デイヴィド教会)

猥褻であると評されることの多いこの図像は，教会や墓地の壁に頻繁に見られるが，場所はアイルランドと大ブリテン西部に限られている．これは，偉大な創造女神を描いたもので，女神は陰門を開き，死者たちを呑み込んで，これを生き返らせて新たな生を吹き込んでいる．(モーン・リゴルによるデッサン)

かれている女性は大腿部を大きく開いているのみならず、陰唇をあからさまにつかんで、膣口を開いたままにしているからである．

　道徳的な解釈によると，この表象は色欲のおぞましさを示しているということになるが，より穿った研究により「母神」像が浮かび上がってきた．「母神」は，我が子に他ならない死者たちに，自分たちが生まれてきた母胎へ戻るように誘い，そこで彼らに新たな生を吹き込むのである．この考え方は，ニューグレンジ*のような，巨石からなる大規模なケルンの構造を生んだ考え方である．ニューグレンジ*では，冬至の頃，朝日の最初の光が，明らかに女神の母胎の象徴である，死者たちが安置されている埋葬室に入り込んでくる．

　フランスでは，とくにオーヴェルニュ地方には，多くの柱頭彫刻に，2つの尾を大きく開いている「水の精」の姿が描かれているが，これは別の社会・文化的な背景の中での，シーラ・ナ・ギグに相当するものであると思われる．

ジルフレ　Girflet

【アーサー王（フランス）】ジルフレ（英語ではグリフレット*，ギルフレット*）は，アーサー王物語の中では，「ド（Do）の息子」と言われている．ジルフレを，ドーン*の息子ギルヴァエスウィ*と同一人物とみるのは難しくはない．ジルフレは，惨憺たるカムラン*の戦い後に，なおも生きていたアーサー*を目にした最後の騎士である．ジルフレは，瀕死のアーサー*に頼まれ，湖へ名剣エクスカリバー*を投げ入れる．

「白い手のイズー」　Yseult aux blanches mains

【アーサー王（フランス）】「白い手のイズー」は，ブルターニュ*（古名はアルモリカ）の王オエルの娘で，トリスタン*の妻である．

シロナ　Sirona（Tsirona）

【大陸ケルト】シロナはガリアの女神で，その名は「天体」を意味する．

白ブタ　Blanc Porc

【フランス】12世紀末葉のガンガモールを主人公にした「短詩（レ）」（中世の物語詩＝叙事詩のジャンル）は，ケルト*神話をテーマにしているが，そこでは奇怪なイノシシ*が主人公に追われ，主人公を「異界」へ連れて行く．それで，この白ブタが「異界」の妖精，言い換えると，人間を愛してしまった古代の女神であることが分かる．

シンサル　Sinsar

【アイルランド】シンサルは，「世界の王」の名前である．シンサルは，ミダク*によってロホレン*（スカンジナビア）の王であった父の死の仇をとるためにアイルランドに呼び寄せられたが，ヴェントリー*の戦いでフィン*とフィアナ騎士団*に敗北する．

ス

スアッヘ　Llacheu
【ウェールズ】スアッヘは，ウェールズの伝承によると，アーサー*の息子である．スアッヘは，カイ*（フランス語ではクー*）によって殺される．

スアルティウ　Sualtam
【アイルランド】スアルティウは，英雄クー・フリン*の地上における父である（『クー・フリンの誕生』）．

スイッズ　Lludd
【ウェールズ】スイッズは，『スイッズとシェヴェリス*の物語』が伝えるウェールズの伝承では，ブリテン*の王ベリ*の息子にして後継者である．兄弟のシェヴェリス*の助けを得て，スイッズは王国から3つの災禍を取り除かなければならない．3つの災禍のうちの第1の災禍はコラニアびと*である．コラニアびと*は，フランス・ブルターニュのコリガンたち*に相当する人々である．

スィール　Llyr
【ウェールズ】スィールは，海と関連したウェールズの神話上の人物であるが，決して海神ではない．スィールは，アイルランドのリル*に対応している．スィールの子供たちは，マナウィダン（マナナーン*），ブラン・ベンディゲイド*（「祝福されたブラン*」）とブランウェン*である．英文学では，スィールはシェイクスピア（1564-1616）の描くリア王となっている．

スィン　Llyn
【ウェールズ】「スィン」（llyn）は「湖」を意味するアルモリカのブルトン語*「レンヌ」（lênn）に相当するウェールズ語*である．

スィン・テギド　Llyn Tegid
【ウェールズ】スィン・テギドは，バラ湖の古名である．詩人（バルド*）タリエシン*（6世紀）にまつわる伝説は，女神ケリドウェン*とその夫にあたる禿頭のテギド*の住まいが，この湖の底にあるとしている．

スィン・バラ　Llyn Bala
【ウェールズ】スィン・バラは，ウェールズ*北西，バラの町の南に位置する，テギド湖の現在の名前である．

スィン・バルヴォド　Llyn Barfod
【ウェールズ】スィン・バルヴォドの文字通りの意味は「髭の生えた湖」である．ウェールズ*の中部・南部・西部にまたがる湖で，「メズィヴァイの医者たち」の伝説はここで生まれたとされている．それは，妖精を妻に迎える若い牧人についての話である．妖精は湖底から，不思議な雌ウシ*の群れとともにやって来て，雌ウシたちは牧人に富をもたらしてくれる．しかしながら牧人は，決められた日に妻の姿を見てはいけないという，メリュジーヌ*伝説に特有の禁忌を破ると，妖精は牧人のために複数の男の子を生んだ後，牧

人のもとを去っていく．残された男の子たちは，母親の魔法の力のおかげで，腕のいい医者になる．

スヴネ（スウィーニー） Suibhné (Sweeny)

【アイルランド】スヴネは，半ば伝説的なアイルランドの王である．スヴネは司教聖ローナーンと口論を始め，司教はスヴネに呪いをかけたとされる．スヴネはその後，森に入って木の上に逃れ，そこで多くの詩を朗唱したとされる．スヴネは，マーリン*（フランス語ではメルラン*）との関連を持っているように思われる（『スヴネの狂乱』）．

スェヴァルッフ・ヘン Llywarch Hen

【ウェールズ】スェヴァルッフ・ヘンは，老スェヴァルッフという意味である．伝承によるとスェヴァルッフは，ウェールズ*の中心から東部にひろがるポウィスの詩人（バルド*）とされ，24人の息子をもち，まずはキンズィラン*に仕え，ついでレゲドのユリエン王に仕えていた．ウェールズ*写本には，スェヴァルッフの作とされる素晴らしい詩篇が残されているが，それは実際には，夢想的な調子で作られた感動的な哀歌となっている．

スェヴェリス Llevelys

【ウェールズ】スェヴェリスは，『スイッズ*とスェヴェリスの物語』が伝えるウェールズの伝承によると，スイッズ*の兄弟である．

スェウ・スァウ・ゲフェス Lleu Llaw Gyffes

【ウェールズ】スェウ・スァウ・ゲフェスは，『マビノーギ*』（幼な物語）第4話が伝えるウェールズの伝承では，アリアンロド*とグウィディオン*の不義の息子である．スェウ・スァウ・ゲフェスは，母のアリアンロド*に捨てられ，呪いをかけられる．スェウ・スァウ・ゲフェスには妻として，「花娘」ブロダイウェズ*が与えられる．ブロダイウェズ*は，彼女の若い愛人にスェウ・スァウ・ゲフェスを殺害させるが，スェウ・スァウ・ゲフェスはグウィディオン*によって蘇生させられる．

スェッフリン Llychlyn (Llychlynn)

【ウェールズ】スェッフリンは，地獄のような場所と多少とも混同されている，スカンジナビアのウェールズ*名である．⇨ロホラン

スェンスェアウク，イウェルゾンびと Llenleawg le Gaël

【ウェールズ】「イウェルゾンびと（アイルランド人）」スェンスェアウクは，ウェールズの伝承に現れる，アーサー*の戦士である．スェンスェアウクは，アーサー*を別にして，名剣カレトヴルフ*を使うことのできる唯一の男である．スェンスェアウクは，湖水のランスロット*（フランス語ではランスロ*）と比較することができる．

スカータハ Scátach

【アイルランド】スカータハは，アイルランドの伝承によると，スコットランドの女武者である．スカータハは少年クー・フリン*に，武術や魔術のほかに性の手ほどきをする．スカータハの名は「人を怖がらせる女性」と同時に「人を守る女性」を意味する（『クアルンゲのウシ捕り』）．

スケルス Sucellus (Sucellos)

【大陸ケルト】スケルスは，ガロ＝ロマン期の*彫像に多く描かれているガリアの神である．スケルスという名は「上手な打ち手」を意味する．スケルスは「槌をもった神」であり，アイルランドのダグダ*と対比することができる．

スコット人　Scot

【アイルランド・スコットランド】スコット人は，アルスターにいたゲールの*部族を指す総称である．この名称の使用は，程度の差はあれアイルランド人全体にも広げられ，「カレドニア」つまり現在のスコットランドの住人を限定して指す呼称になった．しかしながら，大陸では，12世紀と13世紀には，「スコット」(Scot) という語はいまだにアイルランド人と同義だった．

ストーンヘンジ　Stonehenge

【イギリス】ストーンヘンジは，大ブリテンの南部，ソールズベリー平原にある巨石建造物である．青銅器時代のさなかに仕上げられ，ケルト人*の崇敬の対象になった．ギリシアの著作家たちが報告する１伝承によると，ストーンヘンジにはアポロンが19年ごとに姿を見せたとのことである．奇妙なことに，この19という数字は，ケルトの*初期のキリスト教団にとって，復活祭の周期を表す数字である．

中世に「コレア・ギガントゥム」(「巨人たちの輪舞」の意) と呼ばれていたストーンヘンジの建造物の石の中には，ウェールズ*から持ってこられたものもある．ある伝説によれば，魔術の力でそれらの石をストーンヘンジへ運んだのはマーリン*（フランス語ではメルラン*）ということになっている．明らかに，ストーンヘンジの建造物は太陽神殿である．

砂浜のヒツジ飼い（ベッグル・アンノーズ）　Bugul ann aod

【ブルターニュ】ベッグル・アンノーズ（Bugul ann aod）の文字通りの意味は，「砂浜のヒツジ飼い」である．ブルターニュ*（古名はアルモリカ）の伝説では，浜辺をうろつきまわるずる賢い，いたずら好きの精霊のような存在で，人をだまし，ときにはひどく「悪魔的」になるらしい．

スメルトリオス　Smertrios

【大陸ケルト】スメルトリオスはガリアの神で，その名は「恵みの神」を意味する．

スラーネ　Slaine

【アイルランド】スラーネは，アイルランドにある丘の名である．聖パトリック*が，ある年のベルティネ祭*の晩に，アイルランドで初めて復活祭の火を灯したのはこの丘でのことである．

スル　Sul

【大陸ケルト】スルは，ガリアの太陽女神で，（大ブリテンの）バース市で絶えることのない火によって称えられていた．

セ

セイテンヒン　Seithenyn
【ウェールズ】セイテンヒンは，ウェールズ*のカーディガンの伝説上の王である．セイテンヒンは魔法の泉の番人であった若い娘を強姦したため，泉から水があふれ，セイテンヒンの国が水没してしまったとされる．

聖杯　Graal
⇨グラアル

「世界の王」　Roi du monde
【アイルランド】謎めいた人物である「世界の王」は，アイルランド征服にやってくるものの，フィン・マク・クウィル*とフィアナ騎士団*に敗北する．⇨シンサル

セゴウェスス　Ségovese
【大陸ケルト】セゴウェススは，ガリアの神話上の王アムビガトス*の甥である．フランス南西部アクィタニアを支配していたビトゥリゲス族の王アムビガトス*は，国の人口過剰を解消するために，新天地を探すべく，2人の甥ベロウェスス*とセゴウェススをイタリアとギリシアに派遣した．セゴウェススは，ヘルシニアの森へ向けて遠征に出かけた．この遠征は，戦士に長旅の巡礼をさせてきたえる前ローマ時代の風習「聖春」(ウェル・サクルム) である．

タ・チ

ダイザート　Dysert

【アイルランド】「ダイザート」は，ラテン語の過去分詞 desertum（「人の住まない」，「人里離れた」の意）から派生した綴字である．アイルランドでこの言葉は，信仰厚い人の手で「人里離れた場所」に建てられた隠者の住まいを指している（アイルランド語では「ディーシェルト」Dísert）．ローマ時代になって，こうした「人里離れた場所」にいくつか修道院が建てられた．

ダグダ　Dagda

【アイルランド】ダグダは，アイルランドの異教の神々の中で最も重要な神に入る．ダグダは神であると同時にドルイド僧*，しかも，ドルイド僧*たちの神なのである．自然の基本要素と知識に長け，法に明るい，恐ろしい戦士である．マグ・トゥレド*の第２の戦いで，フォウォレ族*を破ってトゥアタ・デー・ダナン*を勝利へ導くのはダグダである（『マグ・トゥレドの戦い』）．

彼がダグダと呼ばれるのは，「善良な神」だからである．ダグダは，「小さな善良者」を意味するダガン，「万人の父」，または「全能の父」を意味するエオヒド・オラティル，「偉大な知識で紅潮した人」を意味するルアド・ロエサなど別の名前も持っている．ダグダの住まいは，ブルグ・ナ・ボーネ*，つまりニューグレンジの巨石塚（アイルランド北東部ボイン川北岸）である．ダグダは，ゲルマンの神オーディン＝ウォータンと同じタイプの神である．その驚くばかりの大食は図抜けており，旺盛な性欲は，ガリアとフランスが生んだガルガンチュア*を思わせる．

ダグダの釜は，そこからいくらでも食物が出てくる無尽蔵の釜で，聖杯*の原型になっている．また，ダグダが持っている魔法の竪琴*は，人の手を借りずに嘆きや眠り，死や笑いの曲を奏でることができる．ダグダは棍棒も持っている．棍棒の一方の先端で誰かを叩けば殺せるし，他方の先端で叩けば息を吹き返させることができる．だから，ダグダは，生命と死の神，良いことも悪いこともできる恐ろしい力を備えたまさに両義的な神なのである．

ダグダは，ガリアのスケルスに対応するゲールの*神なのかもしれない．スケルスもガロ＝ロマン期の*彫像によく描かれている「槌を持った神」だからである（しかし，スケルスに対応するのは強力な戦士オグマ*かもしれない）．アーサー王物語やもっと後期の叙事詩的な物語でも，ダグダのような人物が棍棒を持った野人，野性の動物の長である「森の住人」に身をやつして現われる．

ダグダには，共同体の守護神としての特徴があり，「部族の父神」であったガリアのテウタテス*＝トゥタティス*と共通するところがある．ダグダ像がキリスト教の民間信仰に根付いていた「善良な神」という表象の土台になったと考えることもできないわけではないのである．

竪琴　Harpe

（ゲール語*で「クルト」cruth, ウェールズ語*で「テリン」telyn,（アルモリカの）ブルトン語*で「テーランヌ」または「タレンヌ」telenn）

【ケルト】堅琴は，ラッパやコルヌミューズ（バグパイプの一種）とともに，中世初期の間，ケルト人*にとって特別な楽器だった．堅琴は，ウェールズ*やアイルランド*では使われ続けてきたが，スコットランド人やブリトン人*には長い間忘れられてしまった．現在のケルトの*堅琴は，アイルランドのものであるが，ベルトにつけて運ぶことができた昔の小型の堅琴から派生したものである．

神話物語の中では，堅琴はしばしば呪力を帯びており，たとえばダグダ*の堅琴は，ダグダ*が命令を出すだけで，掛けられていた壁を離れて，ダグダ*の手許にやってくることができた．堅琴の音楽もまた魔術的であり，アイルランドの民間伝承は堅琴の音楽にまつわる信仰の痕跡をとどめてきた．その信仰とは，空中に堅琴の音楽が漂うと，眠りや悲しみ，あるいは喜びがもたらされると言われるものである．

ダ・デルガ　Da Derga

【アイルランド】ダ・デルガはレンスターの接待騎士，つまり貴族で，自分の館に王国の自由民を迎え入れ，歓待することを職務にしていた．接待騎士は，名誉ある役職だったが，同時にさまざまな束縛や禁忌を背負わされた．

アイルランドの上王（ハイ・キング）であったコナレ大王*は，ダ・デルガの館で死んでいく．王の特権に嫉妬した3人の乳兄弟がブリトン人の海賊を導き入れたことから激しい戦いとなり，命を落としたのである（『ダ・デルガの館の崩壊』）．

ダナ　Dana

⇨アナ

ダーモット　Dermot

【イギリス】英語ではディアルミド*（Diarmaid）をダーモット（Dermot）と綴る．

ダモナ　Damona

【大陸ケルト】ダモナは，ガリアの泉と温泉の女神である．

ダユー　Dahud

【ブルターニュ】ダユーは，ブルターニュ*（古名はアルモリカ）の伝説では，イス*の町の王グラドロン*の娘である．ダユーの名は，ガリアのダゴソイティス（Dagosoitis），つまり「善良な魔女」から来ている．ダユーはよくアエス*と混同される．

ダユーは，海位より低い町を造らせ，その町に自分に合った法，異教と女権制を浸透させようと考えた．ダユーは，男権の代表者，とくに教会の聖職者と対立する．伝説では，ダユーは，イス*の町を水没させた多少とも悪魔的な「メッサリナ」（25頃-48，ローマ皇帝クラウディウスの妃．愛人と陰謀を企て処刑される）のような女に創られている．しかし，このテーマは，はるかに古い汎ケルト的*なものである．アイルランドやウェールズ*にだけでなく，フランス中南部の山地群マッシフ・サントラル（「中央山地」，イサルレス湖）やピレネー山脈の地方伝承にもこのテーマは，認められるからである．

どこでも，洪水は女の怠慢か過ちのせいにされている．しかし，イス*の町は，相変わらず海底に存在し，ダユーは死んだわけではない．彼女は水の精になって生き続け，2つの海を股にかけて泳ぎ回っている．ダユーは，異教のドルイド教と太古の女権社会を象徴している．イス*の町が水没し，ダユーが水の精になったということは，男性の無意識に潜在し，意識の次元に浮上しようとしている太古の女性と女権制をダユーが象徴しているからだろう．

タラ（ゲール語*ではテウィル）　Tara（ゲール語ではTeimhair）

【アイルランド】タラは，ミース*州に位置する宗教と社会・文化の一大拠点である．巨石時代に創設されたタラは，青銅器時代と鉄

TARA

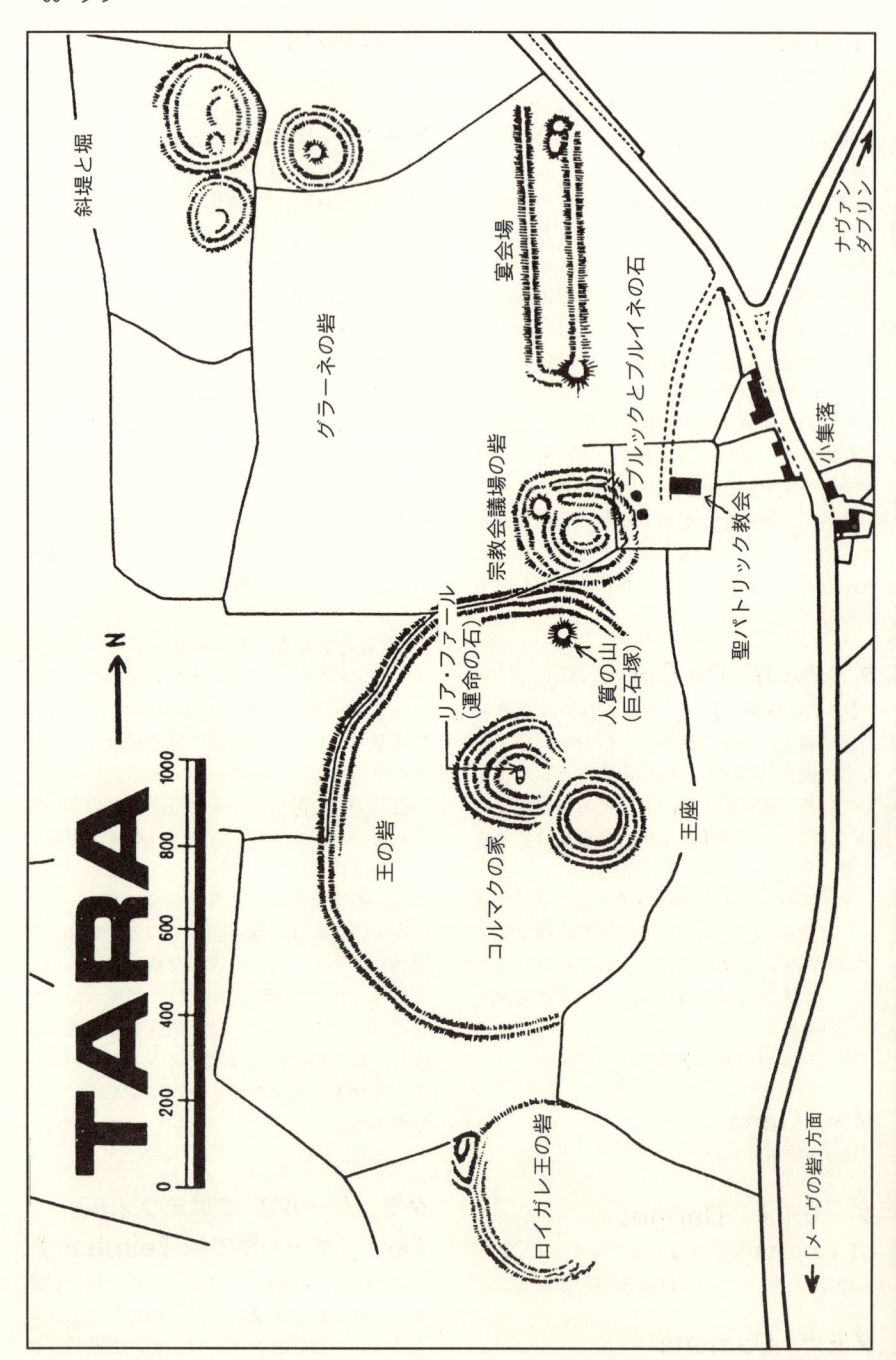

斜堤と堀

グラーネの砦

宴会場

ブルックとブルイネの石

宗教会議場の砦

小集落

リア・ファール（運命の石）

人質の山（巨石塚）

聖パトリック教会

王の砦

コルマクの家

王座

ロイガレ王の砦

← 「メーヴの砦」方面

ナヴァン　ダブリン →

N →

0　200　400　600　800　1000

器時代にも絶えず人々を集めた．タラはキリスト教定着以前のアイルランドの政治・宗教双方にとって象徴的な中心であり，複雑な儀式に則ってそこで厳かに即位した至高の王たちの拠点であった．

タラには時代の異なる数多くの遺跡が見られる．例えば，巨石のケルンである「人質の山」，ケルト*時代の「大宴会場」，王や神に等しい人物たちの名を冠した様々な丘，なかでも「将来王になる人が触れると叫んだ」という「運命の石」，有名な「リア・ファール*」が挙げられる．数多くの伝承や伝説が，この類い希な古跡の周りに集中している．タラは，アイルランドの，それどころか「ケル

90頁＝タラ*の遺跡（アイルランド，ミース*州）

　タラ*の遺跡に見られる複数の名称は伝統的なものであるが，恣意的なものである．それらは歴史同様，伝説に属するものでもある．遺跡は古く，新石器時代のものとされるが，世紀を重ねても再利用され続け，8世紀にまで至っている．

　「人質の山」と呼ばれている場所は，巨石の積石塚（ケルン），つまり墓＝聖所である．複数の囲い地の内部には，宗教上の祭儀の場所に使われたはずの丘が幾つかそびえている．「宗教会議場の砦」と呼ばれている場所は，宗教儀式と同時に政治集会を喚起する．

　「グラーネ*の砦」は，トリスタン*とイズー*をめぐる伝説の原型である，ディアルミド*とグラーネ*をめぐる伝説をもとにしているが，グラーネ*の名が「太陽」を意味するゲール語の*grianに由来しているため，この砦には太陽信仰との関連を認めることができる．この地図には記載されていない「メドヴ*の砦」は，実際は創造女神がもつ複数の顔の1つである，いわゆるコナハトの女王の姿を想起させる．その名が「陶酔」を意味するこの女王は，可視世界と不可視世界を繋いでいる．

　「ロイガレ*王の砦」と「コルマク*の家」と呼ばれる丘だけが史実に基づく名称を持っている．ロイガレ*という名を持つ王は数多くいたが，アルト*の息子であり百戦のコン*の孫にあたるコルマク*は，アイルランドで最も偉大な上王（ハイ・キング）であると考えられている．この「コルマク*の家」には，有名なリア・ファール*がある．「運命の石」であるリア・ファール*は，将来王となる人物が手を触れるたびに叫び声をあげ，それによってタラ*の王に選ばれるはずの者に，予め授けられた運命を示していた．「王座」と呼ばれる丘が同様に認められるのも驚くに足らない．

ひとたび選出された上王は，そこで厳かに即位しなければならなかった．

　「饗宴場」もしかるべき場所にあり，王の主催する集まりはすべて饗宴で終わり，饗宴はときに3日3晩続いた．中世の写本の1つは，階層順にタラでの饗宴の会食者の着席順を定めている．アーサー*が仲間や臣下たちのために開いた饗宴について，アーサー王物語の作者たちが行っている描写の中にも，以上すべての記憶が当然残されている．その饗宴は，常に儀式上の規制を受け，大抵の場合，執事騎士カイ*（フランス語ではクー*）が饗宴を仕切っている．

　タラ*の遺跡の入口にあるブルックとブルイネと呼ばれる石は，魔術的な役割を演じていた．この2つの石は事実，神々が王になるべく選んだ者が乗る戦車を通過させるために，離れあって道をあけていたはずである．2つのうちの一方には，シーラ・ナ・ギグ*の図像がかなり大雑把に描かれている．シーラ・ナ・ギグ*とは，性器を大げさに開いている女性たちを描いた奇妙な図像の1つで，アイルランドと大ブリテンの西部にしかみられないものである．シーラ・ナ・ギグ*は，生まれ変わりと再生の象徴であり，もう1つの生を経験するために，創造女神の胎内へ回帰するようにと誘っている．

　5世紀には，タラ*の遺跡はキリスト教化され，そこには神殿が建てられたが，神殿は今日では聖パトリック*の礼拝堂に変わっている．聖パトリック*は，アイルランド人にとって偉大な福音伝道者であり，433年に，ロイガレ*王がみずからタラ*でベルティネ*祭の儀式の火を灯すに至る前に，隣接するスラーネ*の丘の上で復活祭の火を敢えて灯した．

ト性」全体の魂に等しい.

タラニス　Taranis
【大陸ケルト】タラニスは，ガリアの神で，その名は「雷」を意味する.

タラバラ　Tarabara
【ブルターニュ】タラバラは，ブルターニュ*（古名はアルモリカ），特に（コート=ダルモール県の）ラニスカにある幾つかの教会で見られる，運命の輪である.

タリエシン　Taliesin
【ウェールズ】タリエシンは，6世紀のバルド*（詩人）で，彼の作とされるウェールズ語*による詩篇が数編現存している．実在したタリエシンは恐らくレゲド王ウリエン*お抱えのバルド*だった．ウリエンは，後にウェールズ*北西部に逃れることになる，ランカスター地方北部のブリトン人*の長であった．タリエシンはまたグウィネズのマエルグン*王と面識もあった．

しかしその後，他の多くの詩篇がタリエシンの作とされ，それはケルト*文学全体の中でも最も奇妙な作品のうちに数えられている．これらの詩篇のうちの幾つかは，伝統的なものとして残った幾つかのテーマを拠り所としたバルドの復興のような現象が手伝って，12世紀に書かれたものである.

恐らく歴史上の小さな事実から，タリエシンはすぐさま伝説に取りあげられた．それによると，タリエシンは，聖パトリック*と同様に，アイルランドの海賊によって誘拐され，「コラクル」つまり動物の毛皮で覆われた船に乗ってアイルランドから逃亡しなければならなかったというのである．この冒険は1つの通過儀礼の図式となった．

テギド湖のほとりで，ケリドウェン*が準備した霊感と再生の釜から飛び出してきた魔法のしずくを3滴あやまって口にしたため，少年グウィオン・バッハ*は知恵を手にする．魔法の力で様々な姿に変身したケリドウェン*に追われたタリエシンは，自らも変身を繰り返し，最後に小麦の粒になったとき，黒いメンドリに変身したケリドウェン*に飲み込まれてしまう．ケリドウェン*は妊娠し，5月の初めに，つまりベルティネ祭*の間に子供を生むが，この子供を毛皮の袋に入れて海へ流してしまう．その後子供はグウィズノ・ガランヒル*の息子エルフィン*に拾われ，子供はタリエシン，つまり「輝く額」という意味の名前で，エルフィンお抱えのバルド*になる．Pennbardd（ペンバルズ）つまり「バルド*たちの長」とみなされたタリエシンは，その博識ゆえに他のあらゆるバルド*たちの追随を許さず，エルフィン*がグウィネズのマエルグン*王に勝利する手助けをする.

タリエシンはバルドに備わる博識の象徴，ドルイディズム*（ドルイド教の教義）が民間伝承でもはや残映の状態でしか存在しなくなっていた時代に，いわばドルイディズム*最後の化身となった．『マビノーギ*』（幼な物語）第2話によると，タリエシンはブラン・ベンディゲイド*（「祝福されたブラン*」）が開始したアイルランド遠征の7人の生き残りの1人とされる．またジェフリー・オヴ・モンマス（1100頃-55頃）はタリエシンをマーリン*（フランス語ではメルラン*）の導き役とし，タリエシンをモルガン*やアヴァロン島*の女たちと関係づけている.

タルヴェシュ　Tarbfès
【アイルランド】タルヴェシュの文字通りの意味は「雄ウシ*の眠り」である．アイルランドの伝承によるとタルヴェシュは，特にアルスターで行われる王の即位式の最中に催される雄ウシ*の宴のことである．この宴は，雄ウシ*信仰を示唆するものである.

「タルウォス・トリガラヌス」 Tarvos Trigarannos

【大陸ケルト】「タルウォス・トリガラヌス」は，パリのクリュニー美術館が所蔵する，ナウテス（船乗りたち）の柱の台座に描かれた「3羽のツルを載せた雄ウシ*」のことである．

これは『クアルンゲのウシ捕り』というアイルランドの有名な叙事詩を織りなす1つのエピソードの例証となっている．そのエピソードに現れるのは，ドン*という名の有名な「クアルンゲの褐色のウシ*」であるが，この神のような雄ウシ*は，コナハト（現在のコノート州）の女王メドヴ*とアルスターの王コンホヴァル*との間におこった熾烈な戦争で賭けの対象となる．この戦いが行われる中，クー・フリン*はたった1人でアイルランド軍全体に対して防戦する．

この「3羽のツルを載せた雄ウシ*」は奇妙なことに，武勲詩に登場する「サラセン人」が崇めていた3主神の1つ「テルヴァガン*」（Tervagant）の名のうちに認められる．

「タルウォス・トリガラヌス」
3羽のツルを載せた雄ウシ．パリ，クリュニー美術館

タルギン Tailgin

【アイルランド】タルギンの文字通りの意味は「禿頭の男」で，剃髪を受けていた聖パトリック*に与えられた異名である．現在ではタルギンという語は，親しみのこもった敬意のしるしとなっており，アイルランド共和国の首相を指している．

タルティウ Tailtiu

【アイルランド】タルティウは現在のテルタウンにあたり，ミース*州にある．タルティウは，ゲール人*と，アイルランドを先に占拠していたトゥアタ・デー・ダナン*との間に神話的な戦いが繰り広げられた場所である．トゥアタ・デー・ダナン*は敗北し，シード*（異界）と呼ばれる地下世界への逃亡を余儀なくされた．

ダルフーラ Darthula

【スコットランド】スコットランドの詩人，マクファーソン（1736-96）は，『オシアン作品群』でアイルランド神話のヒロインであるデルドレ*（Deirdré）の名にダルフーラ（Darthula）を当てている．

血染めの枝 Branche sanglante

【アイルランド】「血染めの枝」というのは，エウィン・ワハ*の城塞の館のことをいう．ここにアルスターの戦士たちは，敵の「血に染まった遺体」，とくに「切られた首*」を保存していた．

テ

ティ　Ti

【ブルターニュ】「ティ」(ti) は，（アルモリカの）ブルトン語*で「家」を指し，ラテン語の「テクトゥム」(tectum, 屋根，天井，家，住居などの意）に由来している．ゲール語*の「ティアハ（チャハ）(teagh)」同様に，「ティ」(ti) という語はしばしば聖なる性格を帯びている．

ティアハ（チャハ）　Teagh

【アイルランド】「ティアハ（チャハ）」はゲール語*で「家」を指し，ラテン語の「テクトゥム」(tectum, 屋根，天井，家，住居などの意）に由来している．「ティアハ（チャハ）」という語はしばしば聖なる性格を帯びている．「ティアハ（チャハ）」の属格形は「ティ」(ti) と発音する．「ティアハ（チャハ）」の古形は「テフ」(tech)．

ディアルミド　Diarmaid

【アイルランド】ディアルミドは，レンスター物語群に入るアイルランド叙事詩（『ディアルミドとグラーネの追跡』）の主人公で，フィン*の親族である．ディアルミドは，どんな女からも愛される恋の印を妖精からもらう．若いグラーネ*は，老王フィン*の妻—異文によっては許婚者—であったが，恐ろしい魔法の誓約（ゲシュ*）を唱えて，ディアルミドに一緒に出奔することを誓わせる．

ディアルミドは，フィン王*に追跡され，大事な禁忌を破らざるをえなくなる．それは，ベン・ブルベン山*のイノシシ*を殺すことだった．ディアルミドは，イノシシ*の毒を含んだ剛毛で致命傷を負う．フィン*はディアルミドを助けることもできたのに，悪知恵と悪意が頭をもたげて，ディアルミドを死へ追いやる．ディアルミドとグラーネ*の話は，ゲールの*口承でもじつに有名な話で，トリスタン*とイズー*伝説の主要な元型になっている．⇨ダーモット

ディアン・ケーフト　Diancecht

【アイルランド】アイルランド伝承でディアン・ケーフトは医術の神．カエサル（前100-前44）が指摘しているようにガリアのアポロンに相当する．ディアン・ケーフトは，マグ・トゥレド*の戦いに参加し，「健康の泉」を掘って，そこに薬草をたくさん混ぜ合わせた．おかげで死傷した戦士たちは，泉に浸かって蘇生した（『マグ・トゥレドの戦い』）．

ディウィキアクス　Diviciacus

【大陸ケルト】ディウィキアクスは，ガリア戦役の間，ハエドゥイ族（フランス，ブルゴーニュ地方）のドルイド僧*と政治家を兼ねていた人である．カエサル（前100-前44）は，ディウィキアクスをよく知っていて，彼のことを褒めている．キケロ（前106-前43）は，ローマにディウィキアクスを迎え入れ，じつに好意的で，感服し切った人物描写を残した．それほどこのドルイド僧*の英知と認識力は，すぐれたものだった（『占いについて』第1巻第41章第90節）．

ディウォンナ（ディウォナ）　Divonna（Divona）

【大陸ケルト】ディヴォンナ（Divonna）の文字通りの意味は，「神聖なるもの」（divine）である．ガリアの神格で，泉と河川の神である．この名は地名にも残っている．スイスとの国境に近いフランスの温泉地ディヴォンヌ＝レ＝バン（Divonne-les-Bains）である．

ディウルナッハ・ル・ガエル　Diwrnach Le Gaël

【ウェールズ】ディウルナッハ・ル・ガエル（ゲールの男ディウルナッハ）は，ウェールズの伝承（『キルッフ*とオルウェン*』）に出てくる人物で，豊穣と再生の魔法の釜を持っている．

ティオレ　Tyolet

【フランス】ティオレは，12世紀に逸名作者が著した1編の短詩（中世の比較的短い物語詩）の主人公であり，ペルスヴァル*という人物の民間伝承上の原型であると思われる．

ティゲルン　Tigern

【アイルランド・ウェールズ】「ティゲルン」（tigern）の文字通りの意味は「家長」で，ラテン語の「ドミヌス」（dominus, 家長, 主人）に対応する．「ティゲルン」（tigern）はウェールズ語*でもゲール語*でも，「長」または「王」の意味でしばしば用いられている．したがって，ブリトンの*王ウォルティゲルン*は「偉大な長」ということになる．

ティゲルンワス　Tigernmas

【アイルランド】ティゲルンワスは，異教時代のアイルランドを支配していた神話上の王で，ある年のサウィン祭*の夜，「殺害の平原」にあるクロム・クルアハの偶像の前で，臣民全員とともに亡くなった．ティゲルンワスという名は「死の領主」を意味し，それは彼がウェールズの*メルウァス*や，クレチア ン・ド・トロワ（1135頃-85頃）の『ランスロ*または荷車の騎士』（1177-81頃）に現れるメレアガン*に似た黄泉の国の神であることを示唆している（『アイルランド来寇の書』）．

ディス・パテル　Dis Pater

【大陸ケルト】ディス・パテル（父なる神）はガリアの神だが，カエサル（前100-前44）の『ガリア戦記』第6巻第18節からしか知れていない．プロコンスル（地方総督）の要職にあったカエサルによれば，ガリア人は，皆ディス・パテルの血を引いていると自称していたらしい．この名称はラテン語だが，ダグダ*の添え名の1つ，「万人の父」を意味するオラティルと共通するところがありそうだ．あるいは「部族の父神」を意味するテウタテス*，別名トゥタティス*のことかもしれない．テウタテス*信仰もガリアで実証されている．

ティトゥレル　Titurel

【アーサー王（ドイツ）】ティトゥレルは，ヴォルフラム・フォン・エッシェンバハ（1170頃-1220頃）が著した聖杯*伝説のドイツ語版『パルチヴァール*』（1210頃）に現れる漁夫王*の父の名前である．

ディナス・エムライス　Dinas Emreis（Emrys）

【アーサー王（ウェールズ）】ディナス・エムライスの文字通りの意味は，「アンブロシウスの城塞」である．これは，ウェールズ*のスノードン山にある鉄器時代の遺跡である．伝説によれば，ディナス・エムライスは，アンブロシウス・アウレリウス*（ウェールズ名はエメリス・ウレディグ）の城塞で主要な居住地であった．アンブロシウス*はウーゼル・ペンドラゴン*の弟，したがってアーサー王*の叔父に当たる．

裏切り者のウォルティゲルン*が前王コンスタンスから王位を簒奪して，ブリテン島*

を支配していた治世中に、新王はこの城塞の地に塔を建設して、避難所にしようとしたともいわれている。ところが、この塔は、毎夜、崩れてしまう。アーサー王伝説では、この場面でマーリン*（ウェールズ名はメルズィン*）が登場する。マーリン*は、塔を崩す張本人が、土台の下で戦っている2匹の竜*であることを突き止める。

ディフ　Dichu

【アイルランド】ディフは、ブルグ・ナ・ボーネ*（アイルランド北東部ニューグレンジにある巨石塚）の執事の名前である。伝説によれば、ダグダ*の息子オイングス*がエルクワル*を押しのけて、この巨石塚を横取りしたときにディフは執事をしていた。オイングス*はそのままディフを留任させる（『妖精の塚の奪取』）。

その後、ディフは、エトネ*の父親になる。エトネ*は「異界」の女で、アイルランドの王権を象徴している。エトネ*は、トゥアタ・デー・ダナン*の支配を逃れて、信心深い隠者のところへ身を隠す。この隠者がエトネ*をキリスト教へ改宗させる。

ティール・タルンギリ　Tír Tairngiri

【アイルランド】ティール・タルンギリは、「約束の地*」という意味である。これは「異界」を意味する別称であるが、より正確にはリル*の息子マナナーン*が支配する国を指している。⇨シード（異界）

ティール・ナ・ノーグ　Tír na n-Óg

【アイルランド】ティール・ナ・ノーグは、「常若の国*」の意で、アイルランドの伝承で「異界」の意味で最も頻繁に用いられる呼称である。⇨シード（異界）

ティール・ナ・マン　Tír na mBan

【アイルランド】ティール・ナ・マンは、アイルランドの伝承で「女たちの国」を指す。⇨シード（異界）

ティール・ナ・メオ　Tír na mBéo

【アイルランド】ティール・ナ・メオは、「生者たちの国（生命の国）」を意味する。アイルランド語で「異界」を表す別の呼称である。⇨シード（異界）

テイルノン　Teyrnon

【ウェールズ】テイルノンは、『マビノーギ*』（幼な物語）第1話に見られ、ウェールズの伝承に現れるプリデリ*の養父である。

ディン　Din

【アイルランド・大陸ケルト】「ディン」(din) は、アイルランドに限らず、ヨーロッパの地名（ブルターニュのディナン Dinan、ベルギーのディナン Dinant など）によく見られる接頭辞である。「ディン」(din) は「ドゥン*」(dun) の派生語で、大雑把にいえば、「要塞」を意味する。つまり、要塞化された単なる囲い地のようなところで、聖地に使われた。

ティンタジェル　Tintagel

【アーサー王（ウェールズ）】ティンタジェルは、コーンウォールの北海岸の岬に位置する要塞である。そこには鉄器時代の古い要塞および6世紀のケルトの*修道院跡、さらには封建時代の城の廃墟が認められる。伝承によると、ティンタジェルはマルク*王の居城で、そこではトリスタン*とイズー*の伝説を織りなす主要なエピソードが展開されるが、ティンタジェルはまたマーリン*（フランス語ではメルラン*）伝説によれば、アーサー

テウタテス*を称える儀式（ゴネストロップの大釜*の側板内側）
ケルトの*戦士たちが，再生の儀式のために左へ進んだ後，傷を癒され再び戦闘態勢になって，上部では右の方へ戻ってくる．この儀式は，聖杯*（グラアル）のテーマを思い起こさせる．聖杯*に含まれているものが，治療と再生を行うからである．

王*が懐胎された場所でもある．98頁の地図参照．

テウタテス　Teutatès

【大陸ケルト】テウタテスはガリアの神で，その名は「民の父」を意味する．テウタテスはしばしば，ガリアのマルスの添え名として使われている．テウタテスは，「民の父」と考えられたすべての神に与えられた共通の名前である可能性があるが，「異界」の偉大なケルトの*神のイメージである可能性もある．「異界」の神とは，漁夫王*の姿でアーサー王物語の中にも再び登場してくる神のことである．

デウネ　Demné

【アイルランド】デウネは，フィン・マク・クウィル*の本名である．

テギド・ヴォエル（禿頭のテギド）Tegid Voël

【ウェールズ】テギド・ヴォエル（禿頭のテギド）は，ウェールズの伝承では女神ケリドウェン*の夫で，その住まいは現在のバラ湖にあたる，テギド湖にある．

テニウ・ライダ　Teinm Laegda

【アイルランド】テニウ・ライダはアイル

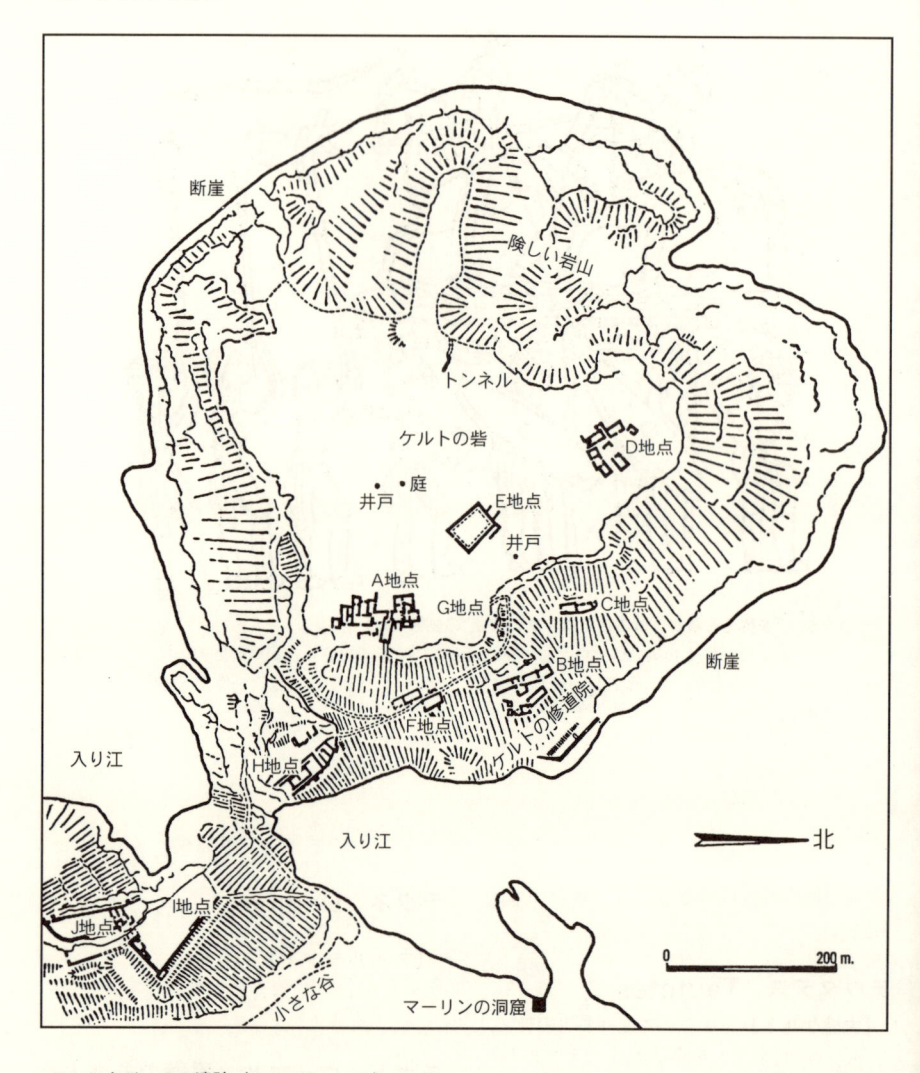

ティンタジェルの遺跡（コーンウォール）

アーサー王伝承に現れるこの名跡は，3つのタイプの異なる建造物を含む複合体である．まずは鉄器時代のケルトの*砦で，一般に「自然稜障」と呼ばれている．この最古の砦を作っている半島は，狭い岩の尾根だけで陸地に結ばれており，尾根は砦への接近の可能性を著しく狭めている．海からでは，砦の中心へ接近するのは不可能である．それほど岩壁が高く険しい．5世紀には，修道僧たちがブリテン島*やアイルランドの海岸の多くの地点で行ってきたのと同様に，修道僧たちがティンタジェルへやって来て身を落ちつけた．ケルト的な*タイプに属する，つまり防備を施された囲い地の内部にちりばめられた建物を備えたこの修道院は，それ以前にあった砦の真上に作られた．建造物は，モルタルを用いないで積む石材空積みからなっており，恐らくアイルランドのケリー沖合にある有名なスケリッグ＝マイクル修道院のように，張り出した石の屋根がつけられていた．12

世紀末には，この場所全体が整備されて城塞が作られた．その城塞の遺跡は，数多く残されている．

A地点　12世紀の礼拝堂のまわりに，一群の小さな建物があり，一種の中庭を作っている．この中庭には，さらに古い礼拝所と墓の基礎部分が見られる．恐らくここに，聖人たちあるいは創設者たちの聖遺物が保存されていた．

B地点　洗面所と浴室の基礎部分．修道僧たちは，熱湯と蒸気を供給する実に洗練された装置の恩恵に浴していたと思われる．

C地点　食堂と，それぞれ少なくとも50人は収容可能な一群の居住施設．

D地点　家畜小屋跡と穀物倉の跡．これはティンタジェルの修道僧たちが，農業と牧畜を大規模に行っていた証拠である．

E地点　図書室と筆写室．

F地点　複数の人工的なテラス．最も高いテラスには少なくとも部屋が3つあり，そのうちの1部屋には，他の部屋へ暖かい空気を送ることのできる暖房装置があった．このテラスの組積構造は大変洗練されており，そこには温泉場で有名な英国イングランド南西部の町バースに見られるように，熱湯と蒸気を定期的に供給することのできる，ブリトン人とローマ人が融合したブリト＝ロマン期の技術の名残を認めることができる．

G地点　長方形の小さな部屋が並ぶところへ通じる小道の上にある，小さなテラス．

H地点　中世の城塞の内部扉．ここには番人が控えている．

I地点　城塞への入場全般を管理する中世の扉．

J地点　番人を伴う中世の扉で，城塞の防御設備の前部となっている．

現在のティンタジェルの町を起点にする谷の末端にある小さな入り江の反対側に，土地の伝承が「マーリン*の洞窟」と呼んでいる，自然にできた海の洞窟が存在している点にも注意しなければならない．

ランドのフィリ*（宮廷詩人）たちが行っている魔術的な呪文で，予言を得る目的で行われたドルイドの古い儀式に由来している．

デヒティネ　Deichtine
⇨デヒティル

デヒティル　Dechtiré
【アイルランド】デヒティルはコンホヴァル*の妹で，クー・フリン*の母である．デヒティルは，鳥（ハクチョウ*）に変身できる妖精のような存在である．デヒティルは，「異界」でクー・フリン*を孕み，ハクチョウ*の姿のまま人間世界に戻ってくる（「アルスター物語群」）．

デラ　Déla
【アイルランド】デラは，ネウェド族*に属するともフィル・ヴォルグ族*の始祖ともいわれ，じつに分かりにくい人物である．フィル・ヴォルグ族*は，「雷族」の意味を持つ神話上の民族で，アイルランドに火と冶金の技術を導入したことを象徴している．

テルヴァガン　Tervagant
【フランス】テルヴァガンは，『ロランの歌』（11世紀末）に代表される武勲詩に登場する「サラセン人」が，アポロン（アポリン）やマホメットとともに崇めていた3主神の1つである．テルヴァガンは「タルウォス・トリガラヌス*」（3羽のツルを載せた雄ウシ*）の残映である．テルヴァガンの存在が示唆しているのは，武勲詩の描くいわゆるサラセン人というのが現実には，特別な区別がある訳ではないが，キリスト教徒からみて依然として異教徒である人々すべてを指していることである．

デルヴォルギル　Derbforgaill（Dervorgil）
【アイルランド】デルヴォルギルは，クー・フリン*と会ったこともないのに惚れてしまい，ハクチョウ*に姿を変えて英雄の前

に現われる。クー・フリン*は，投石機から石を撃って，ハクチョウ*に傷を負わせたため，傷口を舐めて治してあげる。ところが，傷を舐めたことから，血のつながりができ，女と性的な関係を結ぶことができなくなる。女はそこでクー・フリン*の「妹」になる。クー・フリン*はデルヴォルギルを友の1人に嫁がせる。その後，デルヴォルギルは，嫉妬深い女たちに殺される。クー・フリン*は妹の仇を取る。

デルヴハイン　Delb chaen

【アイルランド】デルヴハインは，コン*の息子アルト*が探し求めなければならなかった「驚異の国」の乙女で，アイルランドの「王権」を表している（『コンの息子アルトの冒険』）。

デル・グレネ　Der Greiné

【アイルランド】デル・グレネは，フィアフナ*の娘である。この名は「太陽の涙」という意味である。ケルト人*の古代の太陽神は女性で，デル・グレネは，太陽神の似姿の1つである（『ロイガレの冒険』）。

デルディウ　Deirdiu

【アイルランド】デルディウは，フィン・マク・クウィル*の女使者の1人で，フィン*がアイルランド全土を探し回って，ディアルミド*とグラーネ*の居場所を突き止めようとしたときに，密偵としてフィン*に仕えた（『ディアルミドとグラーネの追跡』）。

デルドレ　Deirdré

【アイルランド】デルドレは，アルスター物語群に登場するアイルランドのヒロインである（『ウシュリウの息子たちの流浪』）。彼女は，隷属に耐え，殉教を生きるアイルランドのシンボルになった。デルドレが生まれると，ドルイド僧*のカトヴァド*は，将来この子は禍をもたらすだろうと予言する。コンホヴァル王*は，いつの日か自分の妃にしようと思い，デルドレを人里離れたところで育てさせる。

ところが，デルドレは，ウシュリウ*の息子，凛々しいノイシウ*に惚れてしまう。ゲシュ*という恐ろしい魔力にかかって恋するようになったのである。デルドレはノイシウ*と手を取り合って逃亡する。しかし，コンホヴァル王*の罠にはまって，ノイシウ*は殺され，デルドレは王のもとへ戻される。しかし，デルドレは，絶望のあまり自殺する。デルドレの感動的な話は，アイルランドの民間伝承や文学の中で，とくにシング（1871-1909）やイェイツ（1865-1939）などによって繰り返し取り上げられた。

ト

トゥアタ・デー・ダナン　Tuatha dé Danann

【アイルランド】トゥアタ・デー・ダナンの文字通りの意味は「女神ダナ*の民」である．トゥアタ・デー・ダナンは，アイルランドを侵略した部族の中で，最後から2番目に相当する．彼らはアイルランドのパンテオンを飾る偉大な神々を構成しており，ウェールズと大陸の伝承の中に対応する存在が認められる．トゥアタ・デー・ダナンはシード*（異界）と呼ばれる地下世界で暮らしている．

トゥアン・マク・カリル　Tuan mac Cairill

【アイルランド】トゥアン・マク・カリルは，アイルランドの伝承に現れる人物で，様々な姿を取りながら，アイルランドを襲った数々の侵略を生き延びてきた．トゥアン・マク・カリルの取った様々な姿は，転生ではなく変身である（『アイルランド来寇の書』）．

トゥタティス　Toutatis

【大陸ケルト】トゥタティスは，テウタテス*という名の別形である．

トゥルッフ・トゥルウィス　Twrch Trwyth

【ウェールズ】トゥルッフ・トゥルウィスは，ウェールズの伝承（『キルッフ*とオルウェン*』）に現れる破壊的で悪魔のようなイノシシ*である．トゥルッフ・トゥルウィスは，波乱に満ちた追跡を通じて，アーサー*とその戦士たちによって追い詰められる．

トゥレン　Tuirenn

【アイルランド】トゥレンは，ルグ*に敵対した3兄弟からなる原初の神たちの父である．この3兄弟がルグの父キアン*を殺したため，ルグ*は3兄弟に対し残酷な復讐をする（『トゥレンの息子たちの最期』）．

「トゥーローの石」　Turoe (Pierre de)

【アイルランド】「トゥーローの石」は，現在アイルランドのトゥーロー近郊の野原にある，象徴的な彫刻で飾られたケルトの*石碑である．これは一種の「世界の臍」（オンパロス）である．

ドゥン　Dun

【ケルト】「ドゥン」(dun)は「城塞」を意味するゲール語で，大陸でもイギリス諸島（大ブリテン島，アイルランド島，チャンネル諸島など）でも，ケルト*起源の多くの地名にこの言葉が入っている．ローマ帝政期に「ドゥン」(dun)は，後期ラテン語の「カストゥルム」(castrum)から派生した「カエル*」(caer)や「ケル*」(ker)に取って代えられた．

接尾辞として「ドゥン」(dun)が入っている地名を挙げると，フランスのヴェルダン(Verdun，「大城塞」の意)，ルーダン(Loudun)，ラン(Laon，パリ北東の城塞都市)，リヨン（「ルグ*の城塞」の意)，イギリスの

ロンドン（ロンディニウム Londinium, さらに古名はルグドゥヌム Lugudunum）などである．

「常若の国」 Terre des jeunes

【アイルランド】「常若の国」は，アイルランドの物語で「異界」の意味で頻繁に用いられる呼称である．⇨シード（異界）

ドラゴン Dragon

⇨竜

トリスケル Triskel（triscèle）

【ケルト】トリスケルは，卍に匹敵する記号を形作る3重の螺旋である．トリスケルは，卍同様にヨーロッパ起源ではなくアジア起源であるが，ケルト人*は，特にアイルランドではトリスケルを大変よく用いてきた．ニューグレンジ*の巨石群の彫刻にトリスケルが描かれている以上，確かにアイルランドでは，ケルト人*がやってくる前からトリスケルは既に使われていたということになる．

十字架と同様に，トリスケルは太陽の象徴であるが，トリスケルのもつ3重の性格は，より厳密には3つの基本元素（空気，地，水），生物を構成する3つの要素（身体，魂，精神），3つの次元（高さ，長さ，幅）を示唆している．

ケルト人*はよく「3者1組（トライアッド）」を用いる．例えば神々はしばしば3重であり，3つの名前あるいは3つの顔を持っている．アイルランドでは，クローバーの象徴は，異教のものとみなされているトリスケルとぴったり対応している．しかしながら，この「3者1組」の習慣のおかげで，ケルト人*はキリスト教の三位一体という概念をかくも簡単に受け入れることができたのである．

トリスタン Tristan

【アーサー王】トリスタン（英語ではトリストラム*またはトリスタン，ドイツ語ではトリストラント*またはトリスタン）は，最も有名なケルト*伝説の1つの主人公である．トリスタンは，ティンタジェル*とボドミンの間にある，「トリスタンの墓石」が証明していると考えられるように，コーンウォールに実在した人物であった可能性がある．その墓石には，トリスタンは「コノウォルスの息子」と書かれている．コノウォルスは，マルク*王の別名コノモール*とも言われる．いずれにせよ，伝説はトリスタンをグラーネ*の恋人であるアイルランドの英雄ディアルミド*と同一視した．この2つの伝説物語を比較すれば，トリスタンとディアルミド*が同じ存在であるのは疑いがない．

コーンウォールのマルク*王の甥（マルク*の妹の息子）トリスタンは，ウェールズ人とみなされているが，トリスタンという名はピクト*起源である（ドルスタヌス）．象徴的に見れば，トリスタンが「月」を表すのに対し，イズー*は「太陽」のイメージである．12世紀の散文物語は，トリスタンが少なくとも月に1度はイズー*と逢瀬を重ねなければ息絶えてしまうという事実を強調している．「太陽」と「月」についての以上の話は，太陰年であるケルトの*暦と関連している．さらにケルト*諸語では，月は男性であり，太陽は女性である．

本来の神話では，トリスタンはイズー*を愛していないが，イズー*がトリスタンに向けて発した恐るべきゲシュ*（魔法の呪文）が功を奏して，トリスタンはイズー*を愛さざるをえなくなる．この経緯は，フランスの原典では，誤って口にされる媚薬のテーマに置き換えられた．湖水のランスロ*（英語ではランスロット*）のように，トリスタンは礼節をわきまえた，勇敢で無敵の騎士，輝かしい詩人にして堅琴演奏者となった．

ウェールズの伝承では，トリスタンは神話

的な要素を多く残したままである．トリスタンには，事実恐るべき力がある．トリスタンが相手に負わせる怪我はすべて致命傷となるが，逆にトリスタンの血を流す者は皆，息絶えてしまうからである．それは結果としてトリスタンに免疫を授けているのと同然である．結局のところ，トリスタンの悲劇的な死は，彼が受けた毒による怪我が招いたのではない．トリスタンの死は，論理的に考えれば，イズー*の到着が遅れたという事実，言い換えれば「太陽」がその充分な光を，「月」に再度与えることができなかったという事実によるのである．トリスタンは一筋縄では捕らえられない人物である．

トリストラム　Tristram

【アーサー王（イギリス）】トリストラム⇨トリスタン

トリストラント　Tristrant

【アーサー王（ドイツ）】トリストラント⇨トリスタン

トリスタンとイズー
これは，13世紀の写本の1つに描かれた挿絵によるものである．アーサー王物語の作者たちは，このように主人公たちを想像し，その冒険譚を語っていた．衣服は貴族階級のものであり，今日のケルトの*竪琴*に大変近い竪琴*は，古代のクルッタ（Crutta）とはもはや何の共通点もない．クルッタはむしろキタラに似ていた．

ドリトワス　Drutwas

【アーサー王（ウェールズ）】ドリトワスはウェールズの伝承に登場する人物で，アーサー王*の取り巻きの1人である．ドリトワスは3羽の不思議な鳥を飼っていた．妖精である妻からもらったものである．鳥たちは人間の言葉が理解できたので，飼い主の言うことならなんでも素直にきいた．恐ろしく獰猛だったので，ドリトワスはいつも戦場に連れていった．鳥たちが守ってくれたからである．

ある日，ドリトワスはアーサー王*に決闘を申し込み，自分の身代わりに鳥たちを送り込んだ．そして，最初にやってきた男を殺すよう鳥たちに命じておいた．一方，ドリトワスの妹はアーサー王*に惚れていたので，王に会い，長時間，王の引き止めを計った．遅れてやってきたドリトワスは，ことの次第を知ったが後の祭り，鳥たちに攻撃され，殺されてしまう．

この話はアーサー王物語群の挿話だが，とても古いウェールズの伝承に属しており，民話として今なお取り上げられている．このテーマは，「リアンノン*の鳥」や「オウァイン*のワタリガラス*」のテーマと関係しているだけでなく，アルフレッド・ヒッチコック（1899-1980）が自作の映画『鳥』で活用した普遍的な神話の一齣といってよい．

トリバンヌ　Tribann

【ケルト】トリバンヌの文字通りの意味は「3つの列」である．トリバンヌは，中心点

から離れていく3つの線からなる3要素の象徴で，現代のネオ・ドルイド僧*が記章として自分たちの帽子に付けているものである．

ドルイディズム　Druidisme

【ケルト】ドルイディズムは，ドルイド教の教義である．この言葉は最近生まれた造語で，ケルト人*の宗教全般を指している．「ネオ・ドルイディズム」という現代用語もあるが，これはとくに知的思索や霊的探求を主眼に置いたものである．⇨ドルイド僧

ドルイド僧
ストーンヘンジのある聖なる森に立つドルイド僧．18世紀の線画．フランシス・グロウズの『イングランドとウェールズの遺物』より

ドルイド僧　Druide

【ケルト】ケルト人*の宗教体系では祭司のことをドルイド僧といった．この言葉は，「最大の」，「最もすぐれた」を意味するdru-という語基と，「見る」，「知る」を意味するラテン語のvidere，ギリシア語のideinに相当する語から生まれた．したがって，ドルイド僧は，「すぐれた見者」，「博識このうえない人」という意味である．

ドルイド僧の集団は，じつに強力な祭司階級を作り上げ，そこには特殊技能にすぐれたさまざまな人たちが集まり，きわめて厳格な位階制を形成していた．本来のドルイド僧は，そうした位階制の頂点に立つ僧侶を指している．じつに長い期間，少なくとも20年にわたる研鑽を積んだ後なら，誰でもドルイドの階層に入ることができた．

ドルイド僧は，自分の所属する集団の社会，政治，文化，法律，宗教などの活動に参加する．ドルイド僧は，王と二人三脚で2頭体制を組み，この体制が壊れれば，何１つ滑らかにことは運ばなくなる．ドルイド僧は，王が実践しようとする行政に強い影響力を持っている．集会で，王に先んじて最初に口火を切るのは，ドルイド僧である．もっとも，王がいなければ，ドルイド僧は何もできない．

アイルランドがキリスト教に侵蝕される直前の時代に，ドルイド僧はフィリ*（詩人）になった．そして，聖パトリック*（385/390-461頃）は，フィリ*たちをキリスト教に改宗させた．大陸ケルトでは，ドルイド僧は，ローマの権力機関から教えることを禁じられた．こうしてドルイドの体制は徐々に消えていった．大ブリテン島では，ドルイド僧は長い間余命を保ったが，少しずつキリスト教の祭司階級に統合されていった．

18世紀末以降，ドルイド僧が再登場してくるが，彼らは，要するに「ネオ・ドルイド僧」たちであって，ケルト*が独立を謳歌していた時代のドルイド僧とは何の関係もない．事実，ドルイド僧は，ケルト*社会の枠組みの中でしか存続できなかった．

ドルイド尼僧　Druidesse

【ケルト】伝説は数多くあるが，ドルイド尼僧がいたことは実証されていない．女性もドルイド階級に所属していたが，あくまで詩人や予言者としてである．⇨ドルイド僧

トルク　Torque[†]

【ケルト美術】トルクは，金属製の首環*で，その輪は開いているものと，閉じているものがある．トルクという語は，「ねじれたもの」を意味するラテン語「トルクイス」（torquis）に由来するが，ハルシュタット*期以降知られているケルトのトルクが必ずしも

べてねじれている訳ではない．トルクは男性にも女性にも身につけられたが，同様に豪華な贈り物や奉納用の品でもあった．

　金で作られた女性用の豪華なトルクは，前5世紀から前4世紀にかけて，ラ・テーヌ*期の王侯の墓所から出土しているか，あるいは奉納品と思われる出土品の中に見られる．ラ・テーヌ*期の男性の墓所から出土したトルクはごく少数である．しかしながら，戦利品としてトルクを手に入れたという記述が多いことから，軍人がトルクを身につけていたことが分かる．

　幾つかの地域では，女性の身分や地位の証であるトルクは，多種多様な形態（輪が開いているか閉じている，球形の端末を備える，サンゴかエナメルのカボション―切り子にカットせず凸面状に磨いた宝石―つき，同一のモチーフを3回繰り返す），性質，装飾の配置から，前4世紀から前3世紀の時期の，幾つかの民族の同定を可能にしてくれる．フランス・シャンパーニュ地方や，ライン地方のトルクが好例である．

　前2世紀から前1世紀の奉納物は，薄い金箔を用いて奉納の目的で作られたトルクを，貨幣*と関連づけることが多い．貴金属で作られたトルクの奉納は，島のケルトで大変な流行をみることになる．例えばイングランド・ノーフォークのスネッティシャム遺跡では200ほどのトルクが出土した．金製のトルクは，イベリア半島のケルト人*，特に大西洋側の人々にも珍重されていた．この地域からは，豪華な装飾を施された，球形の端末を備えたトルクが大量に出土している．

　トルクには宗教的な意味合いもあったと考えられる．トルクが神々に捧げられたことがわかっており，またトルクを着けた神の像も存在しているからである．例えば，フランス・サン＝ジェルマン＝アン＝レーの国立古代博物館にあるガロ＝ロマン期の*神像のうち，獣の脚で胡座をかいている青銅製の神像（フランス，エソンヌ，ブーレ＝シュール＝ジュイヌ出土，前1世紀から1世紀）や，猪

トルクを着けた神像
ブーレ・シュール・ジュイーヌ（フランス，エッソンヌ県）の神．1世紀初頭，サン＝ジェルマン＝アン＝レー，国立古代美術館

の神（フランス，シャンパーニュ地方，オート＝マルヌ，ウフィニェ出土，前1世紀）はトルクを身につけている．

ドールドウィル　Dórdmair

【アイルランド】ドールドウィルは，若者に戦術や性や魔術を教える女戦士―間違いなく妖術師―であった．

ドルドフィアン　Dordfian

【アイルランド】ドルドフィアンは，アイルランドのフィアナ騎士団*の特別な歌だが，正確なことはまったく分からない．おそらくクレド（使徒信条）のようなもの，同時に集合の合図を示すものだったにちがいない．しかし，それが秘密結社の歌だったことは簡単に推察できることで，フィアナ*の騎士団員だけがその具体的な意味を知っていた．

ドルネメトン　Drunemeton

【ガラテヤ】ドルネメトンは，古代小アジアにあったガラテヤ人*の主要な聖地の名称である．この言葉は，「大聖地」を意味する．

トレオラントゥ　Tréhorenteuc

【ブルターニュ】トレオラントゥは，ブロセリアンド*の森のはずれに位置する，モルビアン県の村である．この村の教会は，1942年と1962年の間に，有名な「トレオラントゥの主任司祭」であったアンリ・ジャール神父の世話により修復され，装飾が施されたものだが，聖杯*と「円卓物語」全編に関し，文字通り諸伝承を網羅した美術館となっている．

トレビュシェット　Trébuchet

【アーサー王】トレビュシェットは，クレチアン・ド・トロワ（1135頃-85頃）が著した『ペルスヴァル*または聖杯の物語』（1185頃）で，ペルスヴァル*の剣を鍛える鍛冶神の名前である．

トレフリツェント　Trevrizent

【アーサー王（ドイツ）】トレフリツェントは，ヴォルフラム・フォン・エッシェンバハ（1170頃-1220頃）が中高ドイツ語で著した『パルチヴァール*』（1210頃）で，パルチヴァール*に罪と神について教える隠者（実際はパルチヴァール*の伯父）の名前である．

ドーン　Dôn

【ウェールズ】ドーンは，女神ダナ*のウェールズ*名である．ドーンはウェールズ*の伝承に登場する神々の一族の母神である．アイルランド神話では，トゥアタ・デー・ダナン*がドーンの子供たちに当たる．ウェールズ神話では，アマエソン*，アリアンロド*，グウィディオン*，ギルヴァエスウィ*，ゴヴァンノン*がドーンの子供たちである．⇨アナ

ドン・デサ　Donn Désa

【アイルランド】ドン・デサはアルスターの戦士で，至高の王であるコナレ大王*の3人の乳兄弟の始祖に当たる．コナレ大王*は，3人の乳兄弟が過ちを犯したことからダ・デルガ*の館で殺される（『ダ・デルガの館の崩壊』）．

トンブレーヌ　Tombelaine

【フランス】トンブレーヌは，モン=サン=ミシェル*近郊に位置する小島であるが，恐らくモン=サン=ミシェル自体の古名である．トンブレーヌには，「輝かしい」を意味するガリアの神ベレノス*（Belenos）の名が認められる．

ナーノ

ナナカマド　Sorbier
【ケルト】ナナカマドは，ケルト人*にとっての聖樹であり，魔術を行う際に広く用いられていた．

ナントスエルタ　Nantosuelta
【ウェールズ】ナントスエルタは，その名が幾つかの碑文に見られるウェールズの女神である．

ニアウ　Niam
【アイルランド】ニアウは，アイルランドの伝承に現れるヒロインである．ニアウは夫を裏切るため，ブラートナド*とブロダイウェズ*に似た役割を演じている．ニアウの名は「空」を意味する．ニアウは，恐らく古代の天空女神のイメージである．

ニアヴ，金髪の　Niam aux cheveux d'or
【アイルランド】金髪のニアヴは妖精で，フィン*の息子オシーン*に恋し，オシーン*を「約束の国*」に連れていく．オシーン*はそこでしばらく暮らすことになる．

ニアル　Niall
【アイルランド】ニアルは，アイルランドの歴史上の王で，「9人の人質の」ニアルと呼ばれる（『2つの牛乳差しの館の滋養』）．オニール（O'Neill）一族は，ニアルの子孫である．ニアルは，口頭伝承では伝説の人となった．

ニッズ　Nudd
【ウェールズ】ニッズは，ウェールズの伝承では，グウィン*とエデルン*の父である．他の英雄の1人スィッズ*が「サウ・エライント」（Llaw Ereint），つまり「銀の腕の」と呼ばれているが，ニッズは恐らくアイルランドの伝承に現れる「銀の手の」ヌアドゥ*と同一人物である．

ニミュエ　Nimue
⇨ニムエ

ニムエ　Nimue
【アーサー王（イギリス）】ニムエ（またはニミュエ*）は，サー・トマス・マロリー（1416頃-71）が15世紀に著した，アーサー王物語の集大成となる作品『アーサー王の死』の中で，ヴィヴィアン*（フランス語ではヴィヴィアーヌ*）に相当する人物に与えられた名前である．

ニューグレンジ　New-Grange
⇨ブルグ・ナ・ボーネ

ニュート　Nut
【アーサー王】ニュートは，クレチアン・ド・トロワ（1135頃-85頃）が著した『エレック*とエニッド*』（1170頃）に登場するイデール*，言い換えればエデルン*の父である．

ニレ　Orme
【ケルト】ニレは，ケルト人*にとっての聖樹である．ニレのガリア名lemoは，地名に

認められるが、特筆すべきはスイス南西部の湖レマン（Léman）湖、フランス・ラングドック地方南西部の都市リムー（Limoux）、フランス・リムーザン（Limousin）地方の名とその中心地リモージュ（Limoges）の名である.

ヌアドゥ　Nuadu

【アイルランド】ヌアドゥは、カタイル*王のドルイド僧*であったアへの息子であり、自らもドルイド僧*となった. ヌアドゥはタグド*の父であるが、タグドの娘ムルネ*は、フィン・マク・クウィル*の母親となる人である.

ヌアドゥ・アルガドラーウ（銀の手のヌアドゥ）　Nuadu Airgetlam

【アイルランド】ヌアドゥ・アルガドラーウ（銀の手のヌアドゥ）は、アイルランドの伝承では、トゥアタ・デー・ダナン*の一員である. マグ・トゥレド*の最初の戦いのさなかに、ヌアドゥは片腕を失い、もはや民の支配が叶わなくなる. 医術神ディアン・ケーフト*が、ヌアドゥのために銀の手（アルガドラーウ airgetlam）を作り、ディアン・ケーフト*の娘と息子がヌアドゥへこの腕の接合に成功すると、ヌアドゥは再び王としての役割を果たすことが可能になる. トゥアタ・デー・ダナン*のなかで、ヌアドゥは少なくともマグ・トゥレド*の第2の戦いまでは、第一線で活躍をする（『マグ・トゥレドの戦い』）. というのもその後、ヌアドゥはマナナーン*のために姿を消すからである. ⇨ニッズ

ネイ湖（ロック・ネイ）　Lough Neagh

【アイルランド】ネイ湖（ロック・ネイ）は、アルスター地方にある重要な湖である. その周辺には、ケルトの*巨石遺跡が多く残されている. 伝承によるとネイ湖は、井戸からあふれ出た水に浸かった場所とされているため、イス*の町についてのブルターニュ*（古名はアルモリカ）の伝説と対比する必要がある.

ネウェド　Nemed

【アイルランド】ネウェドは、アイルランドを侵略した神話上の部族の1つである. ネウェドという名は「聖」を意味する（『アイルランド来寇の書』）.

ネコ　Chat

【ケルト】フランス語の名詞のネコ（chat）は、ラテン語の「カトゥス」（catus）を介してガリア語から派生した言葉である. ウェールズの神話的な怪獣、「パリグの怪猫*」を除外すれば、ネコはケルト人*の間でいつでもめでたい動物と考えられていた. アイルランドの格言では、ネコの目は「異界への門」ということになっている.

ネサ　Nesa

⇨ネス

ネス　Ness

【アイルランド】ネス（あるいはネサ*）は、アイルランドの伝承に現れる女戦士で、コンホヴァル*王の母である（『コンホヴァルの誕生』）.

ネフタン　Nechtan

【アイルランド】ネフタンは、アイルランドの泉の神で、ボアンド*の夫である. ネフタンという名は、海神のラテン名「ネプトゥヌス」（Neptunus）をゲール語*で表したものである.

ネメトン　Nemeton

【ケルト】「ネメトン」の文字通りの意味は「聖なる林間の空き地」である. 「ネメトン」は、森の真ん中にある空き地、丘の上、先史

時代の遺跡あるいは島の中に、自然にできたケルトの*聖地である。ガリア人は、ローマに征服される以前は、神殿を建てたことがなかった。またこの事情は、フォカイア人（＝マルセイユ人。フォカイアは、古代ギリシア、イオニア地方の港町）の影響を受ける以前の南フランスにもあてはまる。「ネメトン」という語は、神々の聖なる住まいという意味での「空」を指す nem に由来する。このインド＝ヨーロッパ語の語基は、「聖なる森」を意味するラテン語の「ネムス」（nemus）、「空」を意味するブルトン語*の nenv、「空」を意味するウェールズ語*の nef、さらには同じく「空」を意味するゲール語*の niam を生み出した。

ネラ　Néra

【アイルランド】ネラは、アイルランドの伝承に登場する人物である。ネラはシード*（異界）の中をさまよい、そこにしばらく滞在し—その時間は人間界の時間とは対応しない—、そこに家族を持つ。ネラは、シード*の人々が人間たちと戦うために送り出した大遠征の証人である。シード*が人間たちによって征服されると、ネラはシード*を自分の最終的な住処とする（『ネラの冥界行』）。

ノイシウ　Noísiu（Noisé）

【アイルランド】ノイシウは、悲劇のヒロインとなるデルドレ*の若い愛人で、コンホヴァル*の裏切りによって殺められる（『ウシュリュウの息子たちの流浪』）。

ノウス　Knowth

【アイルランド】ノウスは、アイルランドにある、ニューグレンジ*からほど遠からぬところに位置する、ボイン川*の谷にある巨石塚である。ノウスはまた、数多くの伝承の中心でもある。

ノーヴの怪獣
前3世紀、アヴィニョン、ラピデール美術館

「ノーヴの怪獣（タラスク）」 Noves（Tarasque de）

【大陸ケルト】「ノーヴの怪獣（タラスク）」は、（フランス・ヴォークリューズ県の）ノーヴで発見された、石に彫られた人喰い怪獣であり、南フランス・プロヴァンス地方の中心地アヴィニョンのラピデール美術館（カルヴェ美術館の考古学部門）に保管されている。この怪獣像は、「切られた首*」のテーマの好例である。

ノドンス　Nodons（Nodens）

【大陸ケルト】ノドンスはガリアの神で、恐らく銀の手のヌアドゥ*と同一人物である。

ハ

ハクチョウ　Cygne
【アイルランド・ブルターニュ】ハクチョウはケルト人*の聖鳥で，元をたどればギリシアのヒュペルボレイオス（北方楽土）に行き着く．アイルランドやブルターニュ*（古名はアルモリカ）では，数多くの伝説にハクチョウに身をやつした女の妖精や女神が現われる（『オイングスの夢』，『リルの子供たちの最期』）．この鳥の白色は日光のシンボルで，これが女性の姿を取るのは，ケルト*諸語では通例のことである．実際，太陽は女性の属性なのである．

パーシヴァル　Perceval
【アーサー王（イギリス）】⇨ペルスヴァル

ハシバミ　Coudrier
【ケルト】ハシバミは，ケルト人*の聖樹である．ドルイド僧*は，ハシバミの棒をある種の魔術に利用していた．

ハシバミの木　Noisetier
【ケルト】ハシバミの木は，ケルト人*にとっての聖樹である．ハシバミの木は，ドルイド僧*が魔術を行う際に使った．

ハシボソガラス　Corneille
【アイルランド】ハシボソガラスは，ケルト*伝承では象徴的で神聖な鳥で，ゲール語*でボドヴ*という．ボドヴ*は，3つの顔（3つの名前）を持つ母神にもその名が付けられる場合がある．アイルランドのモリーガン*やブルターニュの妖精モルガン*もハシボソガラスに変身し，鳥の群れの先頭に立って空を飛ぶ．⇨ワタリガラス

パースヴァル　Perceval
【アーサー王（イギリス）】⇨ペルスヴァル

パトリック（コドリグ）　Patrick (Cotraig)
【アイルランド】パトリック（コドリグ）は，4世紀にアイルランドで福音を伝えた聖人である．ブリテン島*出身のパトリックは，アイルランドの海賊たちに誘拐され，あるドルイド僧*の奴隷となり，そのドルイド僧*のもとで間違いなく多くのことを学んだ．逃亡後にパトリックは司祭，そして司教になり，アイルランドに戻ってキリスト教を説いた．パトリックはまず，フィリ*たちとドルイドの階層に属する人々，さらには王たちをキリスト教に改宗させ，アーマー*に司教座を創設した．パトリックの伝説は，時代を経るにつれて著しい展開をみせ，異教の神話的要素が，彼の自伝的要素と混ざりあっていった．パトリック（パトリキウスPatricius）という名は典型的なローマ名である（『告白』，『コロティクス宛て書簡』，『パトリック伝』，『古老たちの語らい』）．

バラル　Balar

⇨バロル

バラントン（の泉） Barenton (Fontaine de Barenton)

【ブルターニュ】バラントンの泉は，ブルターニュ*（古名はアルモリカ）のパンポンの森（中世「円卓物語」中の「ブロセリアンド*の森」）にある．この地方に伝わる伝承によれば，泉の水は狂気を癒すといわれた．近くの小村が「フォル・パンセ」（「気違いじみた考え」の意）と呼ばれているのは，この故事による．泉の上に張り出した石段に泉の水を注ぐと，バラントンの泉は「雨をもたらす」といわれた．12世紀に異端の修道士で，いわゆる神秘主義教派の魔術師であったエオン・ド・レトワール（星のエオン）は，泉からほど遠からぬ場所に本拠を置き，たくさんの弟子たちに囲まれていた．

バラントンの泉はアーサー王伝説に現われる．とくにクレチアン・ド・トロワ（1135頃-85頃）の『イヴァン*または獅子の騎士』（1177-81頃）やこの作品に対応するウェールズ*の原典『オウィンの物語，あるいは泉の貴婦人』で描かれている．同じ時代の12世紀にノルマン人の年代記作者ロベール・ワース（1110頃-75頃）もこの泉の名を挙げている．泉の描写は正確で，「その水は大理石より冷たいが，泡立っている」と書かれている．事実，おびただしい泡の湧出が見て取れる．

また，魔術師マーリン*（フランス語ではメルラン*）と未来の妖精ヴィヴィアン*（フランス語ではヴィヴィアーヌ*）は，この泉で出会った．明らかにこの泉は，キリスト教に染まらない太古の先史時代から聖地だったのである．中世の古い呼称はベラントンだった．ベラントン（Bélenton）という固有名詞の中には，ベル（Belは光の神ベレノス*を略したもので，ベレノス*はガリアのアポロンの異名である）とネメトン*（Nemeton）が認められる．ネメトン*というのは，「森林の空き地」，「聖地」の意味である．天界が大地に理想的に投影された場所のことで，大自然の只中にあって，建物のないドルイド教の聖地であった．バラントンの泉は，ケルト*神話の一大中心地の1つなのである．

パリグの怪猫 Cath Palud

【ウェールズ】史実と伝説を集めたウェールズの有名な『ブリテン島三題歌*』という選集によれば，「パリグの怪猫*」は，悪魔的で破壊的な怪獣のような存在，「ブリテン島*の3大疫病神」の一角を占める．

ハルシュタット Hallstatt†

【大陸ケルト】オーストリアのハルシュタット湖畔，ザルツブルク渓谷の出口に位置する．岩塩の鉱山があり，青銅器時代末期から開発されていた．1846年—1864年に2000以上に及ぶ先史時代の墓所がラムザウアーの調査団によって発見された．20世紀に入っても大規模な発掘調査が続けられた．出土品は主にウイーンの自然史博物館に展示されている．出土品のうち最古のもので前8世紀，最新のものでも前5世紀以前までさかのぼる．そこからハルシュタットの鉄器文化を第1期（前700年まで）と第2期（前500年まで）に分けるのが通例になった．後期青銅器時代から鉄器時代へと続くハルシュタット文化を創り上げたのは大陸ケルト人*である．青銅の剣や鉄の長剣などが出土しており，剣の鞘には，騎士や歩兵団，車輪を持った男たちや怪物と戦う戦士の図像が彫られ，神話の情景が描き出されていることが分かる．ハルシュタット文化圏の分布は，ここの遺跡を境に東西へ広がっている．東の文化圏は，現在のプラハ，ウィーン，ブタペストが中心，西の文化圏はドナウ川からフランスのヴィクスの遺跡（ブルゴーニュ地方）まで伸びている．

パルチヴァール Parzival

【アーサー王（ドイツ）】パルチヴァールは，ヴォルフラム・フォン・エッシェンバハ

(1170頃-1220頃)が中高ドイツ語で著した『パルチヴァール*』(1210頃)に現れる，ペルスヴァル*（英語ではパーシヴァル*，またはパースヴァル*）に相当する人物の名前である．

バルド（詩人） Barde

【アイルランド】バルドは，ケルトの*詩人である．ガリアで「バルドス」(Bardos)といえば，王の宮廷で賛辞も言えれば，非難も口にできる身分の高い公人のことである．中世初期のアイルランドで「バルド」(bard)は同じ役割を果たしていた．しかし，直接ドルイド僧*の後を継いだフィリ*（宮廷詩人）よりバルドは身分が低かった．事情はウェールズ*でも同じである．しかし，ブルターニュ*（古名はアルモリカ）では，バルズ(Barzh)は，一介の吟遊詩人になった．⇨フィリ，バンフィレ

パルトローン Partholon

【アイルランド】パルトローンは，大洪水の後にアイルランドを最初に侵略した神話上の人物である（『アイルランド来寇の書』）．

ハーレッフ（ハルドルッフ） Harlech (Hardlech)

【ウェールズ】ハーレッフ（ハルドルッフ）は，ウェールズの『マビノーギ*』（幼な物語）第2話によると，アイルランド遠征から生還した7人のブリトン人*が，「リアンノン*の鳥」の囀りを聞きながら，ブラン・ベンディゲイド*（『祝福されたブラン*』）の生首（「切られた首*」）のそばで，不死の饗宴と呼ぶに相応しい宴を体験した場所である．

バロル Balor

【アイルランド】バロルは独眼の神で，その片目は見る者を焼き，雷で打つといわれた．だから，バロルの片目は禍をもたらすのだ．バロルは神話の種族，フォウォレ族*のじつに不思議な人物である．フォウォレ族*というのは，海上から来寇した巨人族で，アイルランド神話に常に登場する．フォウォレ族*は，ゲルマン・スカンジナビア神話の巨人族に匹敵しよう．

『マグ・トゥレド*の戦い』というアイルランドの物語では，バロルはルグ*の祖父である．ルグ*は，母親がフォウォレ族*，父親がトゥアタ・デー・ダナン*に属する神である．フォウォレ族*との戦いでルグ*は，投石器で石を射て祖父バロルの片目をつぶすことに成功する．これでバロルは戦死し，父方の親族集団（クラン）に勝利をもたらす．

ウェールズ*でバロルに匹敵する人物は，イスバザデン・ペンカウル*である．イスバザデン*は，『キルッフ*とオルウェン*』というアーサー王物語に登場する．この人物の出自は，エーゲ伝承（ギリシア文明）のキュクロプス族と同じである．

バンアード Banfáith

【アイルランド】バンアードという名詞は，「女予言者」という意味である．バンドルイ*と同じように，バンアードはドルイド教の祭司階級に属する女性である．

バンヴァ Banba

【アイルランド】バンヴァは，トゥアタ・デー・ダナン*がアイルランドに上陸したときに会った3人の女性の1人で，他の2人はフォードラ*とエーリウ*である．バンヴァは，新しい来寇者に自分の名前をこの島に付けて欲しいと頼む．来寇者は言われた通りにする．以後，バンヴァはアイルランドの名称の1つになる．この名称は王権を象徴している．王が国主におさまるために妃に迎えなければならない王権の象徴，これがバンヴァである

(『アイルランド来寇の書』).

バン王（ベノイックの） Ban de Bénoïc

【アーサー王（フランス）】「円卓物語」の散文の版（13世紀）では，バン王は，湖水のランスロ*（英語ではランスロット）の父親である．バン王は，アルモリカ（現在のブルターニュ*）の一部を治めていたが，敵方の同盟に屈する．『ランツェレット*』に残っている伝説の古層をとどめる版では，バン王はペン・ゲネウィスと呼ばれており，ペン・ゲネウィスは「ヴァンヌ地方（ブルターニュ）の領主」を指していたらしい．『ランツェレット*』というのは，12世紀末葉のドイツの原典である．バン王はこの原典では邪悪で残酷な領主になっているので，臣下の者たちが謀反を起す．

ベノイックのバン王は，ウェールズの『マビノーギ*』（幼な物語）第2話，第3話に登場する主人公ブラン・ベンディゲイド*（「祝福されたブラン*」の意）と関係があると考える人もいた．だが，まるで違う人物のようだ．ブラン*という名前は「カラス*」を意味する．これに対して，バン（Ban）という名前は，「頭」，「長」を意味するPennの変形である．

バンシー Banshee

【アイルランド】バンシーの文字通りの意味は「シード*（異界）の女」，言い換えれば「女の妖精」のことである．アイルランド人は，一般に不吉な魔法使いの女，道端や荒れ地で出会う魔女にこの名称を当てた．

バンドルイ Bandrui

【アイルランド】バンドルイという名詞は，「ドルイド教*の女性」という意味で，ドルイド教*の祭司階級に属する女性である．その資格は詩人か予言者で，いわゆる「ドルイド尼僧*」ではない．最近の伝説とは裏腹に，ドルイド教の位階制の頂点に女祭司がいたとは思われないからである．

ハンノキ Aulne

【大陸ケルト・ウェールズ・ブルターニュ】ハンノキは，ドルイド教の伝統的な聖樹である．ガリアのアルウェルニ族（Arvernes）は，「ハンノキ」を意味するガリア語「ウェルノ」（verno）から派生した民族名である．ハンノキの象徴的な意味は複雑である．ハンノキはガリア語で「ウェルノ」（verno），（アルモリカの）ブルトン語*とウェールズ語*で「グウェルヌ」（gwern）というが，この語には「木」の意味と一般に木が生える場所，つまり「沼地」の意味の両方がある．だから，その象徴的な意味が一層まぎらわしくなるのだ．

伝承の世界でいえば，沼地はこの世と「異界」との中間地帯にある．さらにブルトン語*の「グウェルヌ」（gwern）には，「帆柱」の意味もある．だから，ハンノキは「往来」の概念と結びつき，生者と死者の木と考えられていたようだ．『カット・ゴザイ』（「木々の戦い」）は，ウェールズのバルド*（詩人）であったタリエシン*（6世紀）の作といわれているが，この神話風の詩のなかでハンノキは，魔神グウィディオン*によって木に変えられたブリトン人*の長になっている．

バンフィレ Banfilé

【アイルランド】バンフィレという名詞は，「女詩人」という意味である．バンフィレは，ドルイド教の祭司階級に属する女性である．有名な聖ブリギッド*は，3体神ブリギッド*の再来ともいえる存在だが，この聖女はバンフィレであった．⇨フィリ，バルド

ヒ

ピクト人　Pictes

【スコットランド】ピクト人は，スコットランド北部にいた部族であるが，その起源については議論が分かれる．ピクト人は，1度としてローマ帝国に属したことはない．ピクト人がケルト化した時期ははっきりしないが，その後6世紀からアイルランド人によってキリスト教化され，さらにゲール人（＝アイルランド人）の影響を受けた．ピクト人が果たした役割は，大ブリテンの初期の歴史では重要であったがまた，恐らくドルイディズム*（ドルイド教の教義）を洗練させるのにも重要であった．

ヒュー・ガダルン　Hu Gadarn

【ウェールズ】ヒュー・ガダルンは，戦士ヒューという意味の文化英雄である．後期のウェールズ*伝説はヒューをブリトン人*の神話上の祖先として紹介している．ヒューが伝承に登場するのはようやく12世紀になってからであり，18世紀末以降は，ネオ・ドルイディズム*を標榜するすべての人たちが，何度もヒューを取りあげてきた．ヒューの起源が，原初のケルト*神話にあるとは思われない．

フ

フアムナハ　Fuamnach

【アイルランド】フアムナハは，ブリー・レイト*の巨石塚を治めるミディル*神の最初の妻（または妾）である．彼女はミディル*の新しい妻エーダイン*に呪いをかける．これでエーダイン*は，最初は水溜まりに，次に虫に変身する．フアムナハは，すぐには忘れられそうにない追跡を受け，オイングス*に殺される．オイングス*はミディル*の養子で，エーダイン*の身の安全を守る保証人だったのである（『エーダインへの求婚』）．

ファリアス（島）　Falias

【アイルランド】ファリアス島は「世界の北方の島」の1つで，伝説によれば，トゥアタ・デー・ダナン*はこの島で学問とドルイド教の教義（ドルイディズム*）を学び，この島から有名な「ファール*の石」を持ってきた．

ファール（の石）　Fâl（Pierre de）

トルンホルム（デンマーク）の太陽戦車
青銅器時代のものであるこの造形表現は，ケルト人*によって何度となく取りあげられてきた．この像には，女性＝太陽の神話が認められる．女性＝太陽は夜の間，1頭あるいは複数の馬が曳く戦車にのって，大洋の背後に位置する謎めいた国々を駆けめぐった後，朝になって勝ち誇ったように東の方から再び姿を現すのである．

【アイルランド】「ファールの石」とは、アイルランドのミース*州にあるタラ*遺跡の塚の1つに建てられた石柱のことである．伝説によれば，「ファールの石」は，王権を表す魔法の石ということになっている．⇨リア・ファール

ファン　Fand

【アイルランド】ファンは，ダナ*神族の妖精で，「約束の地*」を統治しているリル*の息子マナナーン*の妻である．ファンはウラドの英雄クー・フリン*と恋に落ち，英雄を「異界」へ連れて行く（『クー・フリンの病』）．

フィアキル　Fiacaill

【アイルランド】フィアキルは盗賊で，若いフィン・マク・クウィル*を捕まえて徒党に引き入れ，あれこれ戦術を仕込む．英雄フィン*は，後でこの戦術を利用することになる．

フィアキル　Fiacaill

【アイルランド】フィアキルはクワル*とは兄弟で，フィン*の叔父に当たる．フィアキルは，アイルランド全土を甥のフィン*とくまなく歩き回って，甥の手ほどきをする．

フィアナ（フェニアンたち）　Fiana（Fénians）

【アイルランド】フィアナ騎士団は，フィン*を首領に立てたきわめて神秘的な戦士軍団である．1年のうち一定期間，狩人になるが，アイルランドの歴代の王たちから税の取り立てと治安の維持も任されている．1年のそれ以外の期間は住民に混じって生活する．

フィアナ（Fiana）の名は，フィン*（Finn）と同じく，「白い，金髪の，美しい，名門の」を意味する古語の vindo から派生している．この vindo がウェールズ語*の「グウィン」（Gwynn），ブルトン語*の「グウェン」（Gwenn），また，ガリア語のウェネティ族*（Veneti, Vannetais）という言葉を生んだ．

実際，フィアナ騎士団は，ゲール*社会に同化できない放浪の一団であったが，おそらくこの一団は，異国から来た古代民族だったのだろう．先史時代にシカを追っていた強大な狩猟民の末裔と考えることもできる．騎士団の有力な長(をさ)たちの名がシカに関係しているからである．⇨シカ

フィアハ・ムレダハ　Fiacha Muiredach

【アイルランド】フィアハ・ムレダハは，エオガン・モール*の息子で，マンスター地方の王である．アイルランドの至高の王コルマク*に貢ぎ物を納めることを拒否したために，コルマクの軍団に攻撃される．しかし，ドルイド僧*モグ・ルト*のすぐれた魔術のおかげで，この戦争に勝利を収める．その後，コルマク*の誘発に乗って暗殺される．

フィアフナ（金髪の）　Fiachna le blond

【アイルランド】金髪のフィアフナは，アルスター地方の王である．また，マナナーン*・マク・リルの計らいで，ロホラン*（スカンジナビア）の王になる．正式には英雄モンガーン*の父親である．

フィアフラ　Fiachra

【アイルランド】フィアフラは，リル*の不幸な息子たちの1人で，ハクチョウ*に変えられてしまう（『リルの息子たちの最期』）．

フィグナ　Ficna

【アイルランド】フィグナは、フィン・マク・クウィル*の息子たちの1人に付けられた名前である.

プイス　Pwyll

【ウェールズ】プイスは、『マビノーギ*』(幼な物語)に登場するウェールズの英雄であるが、実際はプイスのあだ名「ペン・アンヌウヴン」(すなわち「アンヌウヴンの長」)が示しているように、「異界」の神を髣髴させる. プイスは、偉大なる母神リアンノン*の夫である. プイスの属性は、フランスのアーサー王物語に現れる漁夫王*ペレス*のうちに認められる.

フィヌラ　Finula

【アイルランド】フィヌラはリル*の娘で、3人の兄弟と一緒にハクチョウ*に変えられてしまう. 継母が子供たちに魔法をかけたためである(『リルの子供たちの最期』).「フィヌラ」は古語では「フィングアラ」(Finnguala)、現代語では「フィヌーラ」(Fionnuala).

フィネゲシュ　Finnecès

【アイルランド】フィネゲシュは、アイルランド伝承では、ドルイド僧*と詩人を兼ねる. フィネゲシュは、「知恵のサケ*」を釣り上げる. しかし、このサケ*の恩恵に浴するのは、フィン・マク・クウィル*のほうだった.

フィブラ　Fibule†

【ケルト美術】フィブラは、衣服の固定に用いられたブローチ*で、現代の安全ピンのような役目をしていた. フィブラは、ハルシュタット*期とラ・テーヌ*期のケルト人が頻繁に用いた装飾品の1つである. フィブラは女性にも男性にも用いられた. ただし男性のフィブラは女性のフィブラよりも数が少なく、品も大きなものだった. フィブラの形態と大きさは、服装と各地の習慣にあわせて異なっていた. フィブラは従って、衣服習慣の年代決定と研究にとって大変重要な範疇となる. 事実、19世紀以降、フィブラは遺跡の年代を推定するのに用いられてきている. ラ・テーヌ*期の初期には、フィブラが目に見えて大きくなり、新しいタイプのバネが採用される. 片側だけだったバネは、両側につけられるようになる. 初期のフィブラには、動物や人間が象られていたり、あるいは人面が描かれている.

前4世紀のフィブラは、2つのグループに属している. 1つはチェコの古代温泉を名祖とし「ドゥルコフ型」と呼ばれ、足に真珠がつけられ、アーチ部分に型押しあるいは幾何学模様が施されたフィブラで、もう1つはスイスの墓地を名祖とし「ミュンジンゲン型」と呼ばれ、円盤形状の足にサンゴか赤ガラス製のカボション(切り子にカットせず凸面状に磨いた宝石)を伴うフィブラである. 植物文様を主体にした、大変に手の込んだ装飾は、この種のフィブラに集中している. こういったフィブラの一種で前3世紀前半まで残るものに、球形の大きな足をしたフィブラがある.

前3世紀の30年代から、「ラ・テーヌ*2型」のフィブラが登場する. これは、足がアーチの上部の端で固定されたフィブラである. このフィブラの登場により、足の固定されないフィブラは、前3世紀の中頃から完全に姿を消すことになる. この頃、鉄製のフィブラの増加が顕著になってくる. また固定する点がバネの方に徐々に移動していく.

前3世紀の大規模な墳墓の出土品に見られ、その流行が前2世紀初頭と思われるのが、青銅製の大きなフィブラである.「ラ・テーヌ*2型」のフィブラも前1世紀中頃まで姿を見せる.「パヴィア型」と呼ばれる、北イタリアのガロ=ロマン文化圏に特徴的な形態のフィブラは、衣服と直角になるような長さのバネを備えたものである.

前2世紀末と前1世紀初頭に特徴的なのは「ナウハイム型」と呼ばれるフィブラである. この型のフィブラの平らな弓は、長い三角形

をなし，三角形の基部はバネの上に位置し，三角形の頂点がピン止めの上にくる．これはケルトの要塞が隆盛を極める時期のフィブラである．

フィリ（宮廷詩人，単数はフィレ）Fili（単数は filé）

【アイルランド】4世紀の聖パトリック*（385/390-461頃）の時代にドルイド僧*の評判は落ち，単なる妖術師とみなされるようになった．「フィリ」は詩人，学者，法律家を兼ねていたので，彼らがドルイドの位階制の頂点に立った．⇨バルド

フィル・ヴォルグ（族）Fir Borg

【アイルランド】フィル・ヴォルグ族は，アイルランドに来寇した民族である．彼らは，マグ・トゥレド*の最初の戦いでトゥアタ・デー・ダナン*に敗れる．フィル・ヴォルグの名は，「雷族」を意味している．これは，フィル・ヴォルグ族が火の技術，いいかえれば冶金術に長けた戦士と工匠の民であったことをうかがわせる（『アイルランド来寇の書』）．

フィル・ガリアン（族）Fir Galiain

【アイルランド】フィル・ガリアン族は，アイルランドの先住民である．もともと，この民族はブリトン人であった可能性が強い．ガリアン（Galiain）の語がガリア人（Gaulois）という名詞と共通点を持っているだけに，そう思えるのである．

フィル・ドウナン（族）Fir Domnain

【アイルランド】フィル・ドウナン族は，コナハト（現在のコノート州）の住民である．この名は，「ドウナの人々」を意味する．ここにはブリトン人であったドゥムノニイイ族（Dumnonii）の名残が認められる．地名としてもデヴォン（Devon，イングランド南部の州），ドゥムノニア（Domnoné）にその痕跡が残っている（『アイルランド来寇の書』）．

フィンヴィル Finnbair

【アイルランド】フィンヴィルは，トゥアタ・デー・ダナン*に属している．ブルグ・ナ・ボーネ*（アイルランド北東部ニューグレンジ*の巨石塚）を訪ねたときに，フィンヴィルは，乙女のエトネ*に向かってゲシュ*，つまり魔法の呪文を唱える．エトネはブルグ・ナ・ボーネ*の執事ディフ*の娘で，これで乙女は妖精の本性を奪い取られる（『2つの牛乳差しの館の滋養』）．

フィンガル Fingal

【イギリス】マクファーソン（1736-96）の『オシアン作品群』ではフィン・マク・クウィル*にフィンガルの名が当てられている．

フィーンギン Fingen

【アイルランド】フィーンギンは，コンホヴァル王*のドルイド僧*で医術師である（歴史物語群）．

フィンダヴィル Findabair（Finnabair）

【アイルランド】フィンダヴィルは，コナハト（現在のコノート州）のアリル王*と女王メドヴ*の娘である．フィンダヴィルの名は，厳密には「白い幽霊」を意味するウェールズ*のグウェンホヴァル*（Gwenhwyfar），別名グウィネヴィア*（フランス語ではグニエーヴル* Guenièvre，現代英語ではジェニファー Jennifer）に相当する（『クアルンゲのウシ捕り』）．

フィンタン　Fintan

【アイルランド】フィンタンは，最初のドルイド僧*である．彼は，トゥアン・マク・カリル*と同じように，洪水時代からキリスト教の最初の時代まで生き長らえ，人間や動物などさまざまな姿に身を変える（『アイルランド来寇の書』）．

フィンハイウ　Findchoem

【アイルランド】フィンハイウは，コナル・ケルナハ*の母，クー・フリン*の養母である（アルスター物語群）．

フィン・マク・クウィル　Finn Mac Cumail

【アイルランド】フィン・マク・クウィルは，レンスター物語群に入るアイルランド叙事詩の中心人物である．フィンは，クワル*の息子で，父親のクワル*は，クヌーハの戦いで殺される．女戦士たちに育てられたフィンは，恐ろしい戦士に成長し，同時に巧みな魔術師になる．

父親の仇を取った後，フィンは，フィアナ*騎士団を再編して，その統括者におさまる．おそらく，フィンは4世紀初頭の歴史上の人物，アイルランド王に仕える軍団長のような人間だったのだろう．その役割は，ブリテン島*で果たしたアーサー*の役割に少し近い．しかし，フィンは伝説に取り上げられて，神聖視されるようになった．

フィンの本名はデウネ*，つまり「ダマジカ」という意味である．息子の名はオシーン*で，「子ジカ」という意味である．オシーン*の母親は，魔術師によって雌ジカに変えられてしまう．フィンの孫はオスカル*という名で，「シカ*を可愛がる者」という意味である．したがって，フィンは，先史時代のシカ信仰と結びついている．

デウネ*がフィンの名をもらったのはまさに加入儀礼のときで，この名は，「白い，美しい，金髪の，名門の」を意味している．フィンは語基のvindoから派生した名前で，vindoは，ウェネティ族*（Veneti），ウェヌス（Vénus）といった呼称，さらにブルトン語*の「グウェン」（Gwenn），ウェールズ語*の「グウィン」（Gwynn）を生んだ語基である．

アーサー*と同じように，フィンは，敵方の同盟軍に敗れる．だから，円卓の騎士の原型の1つは，フィアナ*騎士団であったと考えることもできよう．フィンは，アイルランドやスコットランドの口承民話の主人公となって，現在まで生き続けている．

フェデルム　Fédelm

【アイルランド】フェデルムは，ウラド人*の女予言者である．彼女は英雄ロイガレ*の妻で，しばしば「9つの心を持つフェデルム」と呼ばれている（『ブリクリウの饗宴』）．

フェデルム　Fédelm

【アイルランド】フェデルムは，女王メドヴ*に仕えるコナハト（現在のコノート州）の魔女で女予言者の名前である（『クアルンゲのウシ捕り』）．

フェート・フィアダ　Feth Fiada

【アイルランド】フェート・フィアダとは，トゥアタ・デー・ダナン*に備わった「人目に見えない能力」のことをいう．トゥアタ・デー・ダナン*がアイルランドの地をゲール人*に譲り渡し，巨石塚の「異界」に逃れたときに，この「人目に見えない能力」を行使した．

フェル・カレ　Fer Caille

【アイルランド】フェル・カレの文字通りの意味は「森の男」である．アイルランド叙事詩に登場する田野を駆け回る粗野な人間で，フランスの物語にもよく出てくる．とくにクレチアン・ド・トロワ（1135頃-85頃）の『イヴァン*または獅子の騎士』（1177-81頃）

では「森の狂人」になって再登場してくる。この「森の狂人」は予言者であると同時に野性の動物たちの長である。棍棒を持っているので、アイルランドのダグダ*、アーサー王伝説のマーリン*、また、フランス伝承のガルガンチュア*と似ているところがあるかもしれない。

フェルグス　Fergus

【アイルランド】アイルランド神話の数名の人物にフェルグスの名が付けられている。この名は、「怒り」を意味するfergの派生語かもしれない。あるいは、「よりすぐった人」を意味するfer-gusに由来しているのかもしれない。

フェルグス（赤い陣営の）
Fergus au côté rouge

【アイルランド】『アイルランド来寇の書』によれば、赤い陣営のフェルグスは、アイルランドに来寇した2番目の種族の長ネウェド*（「聖」の意）の父親である。

フェルグス・マク・ロイヒ
Fergus Mac Roig

【アイルランド】フェルグス・マク・ロイヒは、アルスター物語群に入るアイルランド叙事詩の英雄である。ウラド人*の王であったが、フェルグスは、コンホヴァル*のために王位を譲る。ところが、ノイシウ*とデルドレ*の駆け落ち事件のとき、フェルグスは、2人を追跡したコンホヴァル王*から裏切られる。ノイシウ*の旧友であったフェルグスは、恋人たちの身の安全を考え、2人が無事に祖国へ帰れるように保証人になったのである（『ウシュリウの息子たちの流浪』）。

しかし、デルドレ*を愛していたコンホヴァル王*は、復讐心に燃え最後にノイシウ*を殺してしまう。フェルグスは、コナハトの女王メドヴ*のもとへ逃れる。このため『クアルンゲのウシ捕り』では、フェルグスは、ウラド人*を敵にまわして戦わざるをえなくなる。それでも、クー・フリン*との直接対決はなんとか避けられた。フェルグスはアルスターの人間で、クー・フリン*を教育した4人の戦士の1人だったのである。

フェル・ディアド（フェル・ディア）　Ferdéadh（Ferdia）

【アイルランド】フェル・ディアド（フェル・ディア）は、女戦士で妖術師であったスコットランドのスカータハ*のもとでクー・フリン*と共に武芸を学んだ学友である。コナハトの女王メドヴ*に仕える戦士であったために、フェル・ディアドは、クー・フリン*の敵にまわり、クー・フリン*に殺される。戦場で一騎打ちになり、クー・フリン*だけがその操法を知っている秘蔵の槍ガイ・ボルガ*で殺されたのである。クー・フリン*は、旧友の遺骸にすがりつき感動的な弔いの歌を歌う（『クアルンゲのウシ捕り』）。

フォウォレ（族）　Fomoré（Fomoiré）

【アイルランド】フォウォレ族は謎の民族で、アイルランドの伝承にたえず現われる。この民族はアイルランドを侵略したわけではないが、絶え間なくアイルランドを脅かし続けた。トゥアタ・デー・ダナン*がマグ・トゥレド*の第2の戦いでフォウォレ族を片づける。

フォウォレ族は巨人族で、アイルランドの周辺の島々に住んでいた。この巨人族は、人間と神々の社会をたえず混乱におとしいれる自然の不吉な力を表している。この点で、フォウォレ族は、ゲルマン・スカンジナビアの伝承に登場する巨人族やギリシアの宇宙創成説に現われるティタン族と比較できよう（『アイルランド来寇の書』）。

フォードラ　Fotla

【アイルランド】フォードラは，トゥアタ・デー・ダナン*の神話上の女王で，エーリウ*やバンヴァ*と同じように，アイルランドそのものを象徴している（『アイルランド来寇の書』）．

フォルガル・マナハ（狡猾なフォルガル）　Forgall Manach (Forgall le Rusé)

【アイルランド】フォルガル・マナハ（狡猾なフォルガル）はエウェル*の父親で，エウェル*はクー・フリン*の妻になる（『アイフェの1人息子の最期』）．

フォルマイル（のイノシシ）　Formaël (sanglier de)

【アイルランド】フォルマイルのイノシシ*は，怪物のように獰猛な動物で，フィン・マク・クウィル*とフィアナ騎士団*に追われる．数多くの殺戮を繰り返すが，最後にフィン*の息子，オシーン*に仕留められる．

フライヒ　Fraêch

【アイルランド】フライヒはボアンド*の息子で，冒険好きな英雄，この名は「ヒース」という意味である．フライヒは負傷したとき，鳥の群れから助けられる．後で鳥の群れが妖精であることが分かる．

フライヒは，アリル*とメドヴ*の娘フィンダヴィル*と結婚する．しかし，「クアルンゲの褐色のウシ*」と呼ばれていた雄ウシ*の奪い合いで，コナハト（現在のコノート州）がアルスターに参戦し，熾烈な戦いが行われたときに，フライヒはクー・フリン*に殺される．

ブラディズ　Bladudd

【ウェールズ】ブラディズは，ウェールズの伝承ではブリテン島*の神話上の王名である．伝説によれば，この王はカエル*・バズゥン（バズゥン Baddwn の砦）に湯治場を造った．つまり温泉都市バース（イングランド・サマセット州）の創建者である．

ブラートナド　Blathnait

【アイルランド】ブラートナドは，アルスター物語群に入るアイルランド伝承に登場するヒロインである．聖杯*の元型のような不思議な釜を守っていたが，クー・フリン*とクー・ロイ・マク・ダーリ*に捕らえられ，連れ去られる．2人は女の取り合いで火花を散らす．ブラートナドはクー・ロイ*の妻になったものの，クー・フリン*を愛していたために夫を裏切る．

彼女は物に貶められた女性を象徴する．不承不承，クー・ロイ*の妻になったが，男権的な後見に逆らい，失敗する．というのも，ブラートナドは，クー・ロイ*の部下に殺され，間接的にクー・フリン*の死を誘発させてしまうからである．クー・フリン*は後にクー・ロイ*の息子の1人に殺される．ウェールズでブラートナドに対応する女性はブロダイウェズ*である（『ブリクリウの饗宴』）．

ブラン（フェヴァルの息子）　Bran (fils de Fébal)

【アイルランド】ブランは，アイルランドの物語『フェヴァルの息子ブランの航海と冒険』の主人公である．1人の妖精がブランの前に現われ，不思議の島まで会いに来るようにブランを誘う．不思議の島の名はエヴィン・アヴラハ*，「妖精の地*」で1年中，果物がたわわに実る．

ブランは数人の同行者と出発する．いくつもの見知らぬ島をつぶさに航行した後，ブランはエヴィン・アヴラハ*に辿り着く．ブランはこの島で数ヶ月過ごそうと考える．だが，同行者は，アイルランドへの郷愁が募り，ブ

ランに帰国を迫る．島の女王は，誰1人，この地に足を踏み入れてはならないという条件で，帰国を受け入れる．ところで，ブランは出発してから数世紀も経っていることに気が付く．同行者の1人が船から下りて，アイルランドの地に足を触れた途端に，灰と化す．ブランはまた海上の漂泊へと出発する．

この古い神話風の物語をキリスト教徒が活用して，中世の有名な作品「天国を探し求める」『聖ブレンダン*の航海』(1050頃)が創られた．同じテーマは『マイル・ドゥーン*の航海』でも繰り返されるが，こちらの作品はキリスト教色が薄い．

ブラン　Bran

【アイルランド】ブランはフィン*の愛犬の名である．

ブランウェン　Branwen

【ウェールズ】ブランウェンの文字通りの意味は，「白いカラス*」である．スィール*の娘で，ブラン・ベンディゲイド*（「祝福されたブラン*」の意）の妹，アイルランド王マソルッフ*の妻となる．ブランウェンは，ウェールズの『マビノーギ*』(幼な物語) 第2話のヒロインで，古代の愛の女神を文学的に潤色した女性のように見える．

ブランガン　Brangain

【アーサー王（フランス）】ブランガンは，トリスタン*伝説に登場する金髪のイズー*の侍女である．この伝説のさまざまな異文を正確に解釈すると，ブランガンは，イズー*の同意を得てわざと壺を間違え，かの有名な媚薬をトリスタン*とイズー*に飲ませている．だから，ブランガンは，文字通り愛の女神の役割を演じている．ブランガンの名はどうやらウェールズのブランウェン*をフランス風にした名前のようだ．

ブランダン（聖）　Brandan

⇨ブレンダン（聖）

ブラン・ベンディゲイド　Brân Vendigeit（または Bendigeit Vrân）

【ウェールズ】ブラン・ベンディゲイドは，ウェールズの『マビノーギ*』(幼な物語) 第2話の主人公である．「祝福されたブラン」を意味するブラン・ベンディゲイドはスィール*の息子で，重要な人物である．ブランは巨人である．河口で寝ていたブランは，橋になって自分の全軍隊の渡河を助けることができる．

ブランが持っている釜は，戦死した兵士をよみがえらせることができる．ゴネストロップの大釜*に彫られた側板の1つは，まさにこのブラン伝説を描いたものと思われる．そこには巨人が描かれており，この巨人が兵士たちを桶のようなものに沈めると，兵士たちは元気いっぱいになって桶から上がってくる．

ブランにはブランウェン*という妹がいたが，妹をアイルランド王マソルッフ*に与えて王妃にさせる．しかし，妹がつれなく扱われたために，軍隊を派遣して妹の仇を取る．軍隊の派遣は一転して惨事に変わる．再生の釜が破裂する．足を負傷したブランは，生き残った7人の部下に自分の首を切り，その頭部をブリテン島*まで一緒に運んで欲しいと頼む．7人の部下は，長い間，ブランの頭を傍に置いて生活する．それから，ロンドンの「ホワイト・ヒル」（ウェールズ語ではグウィンヴリン*）に埋葬する．墓から掘り出さないかぎり，ブランの頭がブリテン島*をあらゆる侵略者から守ってくれるだろうと考えたからである．

ブランの名は，ウェールズ語*と（アルモリカの）ブルトン語*で「ワタリガラス*」を意味する．同時に「高地，丘，胸」，さらに比喩的に「長」の意味もある．タリエシン*

(6世紀，生き残った7人の部下の1人とされる）の作とされる『カット・ゴザイ』（木々の戦い）という詩は，木々が寓意的に戦争をするのだが，そこでブランはハンノキ*になって登場する．

ブラン・ベンディゲイドはブレンヌス*と同一人物とされることがある．ブレンヌス*というのは，ティトゥス・リウィウス（前59頃-後17頃）によれば，前387年にローマを占領したガリアの首長である．また，ギリシアの著述家によれば，1世紀後にデルフォイを略奪するブレンノスと同一人物とする説もあって，こちらの説のほうが信憑性が高い．

ブリアン　Brian

【アイルランド】アイルランド伝承に登場する数名の人物にブリアンの名が付いている．とくにトゥレン*の3人の息子の1人がブリアンと名乗っている．トゥレン*は，ルグ*神の父，キアン*の敵である．ブリアンは兄弟と結託してキアン*殺害を計る．しかし，ルグ*は，情け容赦もない償いを要求して父親の仇を取る．おかげでいっぷう変わった神話物語と受け取られることになる（『トゥレンの息子たちの最期』）．

フリウフ　Friuch

【アイルランド】フリウフは，仲の悪い2人のブタ飼いの一方の名前である．どちらがすぐれているかはっきりさせようと互いに変身を繰り返し，最後に2人は2頭の雄ウシになる．これが「華麗な白い角をもつ*」雄ウシ*と有名な「クアルンゲの褐色のウシ*」である．

ブリギッド　Brigit

【アイルランド】ブリギッドはアイルランドの大女神で，カエサルが言及しているガリアのミネルウァに当たる．ブリギッドはダグダ*の娘といわれており，トゥアタ・デー・ダナン*に属している．ブリギッドの名は，「高み」，「高地」を意味する語基から派生したもので，優越的な大女神であることが分かる．

アイルランド伝承にはさまざまな名前で登場するが，そうした名前はそれぞれブリギッドに振り当てられた社会的役割を象徴している．図式化していえば，ブリギッドは3体神の女神，言い換えると，インド＝ヨーロッパ社会の3つの階級に属している．霊感と詩の女神として祭司階級に属し，王と戦士の守護神として戦士階級に属し，技芸の女神として第3機能，つまり職人，牧畜民，農耕民の階級に属している．

ブリギッド（聖）　Brigitte (sainte)

【アイルランド】聖ブリギッドは，史実によればキルデア*修道院を創建した院長である．この修道院は，キリスト教と異教が重層的に混在していた．アイルランド東部レンスターにあるキルデア*（英語で Kildare，ケルト語で「キルダラ」Cill-Dara，つまり「カシノキの隠者」の意）は，ドルイド教の聖地で，ローマのウェスタの巫女に似た女性たちが永遠の火を管理していた．ブリギッドの正伝には異教の要素が深く関わっているので，この人物を理解するのは難しい．いずれにせよ，史実の聖女ブリギッドは，民衆の記憶の中では古代の女神ブリギッド*と一体化していた．

ブリクリウ　Bricriu

【アイルランド】ブリクリウは，アルスター物語群に入るアイルランド伝承（『ブリクリウの饗宴』）の人物である．ブリクリウの最大の喜びは，この世のお偉方を仲たがいさせることである．ブリクリウは，ギリシアのテルシテス（『イリアス』に登場する口ぎたない復讐心の強い醜い男）やゲルマン神話のロキ（ひねくれ者の巨人族で最高神オーディンと対決する）に匹敵する人物である．キリ

スト教の悪魔の元型のような人物で，妨害者，「堂々巡りで進歩がない邪魔者」なのだが，それだけに，社会がやり玉にあげられ，ブリクリウのおかげで社会の変革も可能になる．
⇨『ブリクリウの饗宴』

『ブリクリウの饗宴』 Fled Bricrenn†

【アイルランド】アルスター物語群のなかで，『ブリクリウの饗宴』は長大な完成された作品の部類に入る．物語は，毒舌家のブリクリウ*がアルスターのすべての戦士を新しく造った自分の館に招いて，一大饗宴を催すことから始まる．ブリクリウ*は，ロイガレ・ブアダハ*，コナル・ケルナハ*，クー・フリン*の3人の勇者にそれぞれ密かにアイルランドの戦士のなかで最高の栄誉となる「英雄の分け前」を手中にできるよう取り計ろうと持ち掛ける．3人の戦士の間で争いが始まる．争いはコナハト王アリル*の裁定に委ねられることで，その場は治まる．

続いて，ブリクリウ*は，ロイガレ*の妻フェデルム*，コナル*の妻フィンダヴィル*，クー・フリン*の妻エウェル*にあなたこそ最も誉れ高いアルスターの婦人と褒め上げて，女の争いを誘発させる．

争いが一段落した後，身分の卑しい大きな男が入って来る．男は，宴席の戦士たちに今夜，自分の首を刎ねさせてやる代わりに，翌日，自分がその戦士の首を頂戴する．挑戦する者はいないかと提案する．ロイガレ*とコナル*が挑戦し，男の首を刎ねたが，男は生き返ってしまう．翌日2人は，死ぬのが怖くなって逃げ出してしまう．クー・フリン*も挑戦に応じる．クー・フリン*は，男の首を切り落とした翌日，約束通り，生き返った男の前に悠然と自分の首をさらす．男はクー・フリン*の勇気を称え，「英雄の分け前」の栄誉を彼に与え，クー・ロイ*であると身分を明かす．⇨ブリクリウ

ブリジッド Brigitte

⇨ブリギッド

プリデリ Pryderi

【ウェールズ】プリデリは，ウェールズの『マビノーギ*』(幼い物語) に登場するプイス*とリアンノン*の息子で，ブラン・ベンディゲイド*（「祝福されたブラン*」）およびマナウィダン*の仲間である．出生時に母リアンノン*から誘拐されたプリデリはテイルノン（「長，王」を意味する Tigerno に由来）という人によって子ウマと一緒に育てられる．リアンノン*が熟練した騎手で，恐らくガロ＝ロマン期の*女神エポナ*に相当する人物であるのを考慮すれば，プリデリ（その名は「心配」を意味する）は，古代のウマ信仰との関連を持っていると言える．

ブリテン島 Bretagne (Île de)

⇨ブルターニュ

『ブリテン島三題歌』 Triades de l'île de Bretagne

【ウェールズ】『ブリテン島三題歌』はウェールズ語*では，『トリオイズ・イニス・プリダイン』(Trioedd Ynys Prydein) である．『ブリテン島三題歌』は3つずつグループ分けされた擬歴史と神話に基づく情報を集めたものである．この『ブリテン島三題歌』に含まれる歌の中には，遥か昔に遡り，ケルトの*伝承に関する貴重な証言となっているものもあるが，より形而上学的な（そして現代のネオ・ドルイディズムの世界で大きな称賛を浴びている）他の歌は，ウェールズ*のバルドの諸派が中世末に書き写した，真の根拠を欠いた思弁であることが多い．

プリトウェン Prytwen

【アーサー王（ウェールズ）】プリトウェンは，ウェールズの伝承では，アーサー*の楯

であり，魔法の船としても使うことができる．

ブリトン人　Bretons
【イギリス・ブルターニュ】もともとブリトン人という言葉は，ブリテン島*の住民だけを指していた．島のブリトン人がアルモリカ（現在のブルターニュ*）に定住するようになってから，半島の住民を総称する言葉になった．ウェールズ*に逃げのびたブリトン人*のほうは，サクソン人と対立し続け，自ら「カムリ」（Cymry）と名乗るようになった．「カムリ」（ウェールズ人）の意は，ケルト*古語 combroges の派生語で，「同国人」，「同郷人」という意味である．

ブリュニッセン　Brunissen
【フランス】ブリュニッセンは，12世紀オック語（南仏方言）の作品『ジャウフレ物語』に登場する女性である．この作品では，アーサー王物語の登場人物たちが活躍する．だから，「聖杯*の探索」の元型のような作品である．

ブリュニッセンは，モンブラン城（綴りはMontbran, Montbrun の両方ある）の奥方で，不思議の果樹園を管理している．この果樹園でブリュニッセンは，小鳥のさえずりに聞き惚れる．ブリュニッセンは，リアンノン*と同じような神話的な人物に映る．リアンノン*はウェールズの伝承に登場する「偉大な女王」で，ガロ＝ロマン期*の彫像やとくに「ゴネストロップの大釜*」で「小鳥の女神」として描かれているからである．

ブリー・レイト　Bri Leith
【アイルランド】ブリー・レイトは巨石塚の名称で，ミディル*神が治めるシード*（異界）である（『エーダインへの求愛』）．

プルエゾック　Plouezoc'h
【ブルターニュ】プルエゾックは，フランス・フィニステール県にある，モルレー川近郊の地名である．ここには 11 の埋葬室を含む巨石の「ケルン」（cairn，積石塚）があるが，この「ケルン」は，アイルランドのボイン川の谷にある塚と比較可能である．

ブルグ・ナ・ボーネ　Brug na Bóinne
【アイルランド】ブルグ・ナ・ボーネは，アイルランド・ニューグレンジ*（ミース*州）の巨石塚で，この手の記念碑としては世界で最も注目すべきものである．持ち出し式の地下室と神秘的な螺旋装飾（その中にはトリスケル*も含まれる）の彫られた石がある．ブルグ・ナ・ボーネの名は「ボイン*の住居」という意味である．この巨石塚は，まぎれもないシード*である．シード*とは，つまり「安らぎ」の意味で，地下の「異界」のことをいう．

巨石塚は，たくさんある神話伝承の中心地，とくに女神ボイン*やダグダ*，エルクワル*，オイングス*といった神々と関係する．冬至になると，出入り口に特別に作られた開口部から日の出が塚に差してきて，中央の部屋は不思議な光であふれる．ニューグレンジ*一帯の地域にはこの手の記念碑がいっぱいある．しかし，ゲール語*でそう呼ばれているブルグ・ナ・ボーネは，まったく特別の巨石塚である．

実際，古代の物語では，この場所の主はトゥアタ・デー・ダナン*の大神ダグダ*の息子オイングス*で，オイングス*は，ここに神秘的な「太陽の部屋」を持ち，この部屋で衰弱したどんな人間でもよみがえらせることができたという．死者の遺骸や遺骨が眠る墓室に日の出が差す．それも一年のうちで最も短く，暗い冬至の日光に照らし出された部屋は，とても象徴的な雰囲気をかもし出す．それは，「異界」における「再生」の儀式である．この儀式は，考古学上の事実からも，またアイルランドの多くの叙事詩風の物語に反映されている伝承からも実証されている．この儀式に登場する人物は英雄や妖精たちである．

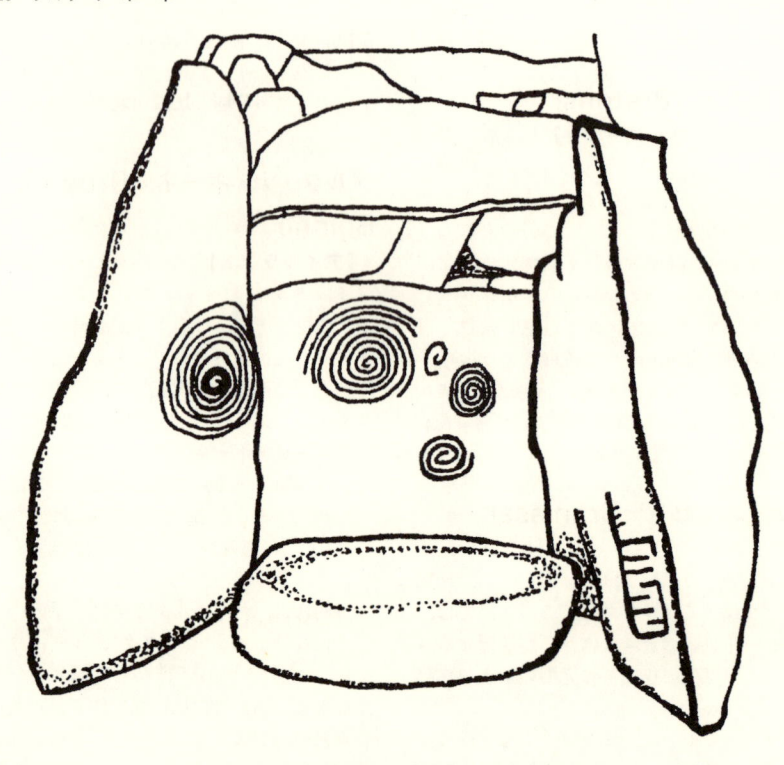

126 ブルグ・ナ・ボーネ

126頁・上
ニューグレンジ（アイルランド，ミース*州）
これは，主要な積石塚（ケルン）にある，墓室の内壁の1つをなす，彫刻を施された3つの割石であり，穴が開けられた石の盥も置かれている．盥の中には，死者の遺骨や遺骸が入れられていた．冬至の朝日が差し込んでくるのは，この場所である．右側の割石には，フランス・ブルターニュ地方にあるモルビアン県の幾つかのドルメンに見られるような，女神の夜間航海の図が描かれているように思われる．正面には，生のエネルギーと，間違いなく胎児の姿勢を喚起する，様式化された奇妙なモチーフが描かれている．左側には，母胎となる点を中心に広がっていく同心円の姿で，母神の概念を幾何学的に表現したものが見られる．神話物語が報告するように，ニューグレンジ*の丘，言い換えればシード・ナ・ブルグに，病人たちや瀕死の人たちを再生させるための「太陽の部屋」があるとすれば，その所在地はまさしく，誤解を招くことのない象徴が見事に指示しているこの場所である．

126頁・下
ニューグレンジ（アイルランド，ミース*州）
これは，彫刻の施された支柱となる石である．この複雑な図像が象形文字（ヒエログリフ）によるメッセージであるとは考えられないが，解読コードは未知のままである．様々な巨石空間に共通するモチーフを幾つか認めることができる．同心円，螺旋，ヘビ*，正方形，菱形，ジグザグ模様，殻斗などである．以上の確認事項の他には，解読も全くできない．

127頁
ニューグレンジ（アイルランド，ミース*州）
これは，積石塚（ケルン）を取り囲んでいる，彫刻を施された割石（カーブ・ストーン）である．美的に表現しようとした意図は明らかであるが，それでも形而上学的，あるいは宗教的な意味を排除してはいない．螺旋とジグザグ模様は，神のエネルギーの現れであり，また母胎となる点を中心に広がっていくサークルによって，あの創造女神の姿が認められる．3つの中心は，大きな謎として残っている．3つの中心には，巨石時代の諸民族における，3要素からなるものの重要性を認める必要があるのだろうか．

ブルターニュ　Bretagne

【イギリス・ブルターニュ】ブルターニュという名称は混乱を招く．もともとこの名称にはブリテン島*（フランス語ではブルターニュ島という）の意味しかないからである．ラテン人は，このブリテン島を「ブリタニア」と呼び，アングロ・サクソン人は，「ブリテン」と名づけて，「ブリタニー」と対比させていた．この「ブリタニー」こそ現在のブルターニュで，古名をアルモリカといった．

アルモリカが新たな主体性を確立したのは，3世紀，とくに4世紀からで，サクソン人が「大ブリテン島」を征服したときのあおりを受けて，島のブリトン人*が移住して来てからである．

中世のアーサー王物語や「聖杯*の物語群」で「ブルターニュ」という言葉が島を指すのか，それとも半島のほうを指すのか識別するのはじつに難しい．半島のほうも時々「小ブルターニュ」と呼ばれていたからである．「ブリタニア」という名称の起源は今も変わらず議論の対象にされている．

『ブリタニア列王史』（1136頃）で12世紀ウェールズの学僧，ジェフリー・オヴ・モンマス（1100頃-55頃）は，ある伝説―必然的に知識人のもので，庶民のものではない―を典拠にしてこう述べる．その伝説によれば，ブリテン島*は，最初の移住民の1人，ブルトゥス（Brutus）の名前からそう呼ばれるようになったらしい．ブルトゥスはアイネイアスの末裔なので，トロイ神話の英雄の血筋を引いている．これは，かつてローマが「ユリウス一族」（ユリウス・カエサル，前100-前44）と皇帝アウグストゥス（前63-後14，カエサルの養子）に貴族叙任状を与える際にローマででっち上げられた事例を真似たものである．

分析の結果，ラテン語の「ブリタニア」（Britannia）がケルト*の古語を転写したもので，この古語がウェールズ語*のプリダイン（Prydein）になったことが分かっている．

だから，最初，この地名はプレタニア（Pretannia）と綴られていたようだ．いわゆる「ブリトニック諸語（ウェールズ語*，コーンウォール語，ブルトン語*）」ではたえず起こっていたことだが，この点を踏まえて言えば，Pという音は，インド＝ヨーロッパ語のQwが変化した音である．Qwの音は，ゲール語*（アイルランド，マン島*，スコットランド）に残っている．ところで，古いゲール語*には，ピクト人*を意味するクルイティン（Cruithin＝Cruthnig）の語形が認められる．北スコットランドに住んでいたこの謎の民族こそブリテン島*の最初の住民であった確率がきわめて高いのである．

ブルターニュの　Breton, Bretonne

⇨ブルトン語

ブルトン語　Breton, Bretonne (Langue)

【ウェールズ・イギリス・ブルターニュ】ブルトン語は，正式には―というよりやむを得ず―「ブリトニック語」と呼ばれているケルト語*の変化した言語である．この「ブリトニック語」とはおそらくガリア語のことで，ケルト人*に領土を侵略されたおかげで，方言をいろいろ持つようになった．

実際，カエサルの『ガリア戦記』によれば，ガリア人は，通訳なしで島のブリトン人*と会話ができた．11世紀まで英仏海峡の両岸で同じ「ブリトニック語」がさまざまな方言で話されていた．その後，初期「ブリトニック語」は，3つの言語に分かれた．ウェールズ語*（cymraeg），コーンウォール語（kernewek），（アルモリカの）ブルトン語（brezhonneg）の3言語である．

ブレシェリアン　Bréchéliant

【フランス】ブレシェリアンは，12世紀の

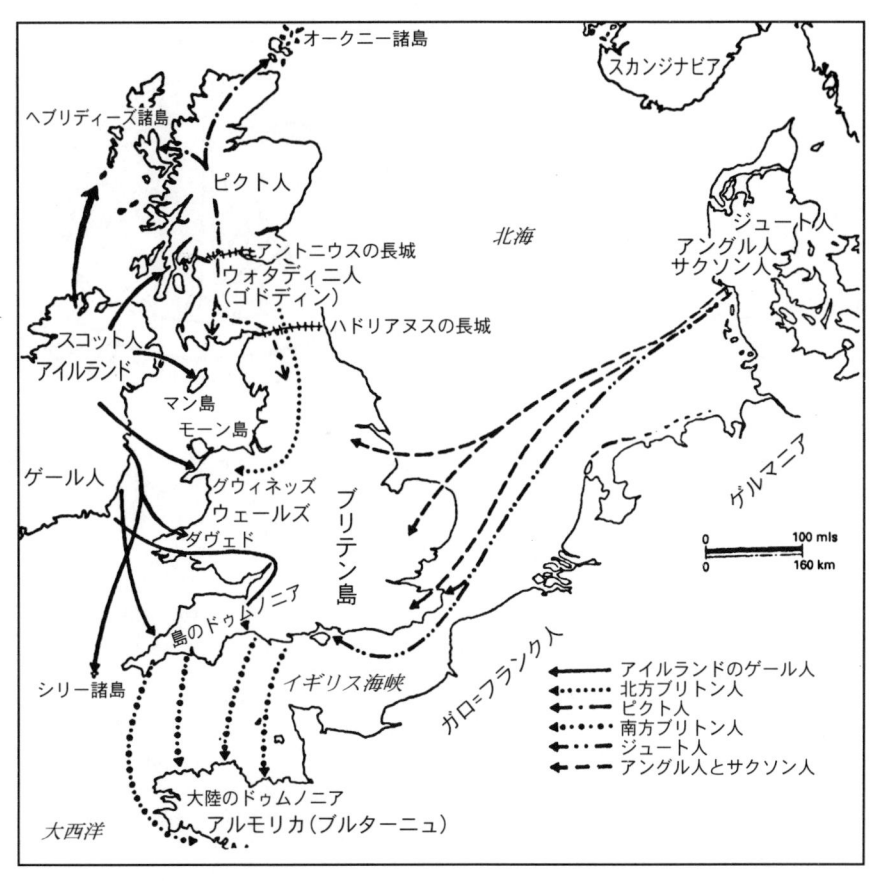

ローマ帝国末期のブリテン島

ウォルティゲルン*が権勢を振るっていた470年頃，ブリテン島*は連続して散発的に他民族の侵略を受けた．サクソン人，ジュート人，アングル人が，今日のデンマークにあたるところから出発し，ブリテン島*の東と南の領土を占領したのに対し，アイルランドのゲール人*は侵略を西の方へ，特にグウィネッズ，ダヴェド，さらにはドゥムノニアのブリストル岬南方にまで進めた．しかしながら同じ時期に，ブリテン島*を横断する民族移動も見られた．北方のブリトン人*，特にウォタディニ人（あるいはオタディニ人）がウェールズに集結したのに対し，ピクト人*は南へ向けて侵攻を続けた．ブリテン島*の南部は人口が過剰になったため，アルモリカ半島（現在のブルターニュ*）に向けた多くのブリトン人*の移住が見られた．

文献にあるブロセリアンド*の森の古名である．

ブレス　Bres

【アイルランド】ブレスは，古代アイルランドの神話上の王である（『マグ・トゥレドの戦い』）．ブレスの父親はフォウォレ族*，母親はトゥアタ・デー・ダナン*で，ブレス

は母方のトゥアタ・デー・ダナン*に属していた．ところがトゥアタ・デー・ダナン*の王ヌアドゥ*は，統治できなくなって王位をブレスに譲る．

ブレスは王位に就くと，トゥアタ・デー・ダナン*の社会に圧政を敷き始める．不満が爆発し，王は退位を求められる．ブレスは前王ヌアドゥ*に王位を返さざるをえなくなる．ブレスは，軍を決起させるためにフォウォレ族*の陣営に走る．一方，ヌアドゥ*は，アイルランドの防衛をルグ*に委ねる．トゥアタ・デー・ダナン*もヌアドゥ*とルグ*の指揮下で決起し，フォウォレ族*との間にマグ・トゥレド*の第2の戦いが始まり，トゥアタ・デー・ダナン*が主導権を握る．

ブレーズ　Blaise

【アーサー王（フランス）】ブレーズは，フランスの原典『ディド・ペルスヴァル*』で魔術師メルラン*（英語ではマーリン*）の友となり，聖杯*と円卓の騎士の冒険物語を書き留める隠者の名前である．しかし，かの有名なブレーズ「師」はなんともいかがわしい人物である．ブレーズ（Blaise）というフランス語の綴りが「オオカミ」を意味する（アルモリカの）ブルトン語*の Bleizh，ウェールズ語*の Bleidd から派生しているからである．ところで，メルラン*も森をうろつきまわっているときに，しばしば灰色のオオカミを連れ立った姿で描かれた．

ブレンダン（聖）　Brendan

【アイルランド】史実に添っていえば，ブレンダン（484-577/583）はアイルランドの修道士，とくにクロンファート*修道院の創設者で院長であった．ブレンダンは，新しい土地で福音を説くと称して海上に姿を消した．アメリカに上陸した可能性が高い．

ブレンダンの人となりとその冒険は，素早く伝説に取り入れられた．『フェヴァルの息子ブラン*の航海と冒険』というアイルランド神話がこのキリスト教の聖者伝に組み込ま

コラクル（ケルト人*の舟）

コラクル（ゲール語*では「クラハ」curragh）は，ケルト人*が用いた特別な小型船で，今日でもなおアイルランドで，特にアラン諸島*で使われている．コラクルは，動物の毛皮（今日ではタールを塗った防水布）で覆われた木の支柱からできている．この種の船にのって聖ブレンダン*（この図では彼に仕える修道僧の1人と一緒に描かれている）は，楽園を求めて海へ向かった．その航海は，アヴァロン島*と完全に同一のものであるあのエウィン・アヴラハ*に他ならない，「妖精の地*」へ向かって出帆した，フェヴァルの息子ブラン*の航海を物語る，古い異教の伝説をキリスト教的に改変したものである．

れ，「天国を探し求める」『聖ブレンダンの航海』（1050頃）という幻想的な物語を生み出した．中世を通じて広く愛読された物語である．

ブレンヌス　Brennus

【大陸ケルト】ブレンヌスは2人おり，一方はおそらく歴史上の人物，他方はもっといかがわしい人物である．前者はガリアのサンス人（今日のフランス，サンス周辺に住んでいた）で，イタリアに出征し，前387年にローマを奪取した人物である．彼は「敗者に災

いあれ！」（Vae victis!）という有名な言葉を言い放った男で，ローマ人はこの言葉を決して忘れなかった．ティトゥス・リウィウス（前59頃-後17頃）は，ブレンヌスの出征を好意的に語っており，そこにはこの人物をケルトの*神のように仕立てた神話的な要素が混じっている．

後者のブレンヌスは，ギリシアの著述家たちに前280年頃のガリア人として紹介されているが，歴史上の人物というより神話上の人物である．彼はバルカン半島へ出征し，デルフォイを占拠・略奪し，そこで足に致命傷を負って（ウェールズの英雄，ブラン・ベンディゲイド*と同じ），部下に自分を殺してくれるように頼んだといわれている．遠征軍の残党は，小アジアでガラテヤ人*になったといわれた．

ところで，パウサニアス（2世紀）は，ガリア人のこのデルフォイ侵略戦争を詳しく語っている（『ギリシア案内記』第19章8）．ただし，ペルシア人のデルフォイ侵略を扱ったそれ以前の話の完全な盗作にすぎない．ブレンヌスの遠征が本当かどうか疑わしいのはこのためである．

しかし，トゥールーズ地方（フランス）に浸透している伝承によれば，ガリア人はデルフォイから呪われた黄金を持ち帰って，トゥールーズに近い湖に黄金を隠したことになっている．さらに，ガリア人（Gaulois）と同じ語基を呼称に持つガラテヤ人*（Galates）がケルト*戦士たちの子孫で，彼ら戦士たちがしばしば外人傭兵となって，ヘレニズム世界に定着したのは確実である．

2人のブレンヌスの関係資料のうち史実か神話のどちらの記述かその点を識別するのは難しい．いずれにせよ，2人のブレンヌスがウェールズの『マビノーギ*』（幼な物語）第2話の主人公ブラン・ベンディゲイド*（「祝福されたブラン*」の意）とつながりを持っていることだけは間違いない．

ブロセリアンド（の森） Brocéli-ande

【ブルターニュ】円卓の騎士たちが冒険を繰り広げたと考えられている伝説の森を現在ブロセリアンドと呼んでいる．この森は実在の森というより象徴的な場所である．このため方々で森の場所の確定がおこなわれているようだ．しかし，11世紀の終わりから中世を通じては，さまざまな理由，とくに政治的な理由で，その昔，アレ山地からヴィレーヌ川の支流，ム川までアルモリカ半島（現在のブルターニュ*）の中心部を覆っていた大森林の一部をブロセリアンドの森にしようとしていた．実際，この森はキリスト教の隠者や修道士たちの避難場であったばかりか，魔術や呪術の実践にも理想的な場所であった．

しかし，開拓の手が入って，ユエルゴアト，クヌカン，ランヴォ，ラヌエ，パンポンといった山山群を除けば，この森は，ほとんど完全に破壊された．結局，ブロセリアンドの名を独占したのはパンポンの森で，学僧や物語作者が先導しただけでなく，観光局の賛同も得てそうなったのである．この名称はそれほど古いわけではなく，せいぜい18世紀の末頃に落ち着く．中世の文献に見える呼称は，ブレシリアン，ブリュシュリアン，ベルシリアン，それにとくにブレシェリアン*（ロベール・ワース，1110頃-75以降）である．

ブレシェリアン*の名称が作られたときに，最初に介入した言葉は間違いなくケルト語*である．bregまたはbrigaで，「高み」，「丘」，さらに「要塞化された城壁」，最後に「聖なる囲い地」，「聖地」を意味するケルト語である．2番目に介入した言葉は，より正確にいえばゲルマン語で，この言葉は，「地獄」を意味する英語のhellと共通するところがあるのかもしれない．hellは，「異界」を意味するインド＝ヨーロッパ語の語根からの派生語である．そして，「異界」を広義に解釈すれば，ゲルマンの女神ヘラ（Hella）は「異界」の女王である．

こうなると、ブレシェリアン*＝ブロセリアンドは、「異界」の聖なる囲い地のようなところなのかもしれない。これは、その舞台がブロセリアンドの森と確定されている数々の不思議な伝説と矛盾するものではない。パンポンの森は、フランスのイール＝エ＝ヴィレーヌとモルビアン両県の境界に広がる。このパンポンの森をアーサー王物語のブロセリアンドの森とする考えは、今日ではほとんど公的なものになっている。⇨「帰らずの谷」

ブロダイウェズ　Blodeuwedd

【ウェールズ】ブロダイウェズは、ウェールズの『マビノーギ*』(幼な物語)第4話に登場するヒロインである。その名は「花から生まれた」を意味する。母親のアリアンロド*からある禁忌を宣告された息子のスェウ・サゥ・ゲフェス*のために、グゥィディオン*と叔父のマース*がその禁忌を犯して魔法を使い、花々と植物から1人の女性を創りあげる。この女性がブロダイウェズで、彼女はスェウ*の妻になる。

スェウ*は、母親から呪いをかけられ、いかなる種族の女からも妻をめとってはならないという禁忌を宣告されていたのである。ところが、ブロダイウェズは、こうした状況に耐えられない。ブロダイウェズは、若い狩人グロヌウ・ペビル*と恋に落ち、グロヌウをけしかけて、スェウ殺害をはかる。これはクー・ロイ・マク・ダーリ*の死をめぐる状況と同じである。

一方、グゥィディオン*は、魔法を使ってスェウ*を生き返らせ、ブロダイウェズをミミズクに変えて仇を取る。ブロダイウェズは、物として扱われる女性の反抗を象徴しているだけでなく、父権制を前にした挫折も表している。ブロダイウェズは闇に隠れ、打ち捨てられはしたものの、ミミズクのように男性の奥深い意識の中に潜み続ける。

ブローチ　Fibula

⇨フィブラ

ブロン　Bron

【アーサー王(フランス)】時代としては後期の聖杯*をめぐる物語では、ブロンが漁夫王*の名称になっている。おそらく、この名はウェールズの『マビノーギ*』(幼な物語)第2話の主人公ブラン・ベンディゲイド*(「祝福されたブラン*」の意)の名を変形したものだろう。

へ

ベイドン山　Mont Badon

【アーサー王（イギリス）】ベイドン山（ラテン語ではパドニクス山）は，500年頃にアーサー*が，ブリテン島*へ侵略に来たサクソン人に対して勝利を収めたところである．134頁の地図参照．

ベオ　Béo

【アイルランド】ベオは，レンスター物語群に入るアイルランドの伝承では，野性の獰猛な雌ブタの名前である．この雌ブタは若いフィン・マク・クヴィル*に殺される．フィン*は，試練としてはあっぱれな行為と鍛冶師のロホラン*から誉められる．イノシシ*退治の話は，ケルト*神話に広く見られるテーマである．⇨「メリダの戦車」

ベッグ・アン・ノーズ　Bag ann noz

⇨夜の船

ベッグル・アンノーズ　Bugul ann aod

⇨砂浜のヒツジ飼い

ベッゲール・ヴァルー　Bag er varu

⇨死者の船

ベディヴィア　Bedivere

【アーサー王（イギリス）】ベディヴィア⇨ベドウィル

ベデュイエ　Béduier

【アーサー王（フランス）】ベデュイエはベドウィル*のフランス名で，ベドウィル*はウェールズの『キルッフ*とオルウェン*』で若者キルッフ*がオルウェン*を探し求める旅の一員である．

ベドウィル　Bedwyr

【アーサー王（ウェールズ）】ベドウィル（英語ではベディヴィア*）は，アーサー王*の最も古い部下の1人である．史実によると，ベドウィルはカイ（英語ではケイ）と一緒にアーサー王*の部下であったにちがいない．

　ベドウィル伝説にはやはり尾鰭がついて，その人物像は，神々しい性格を帯びるようになった．超能力の才に恵まれてはいるものの（誰よりも早く走れる．槍の1突きはほかの人間の9突きに匹敵する），ベドウィルは片腕である．このため，ベドウィルは，インド＝ヨーロッパ語族の第2機能の神（軍事の神，デュメジル説）のような印象を与える．

ヘビ　Serpent

【ケルト】ヘビは，ケルト人*にとっての聖獣である．ヘビはなかでも隠された「知恵」を象徴し，大地の中に埋められた「財宝」，つまり世界の大いなる秘密の番人を表している可能性がある．ヘビはしばしば竜*と混同されるが，ヘビが棲息しないアイルランドではとくにこの混同が起こっている．ある伝説によると，聖パトリック*は，呪文によって，

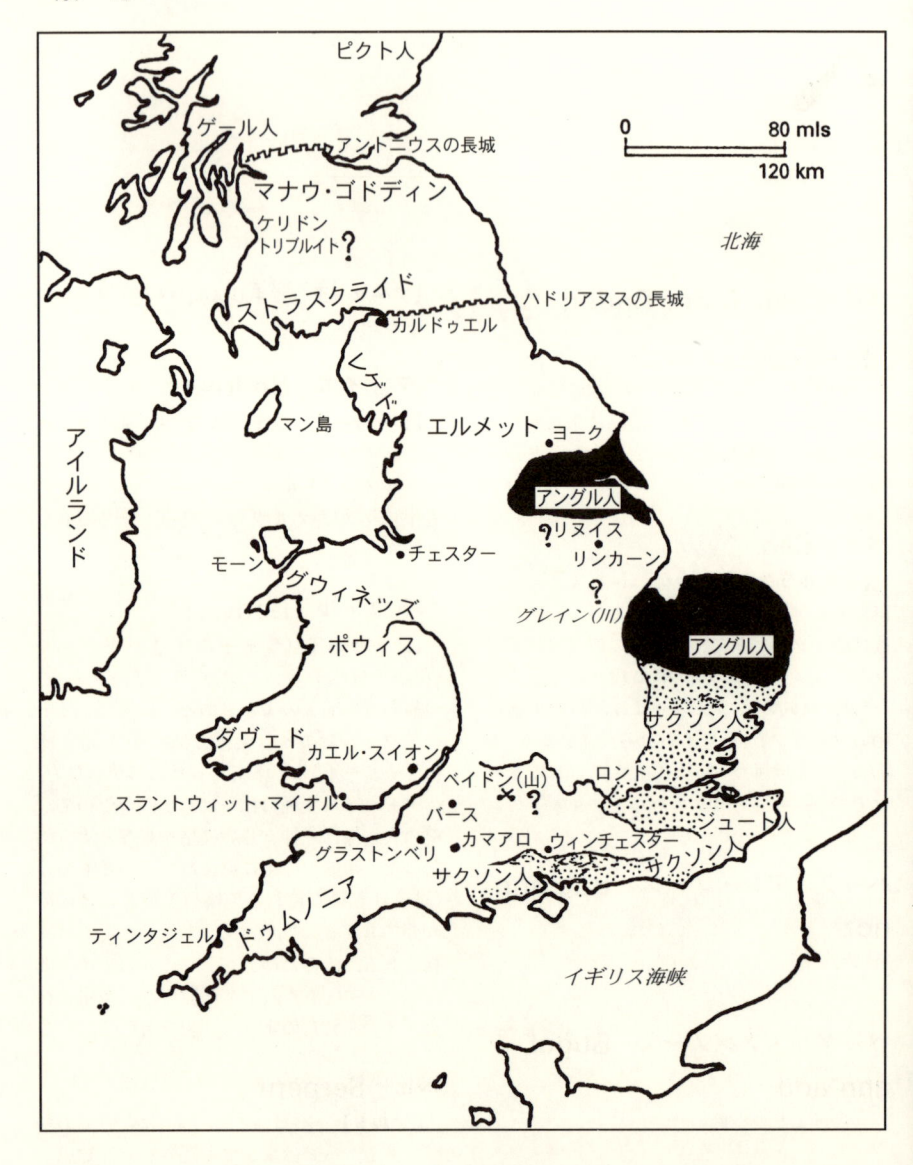

ブリトン人*と，ブリテン島*に侵攻したゲルマン民族との考えられる境界線（6世紀冒頭にベイドン山*で行われた戦いでブリトン人*が勝利を収めた後の状況）

500年頃にベイドン山*でブリトン人*が収めた勝利は，「戦闘隊長」アーサー*がもたらしたとされる勝利であり，以後約40年にわたってブリテン島*へのゲルマン民族の侵略を阻止した．この地図上，黒で描かれたところはアングル人が占拠した領土であり，点で表されたところはジュート人とサクソン人が占拠した領土である．

アイルランドの島全体からすべてのヘビを追い出したとのことである．

「ヘビの卵」 Oeuf de serpent

【大陸ケルト】「ヘビの卵」は，大プリニウス（23-79）が『博物誌』第29巻12で報告するガリアの護符であり，ウニの化石と考えられた．「ヘビの卵」は，宇宙卵の象徴である．

ベー・フマ（ベーフナ・クネシュゲル） Bé Chuma (Bécuna Cneisgel)

【アイルランド】ベー・フマ（ベーフナ・クネシュゲル）は，トゥアタ・デー・ダナン*の妖精の民に属する不吉な女である．彼女は，「約束の地*」の貴族，「素早き剣捌きの」ラヴリド*の娘であったが，不可解な過ちを犯して追放される．このため呪われた存在になる．アイルランドの至高の王，百戦のコン*の妾となったものの，ベー・フマの存在は，王国に活気を失わせていく．

ベー・フマは，チェスをするようにコン*の息子アルト*をそそのかす．おかげでアルト*は，若い娘のデルヴハイン*を探し求めて旅に出ざるをえなくなる．デルヴハイン*は，未踏の島に住むモルガン・ミンスコタハ*の娘である．アルト*はあらゆる試練に打ち勝って，デルヴハイン*を連れて帰る．このためベー・フマは，アイルランドを離れざるをえなくなる（『コンの息子アルトの冒険』）．

ペラギウス Pélage

【イギリス】ペラギウスは，4世紀（360頃-420頃）に活躍したキリスト教の理論家にして宣教師である．ブリテン島*出身のペラギウスは，モルガン*（「海から生まれた」の意）という自分の名前をペラギウス（Pelagius）に変えた．ペラギウスの説いた教義は，聖アウグスティヌスから激しい論駁を受け，「ペラギウス主義」の名で知られている．ペラギウスの教義は，地中海世界で説かれていたにもかかわらず，イギリス諸島（大ブリテン島，アイルランド島，チャンネル諸島など）でかなりの成功を博した．ペラギウスの教義は，主として人間に絶対的な自由意志を認め，遺伝により伝わる原罪の存在を否定し，神の恩寵の重要性を無視するところにあるが，また人間の意志と自己超越を強調するところにもある．ペラギウスの教義には，ドルイドの思想の影響が数多く認められる．

ベラントン Belenton

【ブルターニュ】ベラントンは，「ベル（光の神ベレノス*の略称）の聖なる空き地」の意味で，バラントン*の古名である．⇨ネメトン

ベリ Beli

【ウェールズ】ベリは，ウェールズの伝承に登場する神話上の人物である．おそらく古代の神で，この名はベレノス*と関係する．ベリは，神秘的なアンナ*と並んで，ブリトン人*の始祖とみなされている．

ベリサマ Belisama

【大陸ケルト】ベリサマはガリアの女神で，この名は「とても輝かしい」の意味を持っている．とくにブレーム（Blesmes）やベレーム（Bellême）などの地名にこの名の痕跡が認められる．ベリサマには，古代ケルト人*の古い太陽女神を思わせる残像がある．しかし，ガロ=ロマン期*にはガリアのミネルウァを指示する添え名に使われた．

ペルスヴァル Perceval

【アーサー王（フランス）】ペルスヴァル（英語ではパーシヴァル，またはパースヴァル*）は，クレチアン・ド・トロワ（1135頃-85頃）が著した『ペルスヴァル*または聖杯の物語』（1185頃），さらにはクレチアン・ド・トロワの続編作家たちが著した諸作品に現れる聖杯*の英雄である．ペルスヴァ

ルは，あらゆる種類の冒険—上首尾に終わるものも，危険なものもあるが—に見舞われた後でようやく，自分に課せられた使命の意味を発見することができるという，素朴な若者の典型である．ペルスヴァルの冒険にみられる神話的な図式は，口承が伝える多くの民話に認められる．シトー修道会の影響を受けた『聖杯*の探索』(13世紀前半)では，ペルスヴァルはもはや物語中第2位の人物にすぎなくなる．つまりペルスヴァルは，ガラアド*(英語ではガラハッド*)に主役を譲り，ボオール*を脇役にしている．⇨『ペルスヴァルまたは聖杯の物語』

『ペルスヴァル*または聖杯の物語』Perceval ou le Conte du graal†

【アーサー王（フランス）】『ペルスヴァル*または聖杯の物語』は，クレチアン・ド・トロワ(1135頃-85頃)の遺作で，「聖杯*伝説」の出発点となった作品である．未完に終わったこの作品には2人の主人公ペルスヴァル*(英語ではパーシヴァル*，パースヴァル*)とゴーヴァン*(英語ではガウェイン*)が現れ，作品の前半がペルスヴァル*の冒険に充てられている．

夫と2人の息子を亡くした母親に「荒れ森」で育てられていた少年ペルスヴァル*は，ある時数人の騎士に出会ったのがきっかけでアーサー王*の宮廷に赴いて騎士になる決意をする．宮廷に到着すると，王の盃を奪った「紅鎧の騎士」と戦いこれを殺めて鎧を自分のものにする．その後ペルスヴァル*はゴルヌマン・ド・ゴルオーの許で騎士道を学んだ後，麗しのブランシュフルールを敵の攻撃から救う．

母のことを気にかけながら騎行を続ける途中でペルスヴァル*は釣りをする人物と出会い，その館で食事をふるまわれる．そこでペルスヴァル*が目にするのが「グラアル*の行列」である．尖端から血が滴る槍，グラア

ル*という器，銀の肉切り板が運ばれて通過していく．少年はグラアル*についての質問を控え，翌朝目が覚めると城は無人になっていた．城を離れ道を続けると，彼は従姉妹に出会い，先の質問をすべきだったと言われる．彼をもてなしたのが漁夫王*で，ある戦いで怪我を負ってから身体の自由が利かなくなっていること，さらにはペルスヴァル*の出立ゆえの悲しみでペルスヴァル*の母が亡くなったことも知らされる．

この間，ペルスヴァル*の武勇を伝え聞いたアーサー王*は彼に再会したく思い，一行を引き連れて彼を探しに出立していた．再会後，王が宮廷で祝宴を張っているところへ醜い乙女が現れ，グラアル*についての質問をしなかったペルスヴァル*を詰る．ペルスヴァル*はグラアル*の探索に向けて出立する．物語はこの後，ゴーヴァン*の冒険を語るが，その過程でしばしその後のペルスヴァル*についての情報をもたらしてくれる．それによるとペルスヴァル*は以後5年もの間，神のことを忘れて遍歴を重ねるが，ある聖金曜日に森の中で彼の伯父にあたる隠者に出会い，一族の秘密の一端が明かされる．グラアル*で給仕を受けている老王と隠者は兄弟，ペルスヴァル*の母は隠者の妹，漁夫王*は老王の息子であるというのである．またグラアル*という器で運ばれるのは魚ではなく，聖餅(ホスチア)のみで，霊的存在である老王は12年もの間，その聖餅で生きながらえてきたという．

ベルティネ（祭） Beltaine

【アイルランド】アイルランドでベルティネ祭は，5月1日の大祭，夏の開始を告げるその年の2番目に重要なケルトの*祭である．ベルティネの名は「ベル(光の神ベレノス*の略称)の火」を意味し，この名はベリ*＝ベレノス*と同じ神格と関係する．

この祭は，牧畜文明の特徴を示している．実際，ベルティネ祭の日は，冬の間，家畜小屋に閉じ込められていた家畜の群れを放牧す

る日に当たる．それは，牧畜と農業活動の再開を告げる祭日であって，その後，時代が飛んで，人々がメーデーの日を5月1日に設定すべきであると感じたのも驚くには当たらない．

ベルティネ祭にはおおぜい人が集まり，アイルランドのどこの山頂でも火が焚かれた．しかし，タラ*の丘ではアイルランド王が最初に火を点ける前に死罪の危険を冒してまで火を点す者はいなかった．ところで，伝承によれば，聖パトリック*（389?-461?）は，433年にタラ*の丘の火に先んじてスラーネ*の丘で復活祭の火を点し（復活祭はその年，ベルティネ祭と同じ日だった），こうしてドルイド教*に対するキリスト教の勝利をはっきり世に示した．

古代の異教の祭からさまざまな民俗が受け継がれて民間に根付いた．5月の樹木祭（「メイ＝ポール」（花やリボンで飾られた柱のまわりを踊る祭））がそうだし，家畜小屋，家屋，野原を保護するために小枝を刈り取っていた風習は「枝の主日」に残っている．5月1日にスズランを1本贈る最近の風習にも古来の民俗の名残が認められる．ドイツでは，5月1日の前夜は，山に集まった魔法使いや不吉な魔物たちを努めて追い払おうとする日に当てていた（ヴァルプルギスの夜祭）．ケルトの*1年の暦では，かつては11月1日のサウィン祭*とこれに匹敵する対照的なベルティネ祭の2大祭日が節目になっていた．

ペルレスヴォー　Perlesvaux

【アーサー王（フランス）】ペルレスヴォーは，12世紀末に書かれたフランスの物語『ペルレスヴォー』に現れる，ペルスヴァル*に相当する人物の名前である．『ペルレスヴォー』は古風な要素を多くとどめ，グラストンベリ*の修道士たちの影響を大きく受けている．

ペレス　Pellès

【アーサー王（フランス）】ペレスは，フランスのアーサー王物語に現れる漁夫王*の名前である．ペレスは，聖杯*の守護者で，コルブニック*城に住んでいる．ペレスは，アンヌウヴン*の長となるウェールズの人プイス*と少なからぬ関連を持っている．

ペレドゥル　Peredur

【アーサー王（ウェールズ）】ペレドゥルは，ウェールズの英雄で，クレチアン・ド・トロワ（1135頃-85頃）の描くペルスヴァル*をより古風かつ異教的にした姿をしている．ペレドゥルは，ペルスヴァル*とほぼ同じ冒険を経験するが，ペレドゥルが果たす使命は，聖杯*の探索ではない．ペレドゥルは血による復讐を遂げ，「不思議の城」を見つけなければならない．

ベレノス　Belenos

【大陸ケルト】ベレノスは，ガリアのアポロンの異名である．この語は「輝かしい」という意味を持っている．ガリアのアポロンは，太陽神というよりどちらかといえば医術の神である．アポロンに添えられたベレノス（輝かしい）の添え名は，だから，光の側面を強調することで，アポロン像の進展を示している．この名の痕跡はいろいろな地名に残っており，面白いことにベレノスは，ときに「聖」ボネに変身した．

ベロウェスス　Bellovèse

【大陸ケルト】ティトゥス・リウィウス（前59頃-後17頃）が伝えるガリアの伝承によれば，ベロウェススは，伝説の中でミラノ（古名はメディオラヌム，「中心地」の意）を創建したことになっている神話上の王アムビガトス*の甥である．

ヘンウェン　Henwen

【ウェールズ】ヘンウェンは、「白い老女」という意味で、ウェールズの伝承に登場する、破壊的で怪物のような雌ブタのことである。

ベンディゲイドブラン　Bendigeit Vrân

⇨ブラン・ベンディゲイド

ベン・ブルベン（山）（のイノシシ）Ben Bulben（Sanglier de）

【アイルランド】このイノシシ*は魔性の怪獣で、アイルランド・スライゴー（州）にあるベン・ブルベン山の高地をうろつき回っていた。ベン・ブルベン山のイノシシ*と英雄ディアルミド*・オ・ドゥヴネとは、浅からぬ因縁で結ばれていた。ディアルミド*の母親は執事との間に子供を産んでいた。怒った父親は、ある日、ディアルミド*の異父弟に魔法をかけてイノシシ*に変えてしまう。だから、ディアルミド*は、誓いを立て、このイノシシ*を殺してはならないという禁忌をひたすら守っていた。

フィアナ騎士団*の王であったフィン・マク・クウィル*は、ディアルミド*が自分の妻のグラーネ*を連れて逃げたことに復讐しようとして、これ以上禁忌を犯さないようにディアルミド*にベン・ブルベン山のイノシシ*を退治して来いと命じる。ディアルミド*はイノシシ*を仕眼める。しかし、イノシシ*の剛毛で傷を負い、毒がまわって死んでしまう（『ディアルミドとグラーネの追跡』）。

ホ

ボアン　Boann

【アイルランド】ボアン⇨ボイン

ボアンド　Boand

【アイルランド】ボアンド（またはボアン*）は，伝説の文脈では，ネフタン*の妻か，でなければ，ダグダ*の兄弟，エルクワル*の妻である．⇨ボイン

ボイン　Boyne

【アイルランド】ボイン川は，アイルランド神話の聖河である．この名は「白い雌ウシ*」を意味する Bo-Vinda に由来するが，これは牧畜民族の母神にまさにふさわしい名前である．しかし，この母神は一方で水（淡水）の信仰ともつながっている．

　伝説の文脈では，ボインはネフタン*（海神ネプトゥヌスのゲール語*形）の妻か，でなければ，ダグダ*の兄弟，エルクワル*の妻になっている．ダグダ*はボインが欲しくなり，ある日，夫のエルクワル*を遠ざける．その象徴的な日にボインは妊娠し，息子のオイングス*，別名マク・オク*（若い息子）を生む．オイングス*は，のちにエルクワル*が治めていた妖精の住む城塞，ブルグ・ナ・ボーネ（「ボインの住居」の意）を占領することになろう（『妖精の塚の奪取』）．

　ニューグレンジ*の巨石塚（アイルランド北東部ボイン川北岸にある）をゲール語*でブルグ・ナ・ボーネ*という．ボインは，自分の「過ち」を償いたい一心で泉の水に深々と身を沈める．海のほうへ狂ったように逃げたこともあったが，その泉で結局死に絶える．また，逃げた先の海から川が生まれたという．

　ボインは古いブリギッド*像の別の面を表しているように思える．ブリギッド*はダグダ*の娘といわれており，いまだに解明できないヴィヴィアン*の人物像にもブリギッド*の残映が認められる．ヴィヴィアン*はマーリン*が愛した妖精で，「湖の貴婦人*」でもある．

ボオール　Bohort

【アーサー王（フランス）】ボオールは，聖杯*の探索に向かう，「円卓物語」の登場人物である．ボオールは湖水のランスロ*（英語ではランスロット）の従兄弟で，アルモリカ（現在のブルターニュ*）の一部を治めていた．シトー修道会の影響を受けた版である『聖杯*の探索』（13世紀前半）では，ボオールは，ガラアド*（英語ではガラハッド*）やペルスヴァル*（英語ではパーシヴァル*）と一緒に聖杯*をみごとに探し当てる．そしてこの冒険の中，ボオール1人が生き残る．その後，ボオールはランスロ*を助けて，アーサー王*の死の恨みを晴らすべく，モルドレ*（英語ではモードレッド*）の息子たちに立ち向かう．ボオールは，アーサー王*の騎士たちの中で最後まで生き残った人物であると思われる．おそらく12世紀に創り出された人物らしいが，古代ケルトの*神に知識力を付け加えたような騎士である．

ボドヴ　Bodbh

【アイルランド】ボドヴはケルトの*女神で，この名は「ハシボソガラス*」を意味するケルト*古語 bodu から派生している．実際，

この女神は，しばしば鳥，それもとくにハシボソガラス*に姿を変えて現われる．この姿でボドヴは戦士の闘争心をあおりに来るので，いわゆる戦争の女神にされたのかもしれない．

ボドヴは，よく「偉大な女王」モリガン*と混同されるが，要するにボドヴはさまざまな姿を持つモリガン*の1つの姿にすぎない．ボドヴはアイルランドのいろいろな物語に登場するだけではない．「円卓物語」でもウリエン*の妻，イヴァン*の母として現われ，ハシボソガラス*に変身できる女になっている．

ボドヴ・デルグ　Bodbh Derg

【アイルランド】ボドヴ・デルグは，コナハト（現在のコノート州）を治めたトゥアタ・デー・ダナン*の1人ダグダ*の息子である（『リルの子供たちの最期』，『妖精の塚の奪取』，『2つの牛乳差しの館の滋養』）．

ボードマギュ　Baudemagu

【アーサー王（フランス）】クレチアン・ド・トロワ（1135頃-85頃）の『ランスロ*または荷車の騎士』（1177-81頃）の中でボードマギュは，メレアガン*の父親である．メレアガン*は不忠の騎士で，古代の死神を文学の世界に投影したような人物である．ボードマギュは，ゴール王国*を治めていた．ゴール王国*は別名をヴォイル（Voire）王国，つまりガラス（Verre）の王国といった．

我々は，これでケルトの*「異界」の概念へいざなわれる（ウェールズ*で「イニス・グトリン」（Ynis Gutrin）といえば，「ガラスの都市」，あるいは「水晶の部屋」という意味である．これは，アイルランド伝承の中で広く知られた神話のテーマで，『トリスタン*伴狂』の原典でもこのテーマが認められる）．しかし，息子のメレアガン*が残酷な不義の人であるのと同じくらいに，ボードマギュは寛大で礼儀をわきまえた人間である．ボードマギュは，ラブレー（1494頃-1553）のグラングージェと少し似たところがある善王の典型なのである．

ボードマギュという固有名詞には，magoというケルト語*が認められる．magoは，「平原」や，意味を広げた「集散地・市」に当たる言葉である．ボードマギュには，アイルランドの物語にたびたび描かれている「妖精の住む平原」の王，至福の国である「約束の地*」の王を想わせるところが多分にある．この場合，ボードマギュは，黄金時代の王であるローマのサトゥルヌスと確かな関係があったのかもしれない．時や運命と結びついているギリシアのクロノスとの関係は見当たらない．

ボドマル　Bodmall

【アイルランド】ボドマルはフィン・マク・クウィル*の養母である．

ボルウォ　Borvo

【大陸ケルト】ボルウォはボルモ*という名の別の形である．

ボールス　Bors

【アーサー王（イギリス）】ボールス⇨ボオール

ボルモ　Bormo

【大陸ケルト】ボルモは，ガリアにおける泉と逆巻く水の神で，この名は地名（ブルボン Bourbon）にも残った．

マ

マイル・ドゥーン　Maëlduin

【アイルランド】マイル・ドゥーンは，アイルランドの伝承に現れる英雄である．父親の殺害者たちを探して海上に乗り出したマイル・ドゥーンは，航海の途中で，奇妙な島々を発見する．この航海は，フェヴァルの息子ブラン*の航海と同じテーマに属している（『マイル・ドゥーンの航海』）．

マエルグン，グウィネズの　Maelgwn Gwynedd

【ウェールズ】マエルグンは，ウェールズ*の北西にあるグウィネズの半ば伝説的な王である．詩人（バルド*）タリエシン*（6世紀）は，彼の作とされている詩篇の中で，マエルグンを激しく非難している．

マエロアス　Maheloas

【アーサー王（フランス）】マエロアスは，クレチアン・ド・トロワ（1135頃-85頃）が著した『エレック*とエニッド*』（1170頃）に登場する人物の名で，『ランスロ*または荷車の騎士』（1177-81頃）に登場するゴール*国の王子メレアガン*に相当する．マエロアスは，「権勢の貴族，ガラスの島の領主」と呼ばれている．マエロアスという綴りは，メルウァス*のフランス語綴りである．

マク・アン・ダウ　Mac an Daimh

【アイルランド】マク・アン・ダウは，アイルランドの叙事詩に現れるモンガーン*王の執事である．マク・アン・ダウは，モンガーン*が別の王に誘拐された妻を取り戻すのに手を貸す．

マク・インド・オーグ　Mac Ind Og

【アイルランド】マク・インド・オーグは，マク・オーグ*（「若い息子」の意）という名の別形である．

マク・オーグ　Mac Oc

【アイルランド】マク・オーグは，「若い息子」という意味で，ダグダ*とボアンド*の息子オイングス*の異名である．

マク・クル　Mac Cuill

【アイルランド】マク・クルの文字通りの意味は「ハシバミ*の息子」である．マク・クルは，ゲール人*がアイルランドに来寇した際の，アイルランドの3人の神話的な王の1人である（『アイルランド来寇の書』）．

マク・グレーネ　Mac Greine

【アイルランド】マク・グレーネの文字通りの意味は「太陽の息子」である．マク・グレーネは，ゲール人*がアイルランドに来寇した際の，アイルランドの3人の神話的な王の1人である（『アイルランド来寇の書』）．

マク・ケーフト　Mac Cecht

【アイルランド】マク・ケーフトは，アイルランドの伝承に現れる人物で，悲劇的な結

末を迎える『ダ・デルガ*の館の崩壊』の中では，コナレ大王*の側で戦う．マク・ケーフトは，ゲール人*がアイルランドに来寇した時の，アイルランドの3人の神話上の王の1人の名前でもある．マク・ケーフトは，「犂の息子」という意味である．

マク・コン　Mac Conn
（実際はマク・クン Mac Cuind）

【アイルランド】マク・コンは，アイルランドの，多少とも神話上の至高の王である．マク・コンは，アルト*の息子コルマク*のために，王国を放棄しなければならなかったとされる．

マグ・シュレーフト　Mag Slécht

【アイルランド】マグ・シュレーフトの文字通りの意味は「殺害の平原」という意味で，クロム・クルアハ*（Crom Cruach）と呼ばれる石の偶像のある，アイルランドの地名である．ここでは，11月初めに行われるサウィン祭*の際に，伝承によると，王とその臣民全員が命を落としたという．同じ伝承が伝えるところによると，聖パトリック*が偶像の悪魔たちを追い払ったとのことである．

マク・ダトー　Mac Datho

【アイルランド】マク・ダトーは，レンスター州の伝説上の王で，アルスターのコンホヴァル*王とコナハト（現在のコノート州）のメドヴ*女王の双方から所望されていた猟犬の持ち主である．マク・ダトーは，双方の一行を夕食に招待し，メインディッシュとしてブタの料理を差し出す．ブタの切り分けを誰が行うかという問題から，諍いと報復合戦が始まるが，これをたきつけたのは毒舌のブリクリウ*である（『マク・ダトーの豚の話』）．

マグ・トゥレド（モイ・トゥラ）　Mag Tured (Moytura)

【アイルランド】マグ・トゥレドは，アイルランドのコナハト（現在のコノート州）にある平原で，そこでは神話上の戦いが2度繰り広げられた．第1の戦いは，トゥアタ・デー・ダナン*が，アイルランドを先に占領していたフィル・ヴォルグ族*に対して起こした戦いで，第2の戦いは，同じトゥアタ・デー・ダナン*が，フォウォレ族*に対して起こした戦いである（『マグ・トゥレドの戦い』）．

マグ・メル　Mag Mell

【アイルランド】マグ・メルは，「喜びの平原」という意味で，アイルランドの伝承で「異界」を表す名称の1つである．⇨シード（異界）

マグ・モール　Mag Mór

【アイルランド】マグ・モールは，「広大な平原」という意味で，アイルランドの伝承で「異界」を表す名称の1つである．⇨シード（異界）

マク・ルガ　Mac Luga

【アイルランド】マク・ルガはフィアナ騎士団*の一員で，フィン・マク・クウィル*の冒険仲間である．

マース　Math

【ウェールズ】マースは，ウェールズの伝承に現れる神のような人物である．マースは，マソヌウイ*の息子で，女神ドーン*の兄弟と言われている．マースは，グウィディオン*，ギルヴァエスウィ*，アマエソン*，アリアンロド*の叔父である．戦争のない平和時には，マースは両足を処女の膝にのせておかないと生き延びることができなかった．マースは魔術を操り，グウィディオン*に魔術の手ほどきをする．

マソルッフ　Matholwch

【ウェールズ】マソルッフは，『マビノーギ*』（幼な物語）第2話が伝えるウェールズ

の*伝承に現れる，アイルランドの神話上の王である．マソルッフは，ブランウェン*の妻で，ブラン・ベンディゲイド*（「祝福されたブラン*」）は，マソルッフに再生の釜を与えた．マソルッフという名は，クマ*との関連を持っている．

マトゲン　Mathgen

【アイルランド】マトゲンは，「クマ*から生まれた」を意味する．マトゲンは，アイルランドの伝承では，トゥアタ・デー・ダナン*の魔術師である．マトゲンは，ウェールズの人マース*と比較することができる．

マトロナ　Matrona

【大陸ケルト】マトロナの文字通りの意味は「母なる女神」である．マトロナは，フランス東部に発してパリ付近でセーヌ川に合流するマルヌ（Marne）川の名前のもとになっている．古代ガリアのこの母神は，しばしばガロ＝ロマン期の*彫像には，マトロナエ（Matronae）あるいはマトロネス（Matrones）という形で，3神1組（トライアッド）で現れる．マトロナの名は，ウェールズの女神モドロン*の名をもたらした．

マナナーン　Mananann

【アイルランド】マナナーンは，マン島*の名祖となったアイルランドの神話上の人物である．マナナーンは，リル*の息子で，トゥアタ・デー・ダナン*の一員である．マナナーンは，アイルランドの物語に他の名前で登場している可能性がある．マナナーンは，遠島国の王であるように思われる．タルティウ*の戦いの後，「ミールの息子たち*」に負けたトゥアタ・デー・ダナン*は，この遠島国へ逃れた．マナナーンは，不死の饗宴の最中に，神々を再生させる食糧となる，不思議なブタを持っている（『2つの牛乳差しの館の滋養』，『フェヴァルの息子ブランの航海』，『クー・フリンの病』）．

3人のマトレス（マトロネス）
フランス，リヨン，ガロ＝ロマン文明博物館

マネ・エル・フロワック　Mané Er Hroeck

【ブルターニュ】マネ・エル・フロワックは，「女妖術師の塚」という意味で，（フランス・モルビアン県の）ロクマリアケルにある，神の姿を刻んだ支柱を伴った埋葬室を含む，巨石のある小高い丘である．

マネ・グウェン　Mané Gwenn（Mané Guen）

【ブルターニュ】マネ・グウェンは，（フランス・モルビアン県の）ゲナンの村にある丘である．マネ・グウェンという名は，「白い山」を意味し，恐らくニッズ*の息子グウィン*と，少なくとも古代の光の神との関連を持っている．この丘には巨石群，古いノートル・ダムの礼拝堂と聖ミシェルの礼拝堂がある．

マネ・リュド　Mané Lud

【ブルターニュ】マネ・リュドは，「灰の塚」という意味である．マネ・リュドは，

（フランス・モルビアン県の）ロクマリアケルにある、通路上の巨石墳墓で、不思議な彫刻で飾られた支柱を含んでいる.

マネ・ルチュアル　Mané Retual

【ブルターニュ】マネ・ルチュアルは、「儀式の塚」という意味である．マネ・ルチュアルは、（フランス・モルビアン県の）ロクマリアケルにある、通路上の巨石墳墓で、謎めいた彫刻を幾つか含んでいる．

マハ　Macha

【アイルランド】マハは、アイルランド神話に現れる3人の女性の名前であるが、実際には1柱の同じ女神が見せる3つの顔である．1人目は、アイルランドの最初の侵略者の1人、ネウェド*（「聖」の意）の妻である．マハは自らの名をアーマー*の遺跡に与えている（Ard Macha「マハの丘」）．

2人目は農民クルンフ*と結婚し、クルンフ*に豊作と富をもたらす妖精として登場する．しかしながらクルンフ*がおこなった無謀な賭のために、マハは、妊娠の身にもかかわらず、アルスター王の馬たちよりも早く走らなければならない．マハはこの試練に成功し、双子を生む（エウィン・ワハ Emain Macha は「マハの双子」という意味で、ウラド人*の首都の名である）が、アルスターの人々に呪いをかける．それは危険が迫ったとき、アルスターの人々が防戦できなくなるというものである．というのもアルスターの男たちは、分娩の苦しみを味わうことになるからである．ただ1人クー・フリン*だけが、この呪いから免れることになる．このマハは、フランス・ポワトゥーの民間伝承が伝えるメリュジーヌ*に大変よく似ている（『クアルンゲのウシ捕り』）．

3人目のマハ（「赤い」マハ）は、権力を簒奪し、エウィン・ワハ*の要塞を建設させる女王である．この人物は、蛇女のメリュジーヌ*のように、ウマと、少なくとも動物との関連を持っているように思われ、またリアンノン*やエポナ*と比較することができる．

マハの葦毛　Gris de Macha

【アイルランド】マハの葦毛は、クー・フリン*のウマのうちの1頭の名前である．アイルランド語ではリアト・マハ（Liath Macha）．

『マビノーギ』　Mabinogi

【ウェールズ】『マビノーギ』（幼な物語）は11世紀から14世紀まで4世紀にわたる写本に書き写された、ウェールズの*神話物語のことである．『マビノーギ』の複数形は『マビノギオン』（Mabinogion）である．

マブツ　Mabuz

【アーサー王（ドイツ）】マブツは、ウルリッヒ・フォン・ツァトツィクホーフェンが著した『ランツェレット*』に現れる「湖の貴婦人*」の息子である．マブツは、イウェレット*による魔法のために囚われの身となっている．ランツェレット*（英語ではランスロット*、フランス語ではランスロ*）は、知らされていない自分の名を教えてもらうために、マブツを解放しなければならない．マブツは、確かにマボン*と同一人物である．

マボナグラン　Mabonagrain

【アーサー王（フランス）】マボナグランは、クレチアン・ド・トロワ（1135頃-85頃）が著した『エレック*とエニド*』（1170頃）に登場する人物であり、ウェールズのマボン*との関連をもっているように思われる．『エレック*とエニド*』は、エニド*を妻に迎えたエレック*が一時的に愛に溺れ、騎士としての本分を忘れるものの、妻を連れた冒険の旅を通じて愛と勇武を再確認する物語であるが、マボナグランは物語の結末近くに見られる「宮廷の喜び」と呼ばれる冒険に登

場する．エレック*は，空気の壁が周りを取り囲む庭園でマボナグランを一騎打ちで破り，掛けられていた魔法を解くのに成功する．この不思議な庭園は，エニッド*の従姉妹にあたる女性が，恋人マボナグランを常に側に置いておくために考案した場所であった．

マポノス　Maponos
【大陸ケルト】マポノスは，ガリアのアポロンの添え名である．マポノスは，モドロン*の息子マボン*と同じ名前である．

マボン　Mabon
【ウェールズ】マボンは，ウェールズの神話上の人物である．マボンは，「生後3日目の夜に」母親モドロン*から誘拐され，カエル・ロイウ*で囚われの身となる．マボンという名は「息子」を意味し，ガリアのアポロンに与えられた異名「マポノス*」の中に認められる．マボンは恐らく，「夜」の不吉な力によって囚われの身になった「朝日」のイメージである．このケースでは，マボンの母モドロン*は，その名が「母なる女神」（ウェールズの「マトロナ」に相当する）を意味することから，太陽女神ということになっている．

マーリン　Merlin
【アーサー王（イギリス）】マーリン（フランス語ではメルラン*，ドイツ語ではメルリン*）は，アーサー王伝説中，最も有名な人物の1人である．マーリンは，史実が伝えるアーサー*の登場後，70年を経て歴史に姿を見せた．実在したマーリンは，スコットランド低地地方にいた北方ブリトン人*たち（デメティア）の小王だった．北ウェールズ王ペレドゥルス軍と，スコットランド王グエンノロウス軍との間に起こった戦闘で，マーリンはペレドゥルス軍の側につくが，この戦いのさなかに3人の兄弟が落命するのを目にしたマーリンは，気がふれて，森の中へ逃げ込み，予言を始めるようになった．

マーリンはすぐさま伝説に取り入れられ，様々な神話的要素がマーリンの上に結晶した．マーリン伝説には，神によって啓示を受けた狂人のテーマ，動物たちの主にして自然の秩序を保つ「野人」のテーマ，生まれてすぐに言葉を話し，未来を読むことができる子供のテーマ，不思議な力をもった魔法使いのテーマが認められる．ロベール・ド・ボロン（1190-1210頃に作品を著す）が韻文で著した作品では，マーリンは男性夢魔（インクブス）の息子であるが，マーリンに過去と未来を知る能力があるのはそのためである．

マーリンは，簒奪王ウォルティゲルン*と対立し，アウレリウス・アンブロシウス*（ウェールズ名はエメリス・ウレディグ）に仕えて助言をし，ウーゼル・ペンドラゴン（フランス語ではユテル・パンドラゴン*）お抱えの相談役にして専属の魔術師となり，ウーゼル*を使ってアーサー*を誕生させ，アーサー*をブリトン人*たちの王と認めさせ，アーサー*が行動をおこせば彼に助言と援助を惜しまず，「円卓」を創設する．

マーリンはいわば，並外れた力を備えた完璧なドルイド僧*であり，インドの伝承におけるミトラ＝ヴァルナという神話上のペアに倣って，社会を支配する運命にある聖なるペアを，アーサー王*とともに形作っている．マーリンはまた，野獣たちと自然の主として，最古のドルイド僧*でもある．

ブロセリアンド*の森で，若きヴィヴィアン*（フランス語ではヴィヴィアーヌ*）に出会い，彼女に恋をしたマーリンは，彼女に自分が心得ている魔法を教える．ヴィヴィアン*は，人の目に見えない城にマーリンを閉じこめてしまう．それ以来2度とマーリンの姿は見られなくなるが，彼の声は依然として聞かれ，それはドルイドの呪文における声の重要性を強調している．

マーリンの名は，ウェールズ*名ミルズィン*（Myrddin）との音声上の接触の結果，恐らくフランス語の「メルル」（Merle，「ツグミ」の意）から生まれた．マーリン伝説は，

12世紀初めにウェールズの学僧ジェフリー・オヴ・モンマス（1170頃-1220頃）によって，アーサー伝承に取り込まれた．マーリンの最終的なイメージに影響を与えた人物の中には，アイルランドのスヴネ*，スコットランドのライロケン*，ウェールズのグウィディオン*を認めることができる．

マルク　Mark

【アーサー王（ウェールズ）】マルクは，コーンウォール*の半ば伝説的な王で，トリスタン*の伯父にあたる．マルクには，動物の姿をした神が認められる．マルクという名は，ブルトン語*，コーンウォール語，ウェールズ語*で「ウマ」を意味する．またトリスタン*伝説ははっきりと，マルクがウマの耳をしていたと伝えており，それはブルターニュ*（古名はアルモリカ）の民間伝承を裏付けている．

　マルクは，いずれにせよ，闇の神である．マルクは，金髪のイズー*が表している「太陽」を囚われの身とする「夜」を象徴している．マルクから「太陽」であるイズー*を奪うのは，「月」つまりトリスタン*である．死者たちの魂を「異界」へと連れていくウマのテーマのために，マルクには，霊魂導師の神を認めることもできる．

　ラテン語で書かれた聖者伝の中には，マルクをコノモール*と混同しているものもあり，マルクに対しマルクス・クノウォルス（Marcus Cunoworus）あるいはマルクス・コノモルス（Marcus Conomorus）という二重の名前を与えている．伝承によりマルクの居城とされるティンタジェル*と，コーンウォールのボドミンとの間にある中世初期の墓石では，マルクはトリスタン*の父とされている．

マルフ　March

【アーサー王（ウェールズ）】マルフは，マルク*のウェールズ名である．

マン島　Man（Île de）

【ケルト】マン島は，アイルランドと大ブリテンの間に位置する島である．マン島への入植の起源は実に古く，ケルト人*とヴァイキングの影響が拮抗している．マン島は，マナナーン*の生まれ故郷である．

ミアハ　Miach

【アイルランド】ミアハの文字通りの意味は「升（桶）」である．ミアハは，トゥアタ・デー・ダナン*の医術神ディアン・ケーフト*の息子の名前である．姉妹のアルウェド*とともにミアハは，ヌアドゥに人工の腕を接合するのに成功し，ヌアドゥは再び王位に就くことができた（『マグ・トゥレドの戦い』）．

ミース（ミー）　Meath（Midhe）

【アイルランド】ミース（アイルランド語の現代語では「ミー」midhe，古語は「ミデ」mide）は，アイルランドの「中央」に位置する王国である．ミースには，アイルランドの宗教および政治の中心であるタラ*の遺跡がある．

「湖の貴婦人」　Dame du Lac

⇨ヴィヴィアン

ミダク　Midac

【アイルランド】ミダクは，ロホラン*（スカンジナビア）の王コルガ*の息子である．ミダクは，フィン・マク・クウィル*によって打ちのめされ，殺められる．フィアナ騎士団*の中に人質として捕らえられたミダクは，長い年月をかけて復讐の準備をし，アイルランドへ謎めいた「世界の王」を彼の援軍として呼び寄せる．フィン*とフィアナ騎士団*は，戦争と妖術の手柄がないまぜになる，この恐るべき対立に勝利する．

ミディル　Mider

【アイルランド】ミディルは，アイルランドの伝承に現れる「異界」の神である．ミディルという名は，「激しい」を意味する．ミディルは，麗しのエーダイン*の夫である．エーダイン*が数々の不幸を経験して再生した後，ミディルは，エオヒド・アレウ*の許へエーダイン*を求めにやってくる．ブリー・レイト*（「灰色の男の塚」の意の巨石塚の名称）にあるミディルの住まいは，「異界」にある妖精の住む宮殿である（『エーダインへの求愛』）．

ミール（の息子たち）　Míl（Fils de）

【アイルランド】ミールの息子たちというのは，タルティウ*の戦いでトゥアタ・デー・ダナン*を敗った，神話時代のアイルランド最後の征服者であったゲール人*のことである（『アイルランド来寇の書』）．

ム

ムルネ　Muirné

【アイルランド】ムルネは、ドルイド僧*タグドの娘、クーアル*の妻で、フィン*の母である．

ムルヘルタハ・マク・エルカ　Muirchertach Mac Erca

【アイルランド】ムルヘルタハ・マク・エルカは、伝説上の王で、伝承によると謎めいた物語の主人公である．その物語（『ムルヘルタハ・マク・エルカの最期』）では、かつてムルヘルタハによって父を殺害された妖精シーンが、魔法を使って復讐を行った結果、ムルヘルタハは、妃や子と衝突し、司祭に破門されたあげくに、心が痛み、自分の館の火事にあって命を落とす．ムルヘルタハが死に至る経緯は、儀式に則ったかのようである．この物語には、サウィン祭*に象徴的に行われる、王の死の儀式が描かれているように思われる．

ムンサルヴェーシェ　Montsalvage

【アーサー王（ドイツ）】ムンサルヴェーシェは、ヴォルフラム・フォン・エッシェンバハ（1170頃-1220頃）が中高ドイツ語で著した『パルチヴァール*』（1210頃）に現れる、漁夫王*の城の名である．ムンサルヴェーシェは、フランス・アリエージュ地方にあるカタリ派の中心地モンセギュール（Montségur）としばしば同一視されてきた．ムンサルヴェーシェとモンセギュールは、意味は異なるが、音がそれとなく近いからである．

メ

メーヴ　Maeve

⇨メドヴ

雌ウシ　Vache

【アイルランド】雌ウシはケルト人*，特に牧畜民であるアイルランド人にとっての聖獣である．財産は雌ウシの群れの数で数えられていた．⇨雄ウシ，「タルウォス・トリガラヌス」

メス・ゲグラ　Mesgegra

【アイルランド】メス・ゲグラは，レンスターの伝説上の王である．メス・ゲグラは，彼から妻を奪った詩人アティルネ*を殺めるが，次にはメス・ゲグラがコナル・ケルナハ*に殺められる．メス・ゲグラの首は，エウィン・ワハ*にある「赤枝*」騎士団の館に晒される（『エーダルの戦い』，『コンホヴァルの最期』）．

メス・ブアハラ　Mess Buachalla

【アイルランド】メス・ブアハラは，エーダイン*の娘で，コナレ大王*の母である（『ダ・デルガの館の崩壊』）．

メドヴ　Medbh

【アイルランド】メドヴは，アイルランドのコナハト（現在のコノート州）の神話上の王妃である．メドヴの夫はアリル*であるが，メドヴひとりで「王権」を掌握している．メドヴの愛人は数知れず，奉仕を受けたいと望む戦士たち全員と，メドヴは喜んで臥所を共にする．メドヴは，堂々とした崇高な「娼婦」を髣髴とさせ，自らが望み通りに操っている「王権」を表している．メドヴの名は，「陶酔」を意味する．メドヴは，アイルランドの叙事物語で重要な役割を演じている（『クアルンゲのウシ捕り』）．

メドゥル　Medru

【大陸ケルト】メドゥルは，碑文に認められるガリアの神で，アイルランドのミディル*と同一人物であるように思われる．

メドラウト　Medrawt

【アーサー王（ウェールズ）】メドラウトは，モードレッド*（フランス語ではモルドレ*）のウェールズ*名である．

「メリダの戦車」　Mérida (Chariot de)

【大陸ケルト】「メリダの戦車」は，（スペインの）メリダで出土した，ケルト＝イベリア時代（前1世紀頃）の祭儀用の戦車で，サン＝ジェルマン＝アン＝レーの国立古代博物館に保管されている．この戦車は，アイルランドとウェールズの*神話物語の中で最も整った伝承に現れる，イノシシ*狩り，とりわけアーサー*によるトゥルッフ・トゥルウィス*狩りを表している．

メリュジーヌ　Mélusine

【フランス】メリュジーヌは，ポワトゥー地方を中心にしたフランスの民間伝承に現れ

水浴びをするメリュジーヌ

る人物で，子孫を支配する（メリュジーヌは富をもたらし，建物を建てる）のと同時に，魔術を司る，ケルトの*古代の女神に対応している．

　メリュジーヌはヘビ*との関連をもち，神話の両性具有者（アンドロギュノス）の残映であるように思われる．メリュジーヌにまつわる秘密は誰にも知られてはならず，それはメリュジーヌが愛する男にも知られてはならない．メリュジーヌに関する禁忌は，彼女にまつわる秘密に由来する．毎週土曜日には，決してメリュジーヌの姿を見てはならないが，その日彼女は，下半身がヘビの姿に戻るのである．民間の伝説では，メリュジーヌはヴィーヴル（vouivre）またはギーヴル（guivre）と呼ばれる大蛇の姿で再び姿を見せる．14世紀末から15世紀初めにかけて，ジャン・ダラスやクードレットによって物語に描かれたメリュジーヌは，リュジニヤン家の始祖に仕立て上げられた．ジャン・ダラスは1393年に散文で『メリュジーヌ物語』を著し，ベリー公ジャンとその姉妹マリーに捧げており，一方クードレットは，パルトゥネの領主ギヨーム・ラルシュベックに命じられて，1401年以降に韻文で『メリュジーヌ物語あるいはリュジニャン一族の物語』を著した．

メルウァス　Maelwas
【アーサー王（ウェールズ）】メルウァスは，メレアガン*のウェールズ*名である．

メルズィン　Myrddin
【アーサー王（ウェールズ）】メルズィンは，マーリン*（フランス語ではメルラン*）のウェールズ名である．

メルラン　Merlin
【アーサー王（フランス）】メルラン⇨マーリン

メルリン　Merlin
【アーサー王（ドイツ）】メルリン⇨マーリン

メレアガン　Méléagant
【アーサー王（フランス）】メレアガンは，クレチアン・ド・トロワ（1135頃-85頃）が著した『ランスロ*あるいは荷車の騎士』（1177-81頃）によれば，「そこから誰も戻ってくることのない国」ゴール国*の王ボードマギュ*の息子である．メレアガンはグニエーヴル*（英語ではグウィネヴィア*）を誘拐し，彼女をゴール国*へ連れていく．王妃グニエーヴル*を解放するのは，ゴーヴァン*（英語ではガウェイン*）とランスロ*（英語ではランスロット*）であり，メレアガンは最終的にはランスロ*によって殺められる．メレアガン（マエロアス*やメルウァス*とも呼ばれる）は，死の神の表象である．

モ

モイ・トゥラ　Moytura
⇨マグ・トゥレド

モグ・ルート　Mog Ruith
【アイルランド】モグ・ルートは，アイルランドの伝承に現れる，神話上のドルイド僧*である．モグ・ルートという名は「運命の輪の僕」という意味であり，そのためにモグ・ルートは，ガロ＝ロマン期の*彫像に描かれている，「車輪をもつ神」，つまりダグダ*と類似している．モグ・ルートは，諸元素に対して驚くべき力を持っている（『レカンの黄書』，『バリーモートの書』）．

モックス　Moccus
【大陸ケルト】モックスは，ときにアポロンと結びつけられる，ガリアの神の名前である．モックスという名は「ブタ」を意味し，それはモックスが，イノシシ*信仰と関連をもつ神であることを示唆している．

モードレッド　Mordred
【アーサー王（イギリス）】モードレッド（フランス語ではモルドレ）は，アーサー*の甥の１人で，アーサー*の不義の息子である．史実によるとモードレッドは，アーサー*と競合する戦闘隊長であったに違いなく，アーサー*の命を奪った．伝説では，モードレッドは闇の力の化身となっている．モードレッドは，裏切りと策略により，権力を奪い取る．モードレッドは，カムラン*の戦いでアーサー*によって殺められるが，モードレッドもアーサー王*に致命傷を負わせている．

モドロン　Modron
【ウェールズ】モドロンは「母なる女神」という意味である．モドロンはウェールズの伝承では，マボン*の母である．モドロンはガリアのマトロナ*に相当するが，モドロンの息子が囚われの朝日のイメージであるという事実は，モドロンが恐らくはケルト人*のいにしえの太陽女神であることを示唆している．

モリーガン（モルリーグまたはモーリーグ）　Morrígan（Morrigu）
【アイルランド】モリーガン（またはモルリーグまたはモーリーグ）は，アイルランドの伝承（『マグ・トゥレドの戦い』，『クアルンゲのウシ捕り』）に現れる女神である．モリーガンは，トゥアタ・デー・ダナン*の一員である．モリーガンは，しばしばハシボソガラス*の姿で登場し，ボドブ*と混同される．モリーガンは，戦士たちを戦いへと駆り立てるが，愛の女神のような存在としても現れる．モリーガンの名は，「偉大な女王」を意味し，アーサー王物語群に現れるモルガン*と同じ神話上のタイプに属している．

モリーギン　Morrígain
⇨モリーガン

モルヴラン　Morvran
【ウェールズ】モルヴランは，ウェールズ

の伝承に現れる，テギド*とケリドウェン*の息子である．モルヴランの名は，「海のカラス*」を意味する．モルヴランは，その醜さで有名であり，敵たちに恐怖を与える．

モルガン　Morgane

【アーサー王】モルガンは，アーサー*の異父姉妹である．マーリン*（フランス語ではメルラン*）の弟子となったモルガンは，恐るべき力を持った妖精になる．モルガンは，グウィネヴィア*（フランス語ではグニエーヴル*）を憎んでいたが，ランスロット*（フランス語ではランスロ*）に恋をしており，ランスロット*をしつこく追い回した末，ランスロット*に仕返しをする．モルガンは，「帰らずの谷*」に魔法をかけ，兄弟のアーサー*に対して陰謀をたくらむ．しかしながら，アーサー*がカムラン*の戦いで致命傷を負うと，モルガンは，自らが支配しているアヴァロン島*へアーサー*を運び，アーサー*はそこで「永眠」する．

いにしえの伝承は事実，モルガンを「女たちの島」の支配者にしている．「女たちの島」は，「異界」のケルト*像であり，そこでモルガンは9人の姉妹に囲まれている．姉妹たちは，嵐を起こしたり鎮めたりすることができ，自ら鳥に変身する力を備えており，また病気も悲しみも老いも死も無縁な国にいるため，常に愛想のよい性格である．

モルガンという名前は—古仏語の主格では時にモルグ（Morgue）となる—「海から生まれた」を意味するブリトニック語 Morigena に由来する．とすればモルガンは，大洋と関連した神を指すことになる．しかしモルガンの名はまた，「偉大な女王」を意味するゲール語*モリーガン（Morrigane）（主格ではモリーグ Morrigu）と比較することもできる．

モルガンは，ウェールズ本来の伝承には見あたらず，12世紀になってようやく，ウェールズの学僧ジョフリー・オヴ・モンマス（1100頃-55頃）がラテン語で著した『マーリン伝』（1148-55）に現れる．それに対し，フランスの民間伝承ではモルガンは，ムルグあるいはモルゴンの名で広範に流布していた人物である可能性が高く，地名，特に泉の名前にこの名が認められる．

モルガン・ティッド　Morgan Tut

【アーサー王（ウェールズ）】モルガン・ティッドは，アーサー*王の医師と言われる人物である．モルガン・ティッドは，クレチアン・ド・トロワ（1135頃-85頃）が著した物語『エレック*とエニッド*』（1170頃）のウェールズ語*版『ゲライント*の物語』という作品にだけ登場する．

モルガン・ミンスコタハ　Morgan Minnscotach

【アイルランド】モルガン・ミンスコタハは，怪物に満ちあふれた不思議な国の王で，コン*の息子アルト*が，アイルランドへ連れてこなければならない，若い娘デルヴハイン*の父である（『コンの息子アルトの冒険』）．

モルドレ　Mordret

【アーサー王（フランス）】モルドレ⇨モードレッド

モルナ（一族）Morna (Clan de)

【アイルランド】モルナ一族（親族集団・クラン）は，クーアル*とフィン*の一族と競合関係にある．

モロルト　Morhort

【アーサー王】モロルトは，トリスタン*伝説に現れるアイルランドの巨人で，トリスタン*によって殺される．モロルトは，アイルランド王妃の兄弟で，イズー*の伯父にあ

モン＝サン＝ミシェルの景観

たる．モロルトは，恐らくフォウォレ族*にまつわる伝承を受け継いだ人物である．

モーン　Môn

【ウェールズ】モーンは，ウェールズ*の北西に位置する，アングルシー島*のウェールズ名で，ラテン語のモナ（Mona）に相当する（カエサル『ガリア戦記』第5巻13節を参照）．モーンはタキトゥスの『年代記』第14巻29-30節によると，ドルイドの偉大な聖地で，1世紀にパウリヌス・スエトニウスが率いるローマ軍によって，そこを守っていたすべてのドルイド僧*とともに破壊された．カエサルの『ガリア戦記』第6巻によると，ドルイディズム*（ドルイド教の教義）はまずブリテン*島で発見され，その後ガリアに移入されたと考えられることから，モーンは，ドルイディズム*の中心地であった可能性もある．

モン＝ガルガン　Mont Gargan

【フランス】モン＝ガルガン（「ガルガン山」の意）は，フランス中部リムーザン地方にあるコレーズ県に位置する小さな山で，ガリアの巨人神ガルガン*の名をとどめている．

モン＝サン＝ミシェル　Mont Saint-Michel

【フランス】モン＝サン＝ミシェル（「聖ミシェル（ミカエル）山」の意）は，西欧の伝承に現れる聖地である．聖ミシェルの庇護は，竜*に代表される「闇」の力に抗する，「光」の神についての実に古い信仰を示唆している．モン＝サン＝ミシェルの旧名はモン＝トンブで，恐らくトンブレーヌ*，すなわち「ベレノス*の塚」であった．しかしながらこの名前は，隣接する小島にあてられてしまった．

モン=サン=ミシェルは，暴虐な巨人，ガルガンチュア*，マーリン*（フランス語ではメルラン*），そしてアーサー王*に関する，複雑な諸伝承の中心地である．しかしながら，同じ名前を持った場所は他にも存在する．例えば，（フランス・フィニステール県の）サン=ミシェル=ド=ブラスパール，（大ブリテンの）コーンウォール岬にある，ペンザンス近郊の聖マイケル=マウント，さらにはアイルランドのケリー沖合にあるスケリッグ=マイクル（アイルランド語名でシュケリグ=ヴィーヒール）が挙げられる．これらの場所にはすべて，複数の礼拝堂あるいは修道院が建てられており，「光」の神に捧げられた古代の聖地となっている．

モンガーン　Mongân

【アイルランド】モンガーンは，アルスターの伝説の王である．複数の物語によると，モンガーンは，マナナーン*神を父とし，フィン・マク・クウィル*の生まれ変わりであったとされる．妻が他の王に誘拐されたため，モンガーンは自らの呪力を使って，何とか妻を取り戻す（『モンガーンの誕生とモンガーンのドゥヴ・ラハへの恋』）．

モンギン　Mongfhinn

【アイルランド】モンギンは，古代の女神を髣髴とさせる．モンギンは，アイルランドの伝承に現れる女妖術師で，11月1日のサウィン祭*の晩に亡くなった．

ヤ・ユ・ヨ

「約束の地」 Terre de promesse
【アイルランド】「約束の地」は，アイルランドの物語で「異界」を表すのによく用いられている呼称である．⇨シード（異界）

ヤドリギ Gui
【ケルト】ヤドリギは，ケルト人*の間では聖なる植物である．大プリニウス（23-79）によると，ドルイド僧*は，儀式的な祭儀の間に，カシの木あるいは象徴的にカシの木と考えられた全く別の木の上で，金の鎌を使ってヤドリギを刈り取っていた．同じくプリニウスによると，ヤドリギは，「万能薬」としての「魔法の水薬」のようなものを作るのに使われていた．この観念は，実に長きにわたって，ブルターニュ*（古名はアルモリカ）の民間伝承のなかに維持されていた．象徴的にみるとヤドリギは，力の象徴である．カシの木の上で力を蓄えるため，人間たちに与えられた，神のエネルギーを集める可能性を表している．神のエネルギーは樹液，従って神の血によって伝えられているが，これは聖杯*のテーマに通じるものである．⇨カシの木

ユテル・パンドラゴン Uther Pendragon
【アーサー王（フランス）】ユテル・パンドラゴン⇨ウーゼル・ペンドラゴン

ユリアン Urien
【アーサー王（フランス）】⇨ウリエン

「妖精の地」 Terre des fées
【アイルランド】「妖精の地」は，女たちが支配している至福の島，エウィン・アヴラハ*の別の呼称である．⇨シード（異界）

夜の船（ベッグ・アン・ノーズ） Bag ann noz
【ブルターニュ】ビザンティンの歴史家，プロコピオス（490/507-562頃/565）によれば，「夜の船」（ベッグ・アン・ノーズ）とは，夜間に死霊を運ぶ小船のことである．謎の声が近くの漁師たちにこう告げる．死霊が死者の島へ行けるようにこの小船を「ブリテン島*のほうへ」漕いで行かなければならないのだと．昔からあったこうした民間信仰は，ブルターニュ*（古名はアルモリカ）のほとんどの沿岸地帯，とくにシザン岬とモルビアン湾のあたりで保存されてきた．

ラ

ライロケン　Laïloken

【スコットランド】ライロケンは、『聖ケンティゲルン伝』に現れる、半ば気がふれた哀れな放浪人の名前である。聖ケンティゲルン（518頃—603）は、6世紀末にスコットランドで福音を伝えた聖人の1人である。ライロケンというこの奇妙な人物は、森で生活し、動物たちの言葉を操り、予言を行う。12世紀にジェフリー・オヴ・モンマス（1100頃-55頃）は、自著『マーリン*伝』（1148-55）の中で、「円卓物語」に馴染みの「魔法使いマーリン*（フランス語ではメルラン*）」の先駆けとなる、占者マーリン*を「仕立てあげた」が、その際にライロケンが、少なくとも部分的には、占者マーリン*のモデルとして用いられた可能性が充分にある。

ラウディーネ　Laudine

【アーサー王（ドイツ）】ラウディーネは、ハルトマン・フォン・アウエ（1165頃-1210頃）が著した『イーヴェイン*』（1205）のヒロインの名で、クレチアン・ド・トロワ（1135頃-85頃）が著した『イヴァン*または獅子の騎士』（1177-81頃）のヒロインであるローディーヌ*に対応する。

ラヴリド　Labraid

【アイルランド】ラヴリドの文字通りの意味は「話をする人」である。ラヴリドの名は、アイルランドの神話物語に現れる、複数の人物につけられている。とくにタラ*の至高の王座をつくったとされる、レンスターの神話上の王が挙げられる。「ラヴリド」（labraid）という語は元来、トゥアタ・デー・ダナン*の一員である、雄弁の神の名前オグマ*に冠せられた、単なる添え名であった可能性がある。オグマ*は、「オガム」と呼ばれる文字を発明したとされる怪力の巨人である。

ラヴリド，素速き剣捌きの　Labraid main sur épée

【アイルランド】「素速き剣捌きの」ラヴリドは、謎めいた「約束の地*」にいた、トゥアタ・デー・ダナン*の長の1人の名前である。『クー・フリン*の病』と題する物語の中で、ラヴリドはリー・バン（あるいはリヴァネ*）という女性の夫であると言われている。リー・バンは、マナナーン*の妻になる、アイド・ラヴラド*の娘で、ファン*に仕える侍女の1人である。『コン*の息子アルト*の冒険』と題する物語では、ラヴリドは、呪われた妖精ベー・フマ*（ベーフナ・クネシュゲル）の父である。アイルランドにベー・フマ*が王の妾として居座る限り、王国は不毛になるのだった。

ラ・テーヌ　La Tène†

【大陸ケルト】ラ・テーヌ遺跡は、スイスのヌシャテル湖畔にあり、1857年に発見された大陸ケルト人*の居住地である。ヨーロッパの鉄器時代は、前期がハルシュタット*文化（前8世紀—前5世紀以前）、後期がラ・テーヌ文化（前5世紀—前1世紀）に分かれる。さらにこのラ・テーヌ文化を4期に大別するのが普通である。いずれにせよ、ケルト人*の勢力分布は、ラ・テーヌ期に現在

「剣の橋」を渡るランスロット
フランス，カン，サン＝ピエール教会

のオーストリアを中心にしたハルシュタット*文化圏を拡大させて，西はセーヌ川の支流マルヌ川からブルターニュ半島，南はスイスのラ・テーヌを超えて北イタリア，東は小アジア，さらに海を超えてイギリス，アイルランドまで伸びることになる．出土品は剣，楯などの武具，首環*（トルク*），腕輪，ブローチ*（フィブラ*）などの装飾品，貨幣*などの金属工芸が主流で，セーヌ川の水源からは木偶も発見されている．ケルト美術の特徴は，螺旋，渦巻き，曲線文様で，反自然主義的な傾向が強く，変容する文様を通して生命の躍動を伝える．カエサルのガリア侵攻で，ラ・テーヌ文化は幕を閉じる．

ランスロ，湖水の　Lancelot du Lac
【アーサー王（フランス）】湖水のランスロ
⇨ランスロット

ランスロット　Lancelot
【アーサー王（イギリス）】ランスロット（フランス語ではランスロ*）は，アーサー*の騎士たちの中で最も有名である．ブルターニュ*（古名はアルモリカ）で生まれたランスロット伝説は，クレチアン・ド・トロワ（1135頃-85頃）によって1160年頃，アーサー*伝説に加えられた．ランスロットは，ウェールズに伝わる本来のアーサー伝承には決して姿を見せない．ランスロット伝説の本来の版は，12世紀末にウルリッヒ・フォン・ツァトツィクホーフェンが中高ドイツ語で著した『ランツェレット*』の中に保存されている．『ランツェレット*』は，フランス語で著された失われた作品を翻案したものである．

後の物語作品では，ランスロットは，ベノイックのバン*王の息子である．まだ幼なかったランスロットは，水の妖精である「湖の貴婦人*」，つまりヴィヴィアン*（フランス語ではヴィヴィアーヌ*）によって誘拐され，彼女がランスロットの教育を引き受ける．アーサー*の宮廷にやってきたランスロットは，王妃グウィネヴィア*（フランス語ではグニエーヴル*）に恋し，主君アーサー*への忠誠心に劣らずグウィネヴィア*のためにも，並外れた数々の武勲を立てる．ランスロットは，自分の犯した（姦淫の）罪のために，聖杯*

の探索に失敗するが，ランスロットが漁夫王*の娘との間にもうけた息子ガラハッド*（フランス語ではガラアド*）が，聖杯*の発見に成功する．

アーサー*の後継者とみなされていたランスロットは，グウィネヴィア*と，彼女との関係が原因となった醜聞のせいで，アーサー王世界から離れざるをえなくなる．ランスロットは，親族集団（クラン）の者たちとともに，アルモリカ（現在のブルターニュ*）へ戻るが，それによってアーサー王世界は弱体化してしまう．カムラン*の戦いに参戦しなかったランスロットは，モードレッド*（フランス語ではモルドレ*）の息子たちを虐殺してアーサー*の仇を取る．

最近出された説の中には，湖水のランスロットのうちに，6世紀の隠者，聖フランボーあるいは聖フランブールを英雄として描いた姿を認め，ランスロットの故郷として，聖フランボー信仰が広範に行き渡っている，メーヌ地方とノルマンディーの境界にあるパセ（ドンフロンおよびラセ地方）を想定する説がある．

本名をガラハッド*という湖水のランスロットは事実，単に宮廷風礼節をわきまえた騎士の鑑であるばかりか，古代のケルトの*神，恐らくはルグ*神を英雄の形にした姿でもある．ランスロットはまた，アイルランドの英雄クー・フリン*とも多くの共通点を持っている．ランスロットは，異邦人である以上，アーサー*の王国の一員ではない．しかしながら，アーサー*の王国は，ランスロットなしでは存続できない．そのためにランスロットという人物は，アイルランドの伝承に

現れる「あらゆる技芸に通じた」ルグ*に代表される，「全能の」神のような存在になっている．

ランツェレット　Lanzelet

【アーサー王（ドイツ）】ランツェレットは，ウルリッヒ・フォン・ツァトツィクホーフェンが（12世紀末に）中高ドイツ語で著した『ランツェレット』に現れる，湖水のランスロット*（フランス語ではランスロ*）に相当する人物の名前である．このドイツ語版は，種本となる「あるフランス語の本」（welches buoch）の，いわゆる翻案作品であるが，アルモリカのブルトン語*で著された，紛れもないランスロット*伝説のモデルに由来する，古い図式を映し出している可能性が充分にある．

ランヌ　Lann

【ブルターニュ】「ランヌ」（lann）は，アルモリカのブルトン語*の総称語で，フランス語の「ランド」（lande，「荒れ地」の意）に相当する．しかし「平面」（plan）という語を生んだ，インド＝ヨーロッパ語の語基に由来する「ランヌ」（lann）の第一義は意味を変えて，荒れ地に生える棘のある植物「ハリエニシダ」（ajoncs）を指すようになり，ついでブルターニュ*（古名はアルモリカ），コーンウォール，ウェールズ*で，多くの司教区の名のもとになった呼称「荒れ地にある庵」という意味になった．ウェールズ語*で「ランヌ」（lann）に対応するのは「スァン」（Llan）であるが，「スァン」も同じ意味上の変化を受け，教会を指すことが多い．

リ

リア・ファール　Lia Fáil

【アイルランド】リア・ファールは,「ファールの石」つまり「運命の石」という意味である．リア・ファールは,アイルランドの象徴的な中心地タラ*の丘にそびえていた．この石は,アイルランドの至高の王たちの即位に使われていた．つまりリア・ファールは,将来王になる者がそこに腰掛けると,叫んで新王の即位を宣するのだった．聖杯*伝説に現れる「危険な座席」のうちに,リア・ファールの残映がみられる．リア・ファールからヤコブの石が作られ,さらにこの石の断片は,スコットランドの王が戴冠のときに使う石,「スクーンの石」となった．アイルランドの王たちはみな,聖なる石の上で即位してきたが,キャシェルではいまなお,マンスターの王たちの戴冠石を目にすることができる．この石は,聖パトリック*の十字架の土台に使われている．⇨「ファールの石」

リアンノン　Rhiannon

【ウェールズ】リアンノンは,『マビノーギ*』(幼な物語)第1話および第3話に現れるウェールズのヒロインである．リアンノンという名は,「偉大な王妃」を意味する「リガントナ」(Rigantona)に由来している．

リアンノンは,騎手として登場する．リアンノンは自らプイス*を夫に選ぶ．リアンノンの息子プリデリ*は,生まれてすぐにリアンノンから連れ去られる．子供の失踪を招いたとして咎められたリアンノンは,夫の城塞アルベルスの館に赴く訪問者たちを皆,背に負って運ぶように強いられる．リアンノンは,したがって古代の雌ウマの女神を髣髴させ,リアンノンをガロ＝ロマン期の*女神エポナ*と比較することができる．別の話では,プリデリ*とリアンノン*は,魔法によって駄獣に変えられるが,それはリアンノンの雌ウマとしての側面をなお一層強調している．

リアンノンは不思議な鳥を持っているが,その鳥の囀りは生者たちを眠らせ,死者たちを目覚めさせる．また鳥たちの女神としてリアンノンは,有名な「ゴネストロップの大釜*」にも描かれている．リアンノンは,オック語(南仏方言)で書かれた物語『ジャウフレ物語』ではブリュニッセン*の名で再登場する．

リヴァネ　Libane

【アイルランド】リヴァネは,イス*の町の伝説に似た,アイルランドの奇妙な物語のヒロインである．リヴァネはただ1人,町を襲った洪水を免れ,洗礼を受けるまでは水の精の姿になっている．リヴァネは,ダユー*と同じ神話上の人物である．

リヴァノンヌ　Rivanone

【ブルターニュ】リヴァノンヌは,ブルターニュ*(古名はアルモリカ)の聖者伝承に現れる,聖ヘルベの母である．盲目のエルベは,バルド*(詩人)たちの守護聖人である．リヴァノンヌは奇妙な振舞を見せるが,そのためにウェールズの『マビノーギ*』(幼な物語)に登場するリアンノン*に対応する人物と考えられている．リヴァノンヌという名は恐らく,リアンノン(Rhiannon)の名と同じ語基に由来している．

リオネス　Lyonesse

【ウェールズ】リオネスは，コーンウォール州西部の港湾都市ペンザンスの沖合にある，津波に呑み込まれて水没したとされる国に，コーンウォールの伝承が与えている名前である．この国の中で水没を免れて残ったのはただ，シリー諸島だけであるとされる．この同じ伝承によると，このリオネスの国は，フランスの物語によると，「レオノワ出身」または「ローノワ出身」と言われる，トリスタン*の故郷とされている．

リオネル　Lionel

【アーサー王（イギリス）】リオネル⇨リヨネル

リタ・ガウル（巨人リタ）　Ritta Gawr

【ウェールズ】リタ・ガウル（巨人リタ）は，ウェールズの伝承に現れる巨人で，アーサー王物語の中では様々な名で姿を現している．

リタナ　Litana

【大陸ケルト】リタナは，ガリア・キサルピナ（北イタリア）に位置する森である．ティトゥス・リウィウス（前59頃-後17頃）によると，そこでは執政官ポストゥミウスとその軍隊は，ガリア人が落下させた木々によって押し潰されて，息絶えたという．これは，タリエシン*（6世紀）の作とされるウェールズの*詩篇『カット・ゴザイ』（木々の戦い）が報告している，「植物の戦い」というケルト*神話を歴史化したものである．

リデルフ・ハイル　Rydderch Hael

【ウェールズ】リデルフ・ハイル（寛大なリデルフ）は，ウェールズの伝承に現れる人物で，中身が尽きることのない小鉢を持っている．

竜　Dragon

【ウェールズ】竜は架空の動物で，多かれ少なかれヘビ*と混同される．ウェールズの伝承で「ペン・ドラゴン」（竜の頭）といえば，評価の高い添え名である．しかし，同時に竜は，大地の力も象徴している．

リュネット（リネット）　Lunette (ou Luned)

【アーサー王（フランス・ウェールズ）】リュネット（ウェールズ語ではリネット）は，クレチアン・ド・トロワ（1135頃-85頃）が著した『イヴァン*または獅子の騎士』（1177頃-81頃）および，そのウェールズ語*版『オウァイン*の物語』に現れる，「泉の貴婦人*」ローディーヌ*の侍女である．リュネットは，実際は，超自然的な力を備えた妖精であり，愛と魔術を司る古代の女神を髣髴とさせる．

リヨネル　Lionel

【アーサー王（フランス）】リヨネル（英語ではリオネル*）は，ボオール*（英語ではボールス*）の兄で，ゴーヌのボオール*（英語ではボールス*）の息子であり，湖水のランスロ*（英語ではランスロット*）のいとこにあたる．「円卓の騎士」の一員であるリヨネルは，ボオール*とともに，ランスロ*がリーダーとなっている「アルモリカ人たちの親族集団（クラン）」と呼ばれた一団に属している．

リル　Lir

【アイルランド】リルは，アイルランドの伝承に現れる，一連の神々の父で，子供の中にはマナナーン*がいる．リルは，海と関連した神であるが，海神ではない（『リルの子供たちの最期』）．

リンゴ　Pomme

【ケルト】リンゴはケルトの*伝承では最も典型的な果物である．フランス語では，（ラテン語の「ポムス」pomus に相当する）「フリュイ」(fruit，「果物」の意）という語が，文字通り「リンゴ」を意味する語（ラテン語の「マルム」malum，ブルトン語*とウェールズ語*の aval，アイルランド語の abhal）の位置を占めたことに注意しなければならない．象徴的にみると，リンゴは「知恵」と永遠の「生命」の果物である．

リンゴの木　Pommier

【ケルト】リンゴの木は，ケルト人*にとっての聖樹である．神々，妖精たち，英雄たちが住んでいる天国のような不思議な島（「インスラ・ポモルム」(Insula Pomorum，「果樹の島」の意）は，年中実がなっているリンゴの木に常に覆われている．これはアヴァロン島*の神話である．

ル

ルアネ　Luaine

【アイルランド】ルアネは，トゥアタ・デー・ダナン*の一員であるドワンヘンの娘である．コンホヴァル*王が彼女を妻に迎えたいと望んだ．ルアネは，詩人アティルネ*によって「諷刺」され，アティルネ*が彼女にかけたゲシュ*（魔法の呪文）のために亡くなる．ルアネの死は当然，一連の復讐劇を生んだ．

ルギド　Lugaid

【アイルランド】ルギドは，クー・ロイ・マク・ダーリ*の息子である．ルギドは英雄クー・フリン*を殺めるが，それはクー・フリン*が殺めた父の仇を取るためだった．ルギドの父の死は，父の妻の裏切りが招いたものだった．それに続いてルギドも，クー・フリン*の戦友コナル・ケルナハ*によって殺められることになる．ルギド（Lugaid）の名が，ルグ*（Lug）の指小辞であることに注意しなければならない．

ルギド，金髪の　Lugaid le Blond

【アイルランド】「金髪の」ルギドは，クー・フリン*の，養子の1人の名前である．

ルグ　Lug

【アイルランド】ルグは，アイルランド神話で最も偉大な神である．ルグは，至高神ではないが，鍛冶師，戦士，堅琴奏者，詩人，魔術師，医師など，1人であらゆる仕事をこなせるため，「全能の」神である．ルグは事実，「サウィルダーナハ」（Samildanach），つまりあらゆる技芸に秀でた者である．ルグは，カエサル（前100-前44）が述べているガリアのメルクリウスにあたり，ルグの名は，ヨーロッパの数多くの町に痕跡を残している．例えばリヨン（Lyon），ルーダン（Loudun），ラン（Laon），ライデン（Leyde），ライプツィヒ（Leipzig）の名が挙げられるが，いずれも「ルグドゥヌム*」（Lugdunum），つまり「ルグの城塞」から派生している．

ルグは，父親キアン*を介してトゥアタ・デー・ダナン*の一員であるが，母親エトネ*を介してフォウォレ*族の一員でもある．マグ・トゥレド*の第2の戦いの際には，ルグは，トゥアタ・デー・ダナン*の頭と認められ―しかしながら彼らの王としてではない―，そしてルグの実の祖父にあたる，邪眼のバロル*を殺めることによって，トゥアタ・デー・ダナン*を勝利へ導く．

ルグは，複数の幻想的な冒険譚の主人公である．伝承によればルグは，英雄クー・フリン*の実の父である．ルグという名は，「白い，輝かしい」と同様に「ワタリガラス*」も意味するインド＝ヨーロッパ語に由来する．ところでワタリガラス*は，ルグとの関連があると思われる．

クー・フリン*と湖水のランスロット*（フランス語ではランスロ*）には，ルグを英雄化した側面が認められてきたが，それは充分にあり得ることである．ルグにしばしば冠せられている添え名「ラーウファダ（長い手の）」（lamfada）は，ランスロット*を思わせる．さらに，ルグは，「異邦人」でありな

がら，彼がいなければ王国は存続できない．ルグには，太陽の側面があるものの，「太陽」神ではない．「太陽」神の機能は，ケルト人*の間では女性が受け持っている．

ルグドゥヌム　Lugdunum (ou Lugudunum)

【大陸ケルト】ルグドゥヌムは，「ルグ*の城塞」を意味する，より古いガリアの地名をガロ＝ロマン語で綴ったものである．ルグドゥヌムはなかでも，リヨン（Lyon），ラン（Laon），ルーダン（Loudun），ライデン（Leyde），ライプツィヒ（Leipzig）にその名を与えた．

ルグナサド（祭）（ルナサ） Lugnasad（Lugnasa）

【アイルランド】ルグナサド（ルナサ）は，8月1日に行われる，異教的なケルトの*大祭である．ルグナサドは，ルグ*とアイルランドの大地との結婚を寿ぐものである．現在のゲール語*でも，8月はいまでも「ルナサ」（lugnasa）と言われている．「民間伝承にみられる」数多くの祭りは，異教時代のアイルランドに始められたこの重要な祭儀の残映である．

ルーネテ　Lunete

【アーサー王（ドイツ）】ルーネテは，ハルトマン・フォン・アウエ（1165頃-1210頃）が著した『イーヴェイン*』（1205）に登場する，ラウディーネ*に仕える侍女である．ルーネテは，クレチアン・ド・トロワ（1135頃-85頃）が著した『イヴァン*または獅子の騎士』に登場するリュネット*に対応する．

レ

レヴォルハム　Leborcham (Levorcham)

【アイルランド】レヴォルハムは，アルスター物語群に属するアイルランドの叙事詩に現れる，コンホヴァル*王の女使者である．レヴォルハムという名は，「すらりとした跛行の女」という意味である（『ウシュリウの息子たちの流浪』）．

レプラコーン　Leprechaun

【アイルランド】レプラコーンは，アイルランドの民間伝承が小人，リュタン（いたずら好きの小妖精），夜の精霊に与えている名前である．レプラコーンは，ブルターニュ*のコリガンたち*に相当する．

レンダヴィル　Lendabair

【アイルランド】レンダヴィルは，アルスター物語群の叙事詩に現れるクー・フリン*の戦友ロイガレ・ブアダハ*の妻の名前である．

レンヌ　Lênn

【ブルターニュ】「レンヌ」(lênn)は，「湖」を意味するアルモリカのブルトン語*である．全ての湖には，それぞれにまつわる伝説と起源神話がある．すなわち水中に「異界」が存在するという話である．それは「湖の貴婦人*」，言い換えればヴィヴィアン*（フランス語ではヴィヴィアーヌ*）の不思議な宮殿にあてはまる．「湖の貴婦人*」は，幻想的で聖なるこの水中世界で，将来湖水のランスロット*（フランス語ではランスロ*）となる少年を育てる．しかしながら，アイルランドの叙事詩とウェールズの*民話には，不思議な王国を隠している湖の描写が多く見られる．⇒スィンとロック

ロ

ロイガレ　Loégairé

（現代英語の綴りではLarryまたはLeary）
【アイルランド】ロイガレは，アイルランドの叙事物語に現れる複数の英雄の名前である．ロイガレは，ニアル*の息子，アイルランドの至高の王の名前でもある．ニアル*の息子ロイガレは，アイルランド王がタラ*の丘で灯すベルティネ祭*の火に先だって，432年に聖パトリック*が，スラーネ*の丘で復活祭の火を灯した頃に活躍した王である．パトリック*の予言を信じようとして，ロイガレ王はパトリック*に，英雄クー・フリン*を登場させるように頼んだ．魔術に長けていたパトリック*はそれに成功し，姿を見せたクー・フリン*が王にこう言ったと伝えられている．地獄で一晩すごすだけでもその辛さは，彼が一生涯自分で耐え忍ばなければならなかった戦いをすべて合わせた場合よりも大きかったと．

ロイガレ，クリムサンの息子　Loégairé, fils de Crimthann

【アイルランド】クリムサンの息子ロイガレは，奇妙な物語の主人公である．その物語の中ではロイガレが，湖の下に領土が広がる，「異界」の王のもとへ助けに赴くのが見られる（『ロイガレの冒険』）．

ロイガレ・ブアダハ　Loégairé Buadach

【アイルランド】ロイガレ・ブアダハ，つまり「勝利のロイガレ」は，クー・フリン*の戦友であり，またライバルでもある．ロイガレは，「赤枝*」と呼ばれる戦士団に属し，アルスター物語群に属する叙事物語に登場する英雄の1人である（『ロイガレ・ブアダハの最期』）．

ロイグ　Loëg

【アイルランド】ロイグは，アルスター物語群に属する叙事物語に現れる，リアンガヴァルの息子で，英雄クー・フリン*の御者である（『クアルンゲのウシ捕り』，『クー・フリンの病』）．古代アイルランド人は，ウマにのって戦うことはせず，2頭のウマが引っ張り，1人の御者が操る戦車にのって戦った．戦いの途中で，戦士は戦車から飛び降りて，地上で敵と戦うことができた．一方御者は戦車を半回転させて，通りがけに戦士を拾いあげて，戦士をより遠くへ運んでいった．クロンマクノイズ*修道院中庭にある，実に有名な遺跡の1つ，聖書の十字架の台座には，戦車にのって戦うこの習慣が描かれている．

ロクペルテューズ　Roquepertuse

【大陸ケルト】ロクペルテューズは，（フランス，ブーシュ＝デュ＝ローヌ県の）ヴローにあるケルト＝リグリア時代の聖所である．「切られた首*」の頭蓋骨がはめ込まれた門柱や，双頭の神などを含む儀式上の品々は，マルセイユのボレリー博物館に保管されている．

「ロスのイチイ*」　Ross（If de）

【アイルランド】「ロスのイチイ*」は、アイルランドの伝承に現れる最古の樹である。このイチイ*になる果物を食べると、完璧な知識が得られたと言われる。

ロスメルタ　Rosmerta

【大陸ケルト】ロスメルタは多産と豊穣を司るガリアの女神で、その名は「偉大な恵みの女神」を意味する。

ロック　Lough

⇨ロッホ

ロック・クルー　Lough Crew

【アイルランド】ロック・クルーは、ゲール語*で、ミース*州にあるシュリアヴ・ナ・カリーに相当する。ロック・クルーは、百ほどもあるケルン*（積石塚）を含む、大規模な巨石墳墓をなす囲い地である。その大部分には、いまもなお謎のままである、記号や図像を彫りつけられた支柱がある。

ロット　Loth

【アーサー王（イギリス・フランス）】ロット（ドイツ語ではロート*）は、「円卓物語」に現れる、アーサー*王の義理の兄弟である。ロットは、アーサー*の妹であるアンナ*（幾つかの原典ではモルゴースとも呼ばれているが、モルガン*ではない）の夫であり、アーサー王*のお気に入りの甥ガウイン*（フランス語ではゴーヴァン*）の父である。（ウェールズの*原典ではしばしば Llwch と転記される）ロットは、オルカニー*の王と言われている。架空の国と考えられているオルカニーは、恐らくオークニー諸島（Orkney）という地名を移し替えたものである。このオルカニーという名前には、民話の人喰い鬼にあたる、有名なオルクス（Orcus）が認められる。オルクスは、ガリアのテウタテス*とフランスの伝承に現れるガルガンチュア*に他ならない。

ロッホ　Loch

【アイルランド・スコットランド・ブルターニュ】「ロッホ」（loch）は、ゲール語*の「ロック」（lough）に対応する英語綴りである。アイルランドの南部と中部では、「ロッホ」は湖を指している。アイルランド北部とスコットランドでは、「ロッホ」は河口という意味になり、アルモリカのブルトン語*（およびウェールズ語*）の aber に相当する。「ロッホ」は、聖なる場所で、その周りには数多い伝説が跋扈している。中でも「ネス湖の怪物」の伝説は有名である。ブルターニュ*（古名はアルモリカ）では、「オーレー川」という名をもつ小さな沿岸河川が、上流では「ロッホ」と呼ばれている。

ローディーヌ　Laudine

【アーサー王（フランス）】ローディーヌは、クレチアン・ド・トロワ（1135頃-85頃）が著した『イヴァン*または獅子の騎士』（1177頃-81頃）に登場する「泉の貴婦人」、言い換えればバラントン*の泉を所有する女城主である。ローディーヌは、決闘で前夫を殺めたイヴァン*と再婚する。ローディーヌは、古代の泉の女神を髣髴とさせる。

ロート　Lot

【アーサー王（ドイツ）】ロート⇨ロット

ロナン　Ronan

【ブルターニュ】ロナンは、ブルターニュ*（古名はアルモリカ）の聖者伝承に現れる聖者で、（フランス・フィニステール県の）ヌヴェの森に身を落ち着けた隠者である。ヌヴェ（Nevet）の名は「ネメトン*」（nemeton,「聖なる空き地」の意）に由来している。聖ロナンは、神話上のいにしえのドルイド僧*をキリスト教化した存在であると思われる。

ロホラン　Lochlann

【アイルランド】ロホランは、アイルラン

ドの伝承に現れる，神話上の鍛冶師の名前である．ロホランの娘クルイティン*には，英雄フィン・マク・クウィル*の妻となっていた時期がある．

ロホラン　Lochlann

【アイルランド】ロホランは，ゲール語*の古写本がスカンジナビアに与えている名前で，ウェールズ語*のスェッフリン*に対応している．しかしながら，大抵の場合，ロホランは，神の創造を否定していた，有名なフォウォレ族*に代表される，怪物の住む地獄のような場所を指している．なぜなら，「不吉な」方角である北方は，寒冷の国であり，何者も住んでいない国だからである（ロホランは，「寒い地獄」を意味するアルモリカのブルトン語*「イフェルヌ・イエーヌ」（Ifern yên）と比較することができる）．いずれにせよ，アイルランドでは明らかに，スカンジナビア人は，暗く謎めいた地方の住人と同一視されていた．ヴァイキングは，ゲール人*にとっては，「黒い」人々である．

ワ

ワタリガラス　Corbeau

【ケルト】ワタリガラスは，ケルト人*の象徴的で神聖な動物である．リヨン（ルグドゥヌム）の創建伝説によれば，ワタリガラスはルグ*神の鳥のようだ．ウェールズの英雄ブラン・ベンディゲイド*（「祝福されたブラン*」の意）もその名は「ワタリガラス」を意味する．この鳥は，過去と未来を予測できた．ガリア人は，ワタリガラスの飛ぶ方向によって予言した．⇨ハシボソガラス

ケルト文化案内

ケルト神話概説―剣と森，大地と森のシンボリズム

アーサー王物語の淵源をケルトに探る

ケルト神話概説——剣と森，大地と水のシンボリズム

ケルト人とは，どんな民族か？

　ケルト人*とは，どんな民族だったのか．ジャン・マルカルは，本書のなかでこう述べている．

　　「ケルト人*というのは…ケルト語といわれる言語を話す諸民族の総体である．ケルト人*という言葉には人種を暗示する意味はない．社会的・文化的な構造と関係しているだけである．この名称が用いられるようになったのはごく最近のことで，人間集団をその特殊性に基づいて手軽に類別するのに使われるようになった」．

　この言葉から古代ケルト人*の類別方法が近代のもので，言語学に基づいた分類であることが分かる．ケルト人*は，インド＝ヨーロッパ語族に属する民族で，最初は南部ドイツとボヘミアあたりに定住していた．それが爆発的な民族移動を起し，前5世紀にはヨーロッパの大半の地域に住むようになり，大陸部に定住した「大陸ケルト人*（＝ガリア人）」の分布は，ライン河口からピレネー山脈，大西洋からボヘミア，さらに北イタリア，スペイン北西部，小アジア中央部（ここに住んだガラテヤ人*はガリア民族である）にまで及ぶ．

　ケルト人*がアイルランドに来寇したのは，前900年頃の後期青銅器文化が出現した時期のことで，ブリテン島*を経由して侵入した．こうして彼らは，大ブリテン島，アイルランド島，チャンネル諸島などのイギリス諸島に「島嶼ケルト人」として定住することになる．

　現在，ケルト語（ゲール語*）を話しているケルト民族は，アイルランド，北スコットランド，マン島，ウェールズ，フランスのブルターニュ，英国コーンウォール州の一部に限られている．

文字の発明により口承から筆写文書の時代へ

　大陸ケルト*の神話を伝える一次資料は，ギリシアやローマの限られた文献，そ

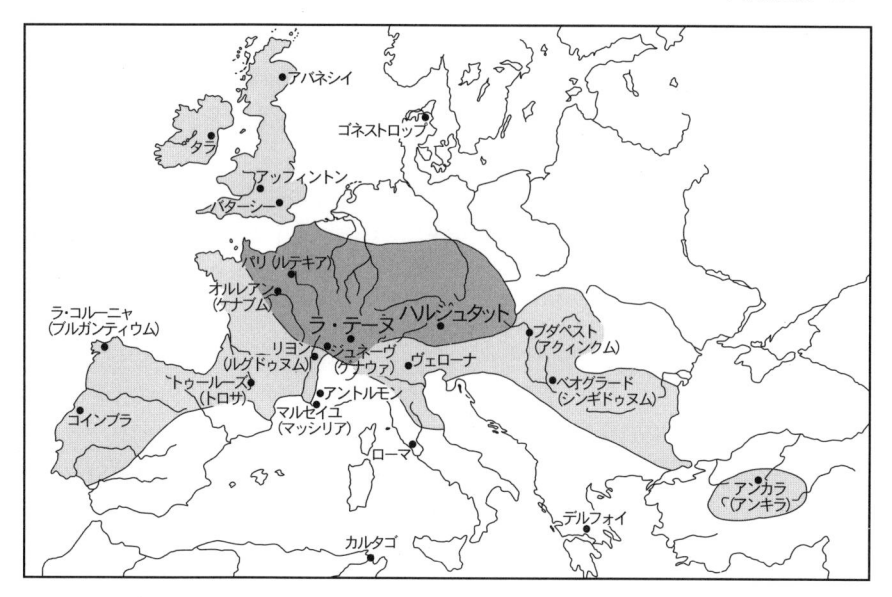

ケルト人の最大版図
暗色部は前7-前6世紀のハルシュタット期の居住地域で，淡色部は前2世紀頃の居住地域

れに遺跡やゴネストロップ*の大釜（デンマーク出土）に代表される装飾入りのオブジェ，ガリアの貨幣*などでその数は比較的少ない．

これに対して，アイルランドでは，ドルイド僧*やフィリ*（宮廷詩人）の口碑伝承によって学問・文芸の伝統が保持された．使用していたのはオガム*文字で，石碑に刻まれた．しかし，オガム*文字は，ラテン語のアルファベットを採り入れて作られた表音文字である．これは，アイルランド人がキリスト教の伝来以降に，文字技術を習得したことを意味している．それまではもっぱら口承に頼っていたのである．

オガム*文字が成立したのは，3-4世紀頃といわれ，各地に残されている石碑は，5-6世紀頃のものと推定されている．しかし，オガム*碑銘以外に，この時期からアイルランド語による最古の筆写文書が現われるようになり，その代表的なものが575年の『聖コルム・キレ*讃歌』という詩作品である．

オガム*文字の出現は，アイルランドのキリスト教化と軌を一にしている．キリスト教化に最も貢献したのは，アイルランドの守護聖人，聖パトリック*（390頃-461頃）ということになっている．伝説によれば，聖パトリック*は，もともとロー

マ市民であったが，奴隷としてアイルランドに渡り，その後，逃亡してガリアで学問を修め，司教としてアイルランドに再び戻って布教活動に従事する．数人の王を改宗させることに成功し，これによってアイルランドは，キリスト教への歩みを一段と早めたといわれる．

　この流れを受けて，古代の筆写文書が生まれ，筆写の伝統は，およそ14世紀間にわたってキリスト教の学僧たちの手で続けられる．それは『聖コルム・キレ*讃歌』に代表される宗教文献に限らない．神話・文学の分野にもその余波が押し寄せ始める．

　しかし，アイルランドの神話・文学が筆写にせよ活字となって始めて定着したのは11世紀後半の頃のことで，歴史，法律，聖者列伝などの文書に比べればむしろ遅いほうである．代表的なものを挙げれば，12世紀に書かれた『ダン・カウの書』，『レンスターの書』などで，これらの写本には多くの英雄サガが含まれている．14世紀末から15世紀にかけて『レカンの黄書』，『レカンの書』，『バリーモートの書』などの写本が現われる．アルスター物語群の代表作『クアルンゲのウシ捕り』は，この『レカンの黄書』に収録されている．

アイルランド神話を内容から3つに分類する

　アイルランドの神話学者マイルズ・ディロン（1900-72）は，神話・文学を写本からではなく，主に内容から，①英雄物語群，②神話物語群，③冒険・航海物語群に大別した．この分類は一般的にも定着した感があるので，ディロンに沿って簡潔に要約してみよう．但し，歴史物語群，幻想物語群は以下の分類から省いた（青木義明訳，『古代アイルランド文学』）．

　①英雄物語群の範疇に入るのは，「アルスター物語群」と「フェニアン物語群」である．

　「アルスター物語群」は，登場する英雄たちがアイルランド北東部のアルスターの住民（ウラド人*）であるところから付けられた名称である．『クアルンゲのウシ捕り』，『ウシュリウ*の息子たちの流浪』，『ブリクリウ*の饗宴』，『ダ・デルガ*の館の崩壊』などがこの物語群に入る．

　「フェニアン物語群」は，フィアナ*騎士団（＝フェニアンたち）から採られた名称である．この騎士団はフィン・マク・クウィル*を首領に立てた呪術性の強い戦士軍団で，この物語群では，騎士団の数々の冒険が語られている．『古老たちの語らい』*や「トリスタン*とイズー*伝説」の源泉となった『ディアルミド*とグラーネ*の追跡』などがこの物語群の代表作といえよう．

②**神話物語群**は，神族のトゥアタ・デー・ダナン*を扱った物語群である．

『地史誌』（ディンヘンハス）によれば，アイルランド人が来寇する以前，アイルランド島にはトゥアタ・デー・ダナン*が住んでいた．この神族は，巨人族で魔族のフォウォレ族*と敵対関係にあった．フォウォレ族*は，アイルランドの周辺の島々を拠点にして，絶え間なくアイルランドへの侵攻を繰り返した．神族のトゥアタ・デー・ダナン*は，魔族のフォウォレ族*をマグ・トゥレド*の第2の戦いで打ち破る．

トゥアタ・デー・ダナン*は，先史・神話時代の神族だったから，アイルランドの地をアイルランド人に譲り渡し，物語の中では異界（シード*）とつながる「妖精の巨石塚」に住んでいることになっている．巨石塚はいくつもあって，神族はそこに分散して住んでいたが，代表的な巨石塚を挙げれば，妖精界の王ダグダ*とその一族の居住していたブルグ・ナ・ボーネ*になろう．神族は，たびたび巨石塚からこの世に出没して人間世界と交流した．その逆に英雄たちもたびたび異界*を訪れた．ここから英雄物語群には神々が，神話物語群には英雄たちが頻繁に顔を出すことになる．2つの物語群は切れた関係にはないのである．

神話物語群の代表作としては，『来寇の書』，『妖精の塚の奪取』，『2つの牛乳差しの館の滋養』，『オイングス*の夢』，『エーダイン*への求愛』，『マグ・トゥレド*の戦い』，『トゥレン*の息子たちの最期』，『リル*の子供たちの最後』などが挙げられよう．

③**冒険・航海物語群**は，異界*への冒険や航海を主要なテーマにしている．

ジャンルとしては，冒険譚（エフトラ）と航海譚（イムラヅ*）の2つの説話群に分けるのが通例であるが，「約束の地*」，「生者の国」，「喜びの平原」などいろいろな呼び名が当てられている超自然の異界へ人間が旅をする点では共通している．

この物語群には，『コンラ*の異界行』，『コルマク*の冒険』，『コン*の息子アルト*の冒険』，『フェヴァルの息子ブラン*の航海と冒険』，『クー・フリン*の病』（以上「冒険譚」），『マイル・ドゥーン*の航海』（「航海譚」）などが入る．

①，②，③の物語群で取り上げた作品は，いずれもその内容が本事典の中で言及されているものばかりである．

アイルランドの起源神話

以上，アイルランド神話を説話の内容から分類した．しかし，起源神話から順を追って見ていくと物語群相互のつながりがもっとはっきり見えてくる．

『来寇の書』によれば，アイルランドにゲール人*が定住する以前，この島には5

つの種族が順を追って移住を繰り返している.『来寇の書』は12世紀にキリスト教の学僧が編纂した歴史偽書だが,そこで語られているアイルランド人の起源物語は,キリスト教的に潤色されているものの,来寇の発端から定住にいたる経緯を神話風に解き明かしたものである.

初めてアイルランドに侵攻したのはケスィル*,またはバンヴァ*である.ケスィル*は聖書に登場するノアの息子ビトの娘であった.しかし,最初の来寇者たちは,ケスィルの夫フィンタン*を除いて洪水によって絶滅する.

続いて大洪水から300年後にアイルランドに来寇したのは,パルトローン*の種族である.この種族は,魔族のフォウォレ族*と最初の戦いを行う.しかし,パルトローン*族は,トゥアン・マク・カリル*を除いて疫病で絶滅する.トゥアン*は,フィンタン*と同じ運命をたどる.

3番目に来寇したのは,ネウェド*の種族である.ネウェド*族は,12の平野を開墾し,4つの湖をアイルランドに造る.これは,4つの平野を開拓し,7つの湖を造ったパルトローン*族の事績を踏襲したものだろう.ネウェド*族は,パルトローン*族同様,耕作の神族だったのである.しかし,ネウェド*族もパルトローン*族と同じようにフォウォレ族*に船戦を挑み,国を追われる.

その後,ネウェド*族の血を引く2種族が再びアイルランドの地へ戻って来る.フィル・ヴォルグ*とトゥアタ・デー・ダナン*の種族である.フィル・ヴォルグ*族は国土を5つに分割して整備した.アイルランドの国土が最初は,パルトローン*,ネウェド*の両種族の手で開墾され,続いてフィル・ヴォルグ族*によって政治的に整えられていく様が分かる.

それから,トゥアタ・デー・ダナン*の種族が北の島々からやって来る.彼らは魔術と技芸に長けた神族だった.トゥアタ・デー・ダナン*は,フィル・ヴォルグ*族とは親族の関係にあったから,最初は敬意をもって迎えられるが,やがて両種族はコナハトのマグ・トゥレド*の平原で戦いを交える.これが第1の戦いである.フィル・ヴォルグ族*を破ったトゥアタ・デー・ダナン*は,次に同じ平原で,来寇した5つの種族の宿敵で先住民族であったフォウォレ族*と対決し,絶滅に追いやる.これが「マグ・トゥレドの第2の戦い」と呼ばれている戦争で,『来寇の書』で触れられているだけでなく,独立した戦記として上述した神話物語群の傑作に挙げられている叙事詩である.

トゥアタ・デー・ダナン*の最大の功績は,なんといっても魔族で巨人族のフォウォレ族*を駆逐したことだろう.技芸にたけた神族が未文化状態にある魔族を最終的に打ち破る構図は,今まで以上に高度な文化体制がアイルランドの地に敷かれ

たことを意味する．トゥアタ・デー・ダナン*は，この文化体制を人間世界に譲って異界*に通じる巨石塚に閉じこもる．

人間世界とは，アイルランド人の始祖であるミール*の息子たちのことである．神話の時代から英雄の時代へのなだらかな移行である．説話の内容からいえば，神話物語群が幕を閉じ，英雄物語群が幕を開ける時代へ入ったのである．しかし，英雄の時代が到来したとはいえ，神族は，巨石塚に閉じこもっただけのことで，相変わらず異界*（シード*）で生きている．人間世界と異界*が頻繁に交流する冒険・航海物語群が生まれたのはこのためである．

神族と魔族の出現—トゥアタ・デー・ダナンとフォウォレ族

以上，アイルランド神話を物語群の内容と時代順に沿って鳥瞰したが，次にアイルランド神話の特徴をもう少し細部に入って拾い出し，全体的に概観してみよう．

民族的にいえば，アイルランド神話では来寇諸民族と先住民族との対決が主要なテーマになっている．5つの来寇種族が次々と先住魔族のフォウォレ族*に戦いを挑み，最終的に神族のトゥアタ・デー・ダナン*が勝利を得る．『来寇の書』や『マグ・トゥレド*の戦い』で書かれている通りである．

これは，アイルランドに移住を繰り返したインド＝ヨーロッパ語族と先住民族との対立・抗争の歴史である．この抗争の果てに勝った征服民族は神族に，負けた先住民族は魔族になった．

ところで，古代アイルランド社会では，ドルイド僧*と武人貴族の階層の下に牧畜と農業を生業とする自由民がいて，厳しく階層化された3つの階級に分かれていた．フランスの神話学者ジョルジュ・デュメジル（1898-1968）は，神話における民族的な戦いの構図を古代アイルランド社会のこの階層の対立に振り分けた．つまり，来寇民族のトゥアタ・デー・ダナン*をドルイド僧*と武人貴族の階層に，先住民族のフォウォレ族*を自由民の階層に配分して，起源神話の成り立ちを説明したのである．

デュメジルによれば，トゥアタ・デー・ダナン*の5柱の神々は，いずれも「技の神々」であって，ドルイド僧*と武人貴族の階層を映し出したものだという．最高神のダグダ*は，自身がドルイド僧*であるばかりか，ドルイド僧*たちの神であった．トゥアタ・デー・ダナン*を勝利へ導いたルグ*は呪術師で，サウィルダーナハ（「あらゆる技芸に通じる」の意）の異名からも分かる通り，多芸の神だった．オグマ*は戦士の神，ディアン・ケーフト*は医術の神，ゴブニウ*は鍛治神で，この神族には農業・牧畜など多産性の神の代表がまったく欠けている．多産性を代表

したのは先住民族で魔族のフォウォレ族なのだという．

『マグ・トゥレド*の戦い』では，神族と魔族の争いはこう進む．トゥアタ・デー・ダナン*の王ヌアドゥ*は，戦闘で片腕を失ったためにフォウォレ族*のブレス*に王位を譲る．ブレス*の父親はフォウォレ族*，母親はトゥアタ・デー・ダナン*で，ブレス*は母方の神族に属していたのである．ところが，ブレス*は王位に就くと，圧政を敷いたために，不満が爆発し，王位をヌアドゥ*に返さざるをえなくなる．ブレス*はフォウォレ族*の陣営に走り，神族と魔族は戦闘状態に入る．ヌアドゥ*王は，トゥアタ・デー・ダナン*の全権を「長い腕」のルグ*に委ねる．呪術と技に長けたルグ*は，トゥアタ・デー・ダナン*の期待に違わず戦場で活躍し，フォウォレ族*の強敵バロル*を一騎打ちで破って魔族を絶滅へ追いやる．

ここで「手」が技芸や王権，あるいはそれらの総体としての高度な文化体制の象徴として使われていることは注目されてよい．ヌアドゥ*は，片腕を失ったためにトゥアタ・デー・ダナン*の王位をブレス*に譲る．トゥアタ・デー・ダナン*が技芸に長けた神族である以上，片腕を失った者が王位を保持するわけにはいかないのだ．ブレス*がフォウォレ族*へ走った後，ヌアドゥ*は，医術神のディアン・ケーフト*から銀の手を造ってもらい，この手をつけて王座に復活する．王はヌアドゥ・アルガドラーウ*（「銀の手のヌアドゥ」の意）と名乗るようになる．しかし，いかに巧妙に作られた「銀の手」であろうと，義手であることに違いはない．ヌアドゥ*は王位を支えきれず，「長い腕」のルグ*にトゥアタ・デー・ダナン*の全権を委ねざるをえない．サウィルダーナハ（「あらゆる技芸に通じる」の意）の異名を持つルグ*は，「長い腕」の添え名を持つ文化英雄であって，本物の両手で文化を創造し，世界を切り開く英雄なのだ．この場合，手は単なる技芸に長けた文化英雄のシンボルになっているだけではない．技芸の神族，トゥアタ・デー・ダナン*の王権を左右するほど重要なシンボルになっている．神話は，銀の義手では技芸の神族の頂点に立てず，戦闘の指揮ができないことを雄弁に語りかけてくる．

しかし，神族と魔族は，この叙事詩のなかで互いに背を向け合った敵対関係にあるわけではない．ブレス*がトゥアタ・デー・ダナン*とフォウォレ族*の混血なら，ルグ*も父親が神族，母親が魔族の混血の神である．そして，最終的にブレス*は魔族に走り，ルグ*は神族の英雄になる．だから，完全な敵対関係というより，融合しながらの対立・抗争の状態に近い．

神族と魔族の戦いの叙事詩は，征服民族が先住民族と対立・抗争を繰り返しながら，併合していく物語といってよいだろう．それは，象徴的にいえば，インド＝ヨーロッパ語族の戦闘的な「剣」や「槍」が先住民族の生産的な「杯」を屈服させて

いく神話，技に長けた男権的な剣の文化が多産を生きる女権的な杯の文化を呑み込んでいく物語なのである．

2人の文化英雄——ルグ神と英雄クー・フリン

　神話時代から英雄時代へ入っても，神族のトゥアタ・デー・ダナン*が保持していた「技」や「剣」の文化の伝統は失われず，文化英雄の神ルグ*からクー・フリン*へ受け継がれる．クー・フリン*は，アルスター物語群の代表的な英雄だが，父親はルグ*，母親はアルスター王コンホヴァルの妹*，デヒティル*ということになっている．しかし，実際は神のルグ*に育てられたわけではなく，人間のスアルティウ*が養父になる．

　神話時代，父親のルグ*が「マグ・トゥレド*の戦い」で魔族を破って，高度な文化体制を拡大させたように，英雄時代，息子のクー・フリン*は，コナハトの王妃メドヴ*が集結させたアイルランド連合軍を敵に回して，アルスターのために孤軍奮闘の活躍をする．これが英雄物語群のなかでも傑出した叙事詩『クアルンゲのウシ捕り』で語られている内容である．

　クー・フリン*は，そこでアルスターの住民中ただ1人，女神マハ*がかけた呪いを免れている．また，厳しい戦いの場面では，3日間，父親のルグ*神が息子の身代わりとして戦ってさえいる．クー・フリン*は，ルグ*神の威光を背負って半神としてヘラクレスのような武勇を発揮する．事実，クー・フリン*の頭部からは半神のしるしである「英雄の光」が放射されている．マルカルの言葉を使えば，クー・フリン*は，「この世から闇の力を一掃する光の英雄，文化英雄」なのであって，この「光の英雄のおかげで，彼の所属している社会も神聖な性格を帯び始める」．だから，父と息子の文化英雄としての質の違いを一言でいえば，神か人間の違いを別にすれば，対外的か対内的の違いだけだろう．クー・フリン*が対内的な文化英雄，それも人間として神話に登場したことは，それだけアイルランドが国土の整備という点で成熟した社会へ前進したことを意味している．

　しかし，クー・フリン*だけがアイルランド社会の文化英雄なわけではない．彼はアルスターの赤枝*戦士団に所属する英雄で，戦士団の長は，叔父に当たるアルスター王コンホヴァル*であった．剣の文化の拡張は，個人ではなく集団，それも国家的規模で行われていたのだ．

　戦士の集団はアルスター物語群では赤枝*騎士団だが，フェニアン物語群ではフィアナ*騎士団である．そして，両騎士団とも本事典のなかで大きな比重を占めているアーサー*王伝説，円卓の騎士たちの物語を生む母胎になっている．

178 ケルト神話概説

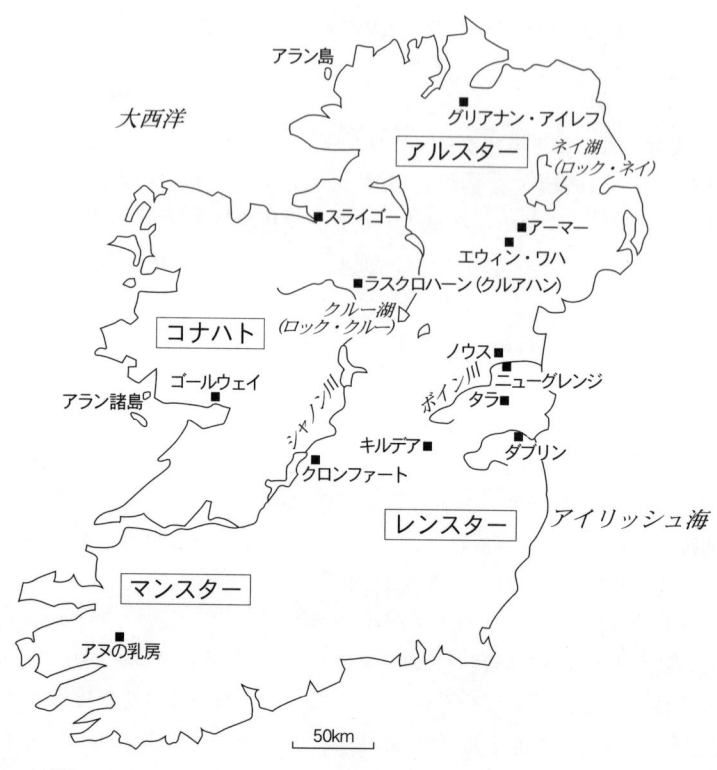

アイルランド地図
ジャン・マルカル、『大女神』(アルバン・ミシェル書店, 1997) により作成

　アーサー*王伝説はイギリスだけの物語ではない．かつてケルト*民族がヨーロッパ全土に伸長して，基層の文化を創り上げたように，アーサー*王伝説は，島嶼部にとどまらず，フランス，ドイツなど内陸部にも花開いたきわめてケルト色の強い神話を包摂している．

ケルト文化は森の文化であった
　フィアナ*騎士団の活躍の舞台は，主にレンスターとマンスターである．フィアンというのは，「若い戦士・狩人の一団」という意味で，アイルランド神話学の泰斗，マイルズ・ディロンは，すでに6世紀にアイルランド全土をさすらう戦士・狩人の放浪集団がいくつもあったと報告している．

赤枝*騎士団が親族集団で，クー・フリンが親族のなかの英雄なら，フィアナ*騎士団は親族外集団で，厳しいイニシエーションを経なければ入団を許されない．フィアナ*騎士団の首領フィン・マク・クウィル*は，円卓の騎士たちに対するアーサー*王のような役割を果たしていたのである．
　フィアナ*騎士団の生業は半分は狩りだったから，フェニアン物語群の代表作『古老たちの語らい』*には，シカ*が群れをなすアラン島の森の情景がふんだんに出て来る．フィアナ*騎士団の首領フィン*の本名はデウネだが，これは「ダマジカ」という意味である．フィン*の妻サドヴ*は「雌ジカ」，フィン*の息子オシーン*は「子ジカ」，フィン*の孫オスカル*は「シカ*を可愛がる者」という意味である（「シカ」の項目を参照）．シカ*がトーテムのように祭り上げられていたことが分かる．
　こうした森に対する深い想いは，フィアナ*騎士団だけに限らない．汎ヨーロッパ的に考えても，ケルト*民族の生活空間は森であったし，ケルト*の文化とは要するに森の文化であった．そのことを端的に表しているのがドルイド僧*たちのカシの木*への信仰である．プリニウスの『博物誌』（第16巻第249-251節）によれば，ドルイド僧*は，カシの木*より神聖なものはないと考えていた．カシの木*にヤドリギが生えたからである．ヤドリギ*はガリアの言葉で「すべてを癒すもの」と呼ばれていた．ヤドリギ*は，不死や再生，活力のシンボルと見なされ，カシの木*に生えるものは，「天から送られたもの」で，神がみずからその木を選ぶと信じられていた．ドルイド*とは，語源からその意味を探れば，「すぐれた見者」，「博識このうえない人」ということになるが，プリニウスは，カシの木*を意味するギリシア語の drûs にこれを結びつけている．ウェールズのバルド*（吟遊詩人）であったタリエシン*（6世紀）も『カット・ゴザイ』（木々の戦い）を書き，常緑の木々に託して不滅の自然讃歌を行っている．
　ガリアのケルヌノス*も，シカ*の枝角を付けた森の神であった．ローマのティベリウス帝時代，現在のパリに住んでいたパリシイイ族の船乗りたちが最高神ユピテルに奉納した柱のパネルからケルヌノス*の名が発見された．さらに，デンマークのゴネストロップ*から金塗り銀製の大釜が出土し，その内側のパネルにあぐらをかいたケルヌノス*が2匹のシカ*，2匹の雄ウシ，2匹のライオン，2匹のオオカミを従え，ヘビ*を握った姿が彫られていた．動物たちの描写から森の情景が喚起され，ケルヌノス*が森の神であっただけでなく，豊穣の神であったことが示されている．シカ*の枝角が豊穣を表すシンボルだからである．ケルヌノス*信仰は，パリからデンマークまで広範囲にわたってガリアで深く浸透していたことが

分かる.

　ケルト人*の聖地は森の中にあった．その聖地をネメトン*といった．「聖なる林間の空き地」という意味である．この空き地には神殿さえ建てられなかった．ケルト人*（＝ガリア人）は，聖なる森の聖なる空き地を神々の住まいと考えていたのである（「ネメトン」の項目を参照）．ドルイド僧が毎年，集会を開いた場所がネメトン*であった．カエサルは，『ガリア戦記』（第6巻第13節）のなかでカルヌテス*の森にあったネメトン*についてこう語る．

　　「一年間のある時期にガリアの中心の地と思われているカルヌテス*族の領地の神聖な場所でドルイド僧*たちが会合する．争いのあるものは，すべて各地からここに集まって僧侶の裁決を待つ．その教えは，ブリタニアで始まり，ガリアに伝えられたものらしい」（近山金次訳）．

　後にキリスト教徒は，各地のネメトン*に教会を建て，ガリアのドルイディズム*をキリスト教に併合していく．荘厳なステンドガラスで有名なシャルトル大聖堂（パリ南部）は，カルヌテス*の森にあったガリアの宗教上の中心地ネメトン*の跡地に建てられたといわれている．

　「アーサー*王物語」で円卓の騎士たちが活躍の舞台に選んだ場所もブルターニュ半島にあった伝説の森ブロセリアンド*（現在のパンポンの森）であった．マーリン*（フランス語でメルラン*）は，この森に住んでアーサー*の誕生を予言し，後にアーサー*が王になっても助言を惜しまなかった．森の予言者マーリン*は，ケルトの残映を色濃くとどめたドルイド僧*だったのである．

王権の周囲①　ドルイド僧と王権

　ドルイド僧*は，このように神事に携わっただけでなく，王と二頭体制を組んでケルト社会で絶大な威力を振るった．アイルランドでもガリアでもドルイド僧*は，王の前で積極的に発言し，王制を風刺さえして，王を廃位に追いやることもあった．王の選挙を統括し，王位継承者の選択に強い影響力を持っていた．戦士階級を公私にわたって掌握していたのもドルイド僧*であった．『ガリア戦記』は，このあたりの事情をこう述べる．

　　「（ドルイド僧*は），公私のあらゆる論争を裁決し，犯罪があったり，殺人が行われたり，相続や国境についての争いが起きたりすると，同様に裁決して賠償や罰金を決める．個人でも部族でもその裁決に従わないと犠牲にあずからせない．この罰は最も重い．犠牲にあずかれないものは不敬の汚れたものと見做され，…公職につくこともできない」（同上）．

アイルランドにおける王権の聖地は，ミース*州のタラ*で政治と宗教の中心地であった．タラ*には「ファール*の石」と呼ばれる「運命の石」があり，トゥアタ・デー・ダナン*が来寇したときに携えてきた「護符の石」だったという．トゥアタ・デー・ダナン*には4つの至宝があった．「ファール*の石」，ルグ*の槍，ヌアドゥ*王の剣，それに最高神ダグダ*の大釜である．

「ファール*の石」をアイルランド王であった「百戦のコン*」が踏むと，石はタラ*中に響き渡る叫びを発した．叫び声はコン*の子孫たちのなかで王となって統治する者の数だけ発せられたという．神話におけるこの故事は，歴史時代に入っても王の即位式のときに引き継がれた．ここで，「ファール*」というのは，「下の石」，「王の下の石」という意味であり（マイルズ・ディロン），石は，エリアーデ（1907-86，『鍛冶師と錬金術師』）によれば，生命と多産の源である「大地」を表しているから，王が石を踏むこの故事は，王とアイルランドの大地との聖婚（ヒエロス・ガモス）を儀礼化したものといえる．

王権の周囲② 母権制と大地の女たち

女性がアイルランドの大地と一体化しているという母権的な発想は，神話の随所にその名残をとどめる．ゲール人*は，アイルランドに来寇したときに3人の女神バンヴァ*，フォードラ*，エーリウ*と出会う．バンヴァ*は，来寇者に自分の名前をこの島に付けて欲しいと頼む．来寇者は承諾し，バンヴァ*は，アイルランド名の起源になる．また，ゲール語*で国名アイルランドの主格はエーリウ*である（「エーリウ」の項目を参照）．トゥアタ・デー・ダナン*も「女神ダヌの民」という意味である．ダヌはアヌまたはアナ*とも呼ばれ，詩のなかで「アヌの土地」はアイルランドの別名として謳われ，さらにウェールズ伝説に登場する神族の母神ドーン*にまで飛び火していく．

これは，王権を具現する「大地」の女性と結婚しなければ，王は王位を維持できないという発想につながっていく．アイルランド神話に登場する王妃や女性たちがときに王や男たちより強く見えるのはこのためだろう．以下で代表的な4人の女性像，メドヴ*，ファン*，デルドレ*，グラーネ*について見てみよう．

『クアルンゲのウシ捕り』に登場するコナハトの王妃メドヴ*は，寝物語で夫のアリル*王とどちらの財産が多いかを競い合う．夫のほうが「白い角」と呼ばれる雄ウシの持分だけ多いことが分かる．メドヴ*は嫉妬し，アルスターのクアルンゲに「白い角」に匹敵する褐色のウシがいることを確かめると，褐色のウシが欲しくなり奪い取ることを決め，アルスターとコナハトとの間に戦争が勃発する．戦争はメ

ドヴ*の嫉妬から生じたのだ．メドヴ*は，さらにアルスターからコナハトの陣営に寝返ったフェルグス*と平然と不義密通を冒す．それだけでなく，夫を裏切って誰とでも平気で寝る女といわれていた．

『クー・フリン*の病』に登場する妖精ファン*も，異界にマナナーン・マク・リル*という海神の夫がいるのに，クー・フリン*が異界を訪れたときに恋に落ち，1か月の幸せな同棲生活の果てにクー・フリン*を追って現世のアイルランドの地まで下りて来る．妻を異界へ連れ戻しに来るのはマナナーン*のほうである．しかし，異界に帰っても夫婦の修羅場はなく，現世で妖精との再会を妻に乱されて困惑するのはクー・フリン*のほうである．

アルスター物語群に入る『ウシュリウ*の息子たちの流浪』は，フランスの「トリスタン*とイズー*」伝説の原型となったアイルランド最古の恋愛物語である．デルドレ*は美しい娘として生まれるが，ドルイド僧*カトヴァド*から禍をもたらす女になろうと予言される．不憫に思ったコンホヴァル王は，将来自分の妻にするから，男たちの目から隠して育てるように命じる．ところが，デルドレ*は，恐ろしい魔力にかかってウシュリウ*の息子ノイシウ*に惚れて，2人は逃亡する．王は追跡し，ノイシウ*は王の罠にはまって殺され，デルドレ*は王のもとへ戻され，絶望のあまり自殺する．この物語でも，ゲシュ*という魔力にかかっているとはいえ，恋を仕掛けるのは女のほうである．

フェニアン物語群の『ディアルミド*とグラーネ*の追跡』も似たような恋愛物語である．若いグラーネ*は，フィアナ*騎士団の老王フィン・マク・クウィル*の許婚者（妻の異文もある）であったが，コルマク*王が催した宴会の席で輝ける顔のディアルミド*を見初める．グラーネ*は，自分をこの館から連れ出さなければ，破滅するという恐ろしい魔力（ゲシュ*）をディアルミド*にかけ，2人は出奔する．フィン*に追跡されたディアルミド*は，大事な禁忌を破ることになる．その禁忌とは，ベン・ブルベン*山のイノシシ*を殺すことだった．ディアルミド*の母親が執事との間に子供を産んでしまったために，怒った父親がその子供をイノシシ*に変えたのだ．ディアルミド*は，異父弟に当たるイノシシ*を殺さないという禁忌を守っていたのに，追跡されている間にイノシシ*に襲われ，ディアルミド*は，命を落とす．すでにグラーネ*は，ディアルミド*との間に4人の息子をもうけていて，母親は息子たちに父の仇を討つよう説いて物語は終わる．

上の2つの恋愛物語，『ウシュリウ*の息子たちの流浪』と『ディアルミド*とグラーネ*の追跡』で共通しているのは，若い娘が未来の夫を裏切って，若い男と出奔するところである．未来の夫はともに老王に設定されている．それが駆け落ちを

正当化している．若い男を愛してしまったのは，デルドレ*のほうが魔力（ゲシュ*）をかけられ，逆にグラーネ*は相手に魔力をかけたからである．グラーネ*よりデルドレ*のほうが受動性が強いだけに，出奔の罪状は薄くなり，恋愛物語としての悲恋性はそれだけ高まる．

しかし，未来の老いた夫とはいえ，受動，能動にかかわりなく，夫を裏切る点ではデルドレ*もグラーネ*もメドヴ*やファン*と変りがない．ファン*は妖精で異界の女だから，人間社会の呪縛を免れている．しかも，恋の相手は病を押して異界を訪れた正義の英雄クー・フリン*となれば，不倫の罪状も薄くなる．メドヴ*はれっきとした王妃なのに，自分のためとあれば誰とでも寝る．メドヴ*だけが他の3人の女たちと違って不倫の相手は複数である．それだけでなく，メドヴ*は男勝りで戦争まで誘発させ，戦争中でも果敢に動き回る．3人の女性に比べ，メドヴ*の行動は傍若無人，アリル*王は妻の尻に敷かれたひ弱な王に映る．

しかし，愛する男のために王である夫を裏切る奔放さは4人の女に共通している．女性たちのこのおおらかな振る舞いは，はたして古代ケルト社会の母権制を映し出したものなのか．ガリアに目を転じても，母神像は豊富である．マトロナ*，ナマウシカエ，グラニカエ，ウァカリネハエ，デルウォルナエ，アウファニアエといった子供を抱いているか乳をあげている母神たち，あるいは月の女神シロナ*，豊穣の女神ロスメルタ*，川の女神リトナ，航海の女神ネハレニア，さらにウェールズでも神族の母神ドーン*と枚挙に暇がない．神族の源になるのはこれらの母神だから，母神や女たちが神々や男たちを操れるという発想がケルト神話の底流に流れていたとしても不思議はない．

ケルト女性に共通するこうした放埒さは，母なる女神たちの強さに裏打ちされたものだろうが，これは後にキリスト教の騎士道精神によって潤色され変質して，アーサー*王の妻グウィネヴィア*（フランス語ではグニエーヴル）に引き継がれていく．グウィネヴィア*も湖水のランスロット*との姦通愛にとどまらず，マルカルが指摘しているようにガウェイン*，エデルン*，カイ*，メレアガン*，モードレッド*と性的な関係があったらしいことをいくつかの異文が臭わせているからである（「グニエーヴル」の項目を参照）．

アイルランドの王権がドルイド僧*の神権に補佐され，薄っぺらな倫理を超えて，母なる大地と一体化した懐の深い健康的な女権に悩まされ，受容していく構図は，アーサー*王がマーリン*の助言に耳を傾け，グウィネヴィア*の不倫にことさら目くじらを立てない鷹揚な態度とそれほどの違いはないのである．

ケルトの文化は水の文化であった——異界への誘い

①石と水の宮殿

　トゥアタ・デー・ダナン*の神族は，ゲール人*に追われて異界*（シード*）に閉じこもった．異界は，神族や妖精たちの住む世界だが，通常の神話に見られるような天界でも冥界でもなく，「喜びの平原」，「不老の国」，「約束の地*」などとも呼ばれているように，ギリシアのヘスペリデスの園やエリュシオンの野に匹敵する至福の地であり，むしろ桃源郷に近い．

　『コンラ*の異界行』*で百戦のコン*の息子コンラ*を異界へ誘う妖精は，自分の住んでいる異界には死も犯罪もなく，宴がいつ果てるともなく続き，心優しい人々が安らかな生活を送っている場所だと語る．また，最高神ダグダ*の息子オイングス*も，自分の居住する異界の中心地ブルグ・ナ・ボーネ*を3本の果樹にはいつも果実がなり，丸焼きのブタがいつも用意され，尽きることのない美酒が大樽にみなぎっている宮殿と述べる．

　異界*に通じる代表的な場所は，丘や平原である．コンラ*は，丘の上で妖精と出会い，ガラスの船に乗って異界へ向かう（『コンラ*の異界行』*）．コルマク*王は妻を華麗な衣装をまとった異界の戦士にさらわれ，2人の後を追って辿り着いた場所は深い霧の立ち込める広い平原なのだが，そこが異界*であることに気付かされる（『コルマク*の冒険』*）．クー・フリン*は，クルアハン*の平原で妖精ファン*と出会い，戦車を駆って異界*の島へ渡る（『クー・フリンの病*』）．しかし，丘や平原だけでなく，それ以上に異界*と深いつながりを持っているのは巨石塚と水である．

　異界の中心地ブルグ・ナ・ボーネ*は，ニューグレンジ*の巨石塚で，アイルランド北東部のボイン*川北岸にある．ボイン*川はアイルランドの聖河で，「白い雌ウシ」（Bo-Vinda）を語源に持ち，ボアン*の別名でも呼ばれる水の母神である．

　ボアン*は，妖精界の最高神ダグダ*の兄弟に当たるエルクウァル*の妻であった．ところが，ダグダ*はボアン*に惚れ，エルクウァル*に魔法をかけて旅に立たせる．実際には9か月の長旅を1日と錯覚させる呪いをかけたのである．この9か月の間にダグダ*はボアン*を孕ませ，オイングス*を生ませる．

　成長したオイングス*は，ダグダ*を父と知って，領地の分与を求める．ダグダ*は，ひと日ひと夜だけと期限を決めてブルグ・ナ・ボーネ*を貸し与える．ところがオイングス*は，「ひと日ひと夜」とは「永遠」の意味だといってブルグ・ナ・ボーネ*の主になってしまう（『妖精の塚の奪取』）．オイングス*は，最高神ダグダ*と水の母神ボアンド*の息子として結果的に「巨石」と「水」の宮殿ブルグ・ナ・ボーネ*を相続したことになる．

水の息子オイングス*が恋の相手に選んだ女性は，やはり湖の妖精エーダイン*であった．『オイングス*の夢』のなかで主人公は不思議な病気にかかる．この病を治せるのは，オイングス*が夢のなかで見た乙女の愛だけである．乙女が探し出される．この乙女は1年間は人間，次の1年間はハクチョウ*の姿になるという．時が経って，オイングス*は，ハクチョウ*に変身した乙女を見つけに湖へ行く．大声で呼ぶと，現われたハクチョウ*が湖へ帰すと約束してくれるなら一緒に行ってもよいという．オイングス*は承諾する．乙女を抱きしめると，オイングス*自身がハクチョウ*になっていた．2羽のハクチョウ*は湖の周りを飛び，乙女はオイングス*のもとにとどまることになる．

　アイルランド神話でエーダイン*の話は，連続した3つの物語を作り上げている．なかでも有名なのは『エーダイン*への求愛』という物語である．上記のハクチョウ*の乙女（エーダイン*）は，『エーダイン*への求愛』に登場する同じ名前の異界の王女（エーダイン*）の母親である．『エーダイン*への求愛』では，主人公のエーダイン*がオイングス*の口利きでもう1つの巨石塚ブリー・レイト*の領主ミディル*の後妻になる．それから1000年後，エーダイン*は人間に生まれ変わってエオヒド*王の妃になる．しかし，先夫のミディル*が取り戻しにやってきて，2人は妖精の国へ舞い戻ってしまう．

　この物語でも子供のエーダイン*は，湖の妖精である母親のエーダイン*と同じように「水」と深いかかわりを持っている．ミディル*の先妻はフアムナハ*だが，先妻は嫉妬に駆られてエーダイン*を池の水に変え，さらに虫に変えてしまう．それでも足りずにこの虫を海の荒波へ追い払う．虫は最後にエーダル*の妻が持っていた杯に落ちる．これを飲みほしてエーダル*の妻は妊娠し，エーダイン*はエーダル*の娘として人間に生まれ変わり，やがて成長して王妃になる．つまり，エーダイン*は虫に変身させられても，「池の水」，「海の荒波」，「水の入った杯」と最後まで水の領域から離れない．だから，子供のエーダイン*は，母親と同じ水の妖精といってよい．

　水の妖精は，アーサー*王物語にも現われる．「湖の貴婦人*」の異名を持つヴィヴィアン*（フランス語ではヴィヴィアーヌ）の名は，「白い雌ウシ」を意味するBo-Vindaの変形したものだといわれている（「ヴィヴィアン」の項目を参照）．これはアイルランドの川の母神ボアンド*（ボイン*川）と同じだが，同じ語源でも，湖と川とでは違いが出る．しかし，ボアンド*の子供であるオイングス*が愛したハクチョウ*の乙女，エーダイン*は湖の妖精だから，ボアン*（川）の語源と異界の王女としてのエーダイン*（湖）を合体させると，「湖の貴婦人*」ヴィヴィアン*の原型

だけはできあがる.

　ヴィヴィアン*は，森の魔術師で，ドルイド僧*の面影をとどめるマーリン*と恋に落ちる．これは，ケルト文化の象徴ともいえる森と水，魔術と異界，神権（天）と女権（地）の融合である．さらに，ヴィヴィアン*は，アーサー*の王妃グウィネヴィア*と姦通する湖水のランスロット*を，少年時代，湖の不思議な国で育てる．それだけでなく，異界の湖水から魔法の剣エクスカリバー*をアーサー王*に授け，最後にその名剣を湖水に引取る．

②異界の領域は淡水から海へ拡大する

　ボアンド*も，エーダイン*も，ヴィヴィアン*も，川と湖，つまり淡水の妖精である．しかし，アイルランドの異界は淡水の領域だけに限定されているわけではなく，広大な海も異界の一部になっている．海の描写は，冒険・航海物語群に顕著に現われる．その代表例が『フェヴァルの息子ブラン*の航海と冒険』である．

　要塞を散歩していたブラン*の前に，異界の乙女が登場し，主人公を不思議の島へ誘う．その島は，物語のなかでは「女人の島」と呼ばれている．ブラン*は9人の同行者と出発し，不思議の島に辿り着く．数か月滞在しようと考えていたブラン*に，同行者が郷愁に駆られて帰国を迫る．アイルランドに帰国した一行の1人が母国の土に触れた途端，灰と化す．ブラン*は出発したときから数世紀も時が流れていたことを悟り，再び海上へ漂泊の旅に出る．

　この物語には，マナナーン・マク・リル*が二輪戦車に乗って現われ，「女人の島」をめざすブラン*たちに無垢な「海の王国」について語って一行の旅情を搔き立てる．マナナーン*は，神族のトゥアタ・デー・ダナン*に属している．海神リル*の子で，『クー・フリン*の病』*に登場する異界の妖精ファン*の夫である．マナナーン*は，ブラン*一行が漕ぎまわる海上を花々の咲き乱れる草原，喜びの平原，日を浴びて海馬がきらめくたおやかな大地と謳う．海原が二輪馬車や馬の失駆する平原，大地にたとえられているのだ．

　異界は，一般に西方の海の彼岸か妖精たちの住む巨石塚の下方にあると考えられている．『コン*の息子アルト*の冒険』で，主人公アルト*が辿り着く「驚異の国」は，海の彼岸の島である．また，『コンラ*の異界行』で，コンラ*の乗るガラスの船が消息を絶つ行き先も，人の目に届かない遠い遠い海の彼岸にある．しかし，マナナーン*が海原の比喩として使っている「喜びの平原」は異界の同義語である．だから，ブラン*のいる海上はすでに異界*の一部なのだ．

　マナナーン*は海神の子なので，普通はアイルランドの外に住んでいる．アイル

ランドと大ブリテンの間に位置するマン島*の名称は，マナナーン*から取られたもので，おそらくこの島がマナナーン*の故郷なのだろう．

しかし，海神の子は，最高神ダグダ*の養子でもあるから，ブルグ・ナ・ボーネ*の巨石塚で催される神々の饗宴にしばしば現われる．この饗宴の席で，ダグダ*の兄弟でボアンド*の夫であったエルクワル*をブルグ・ナ・ボーネ*の宮殿から追放するようオイングス*に勧めるのは，マナナーン*である．このとき，マナナーン*は，トゥアタ・デー・ダナン*の王と名乗っている（『2つの牛乳差しの館の滋養』）．

王位の正否はともかくとして，海神の子マナナーン*の助言によって，ブルグ・ナ・ボーネ*の宮殿は，最高神ダグダ*から第2世代に当たるオイングス*の体制固めができあがる．これでダグダ*と川の母神ボアンド*の血筋を正統とする水の政治・文化体制，新しい秩序が巨石塚の宮殿にまがりなりにも確立することになる．しかし，オイングス*は，マク・オーグ*（「若い息子」）の異名からも分かる通り，物語のなかでは青年として登場する場合が多く，しかも，『妖精の塚の奪取』で語られているように，ダグダ*から巨石塚を穏当に相続したわけではなく，強弁によって奪取した感が強い．こうした点を加味すると，オイングス*は，父親から石と水の宮殿を相続できたにせよ，トゥアタ・デー・ダナン*の王位まで継承するには，いささか見劣りがする．

③異界の王位相続をめぐって

ダグダ*以後，トゥアタ・デー・ダナン*の王位を誰が引き継いだのかは，物語によって違いがあり，必ずしも一定していない．海神の子マナナーン*の場合もあれば，ダグダ*の長子ボドヴ*のこともある．ボドヴ*が成長して王に選任されるまで，マナナーン*を暫定的な王とみなすのが穏当なところだが，はっきりしたことは分からない．

『リル*の子供たちの最後』では，ボドヴ*が，父親の徳，自分の徳のゆえに王に選出され，オイングス*は兄をたてて謙虚に身を引いている．しかし，『リル*の子供たちの最後』は，15世紀に創られた近代の産物で，古代の神話を忠実に反映したものかどうかについては疑問が残る．

この物語では，アイヴ*はマナナーン*の父リル*との間に4人の子供をもうけるが，産褥で死んでしまう．リル*はアイフェ*を後妻に娶る．アイヴ*とアイフェ*は，ボドヴ*が養女として育てた姉妹である．アイフェ*は，夫が先妻の子供たちを溺愛するのに腹を立て，姉の子供たちを呪いにかけてハクチョウ*に変えてしまう．この呪いで鳥たちは300年間，デリヴェラ湖畔で世にも妙なるハクチョウ*の歌を歌

い続け，その歌を聴きに，アイルランドの人々とトゥアタ・デー・ダナン*の神々が湖畔に移り住むようになったというのが物語の内容である．

　この伝説ではやはり「水」が重要なモチーフになっている．リル*は海神だし，その海神にトゥアタ・デー・ダナン*の王になったダグダ*の長子ボドヴ*が2人の養女を送りこむ．海神の権威は，ボドヴ*の神権に保証されて「水」の威力が一段と増すことになる．しかも，リル*の子供たちはボドヴ*王の孫でありながら，水生動物のハクチョウ*に変えられて，湖畔に住むことを余儀なくされる．

　すでに上述したように，アイルランドの王権は，現世においても物語のなかではそれほど強いわけではない．これは神々の世界でも同じである．ダグダ*は，「全能の父」(エオヒド・オラティル)の異名を持ちながら，『マグ・トゥレド*の戦い』では主役をルグ*に任せ，ルグ*の命令に従って魔族の敵情視察に出かける．ギリシアのゼウスやメソポタミアのマルドゥクのような絶対的な最高神を想定して読んでいくと裏切られることになる．

　これはダグダ*に限らず，ボドヴ*の場合も変わらない．ボドヴ*も自分の孫を呪いによってハクチョウ*に変えられながら，呪いも解けず，ハクチョウ*の歌声に涙を流すだけだからである．

　しかし，養女を2人も海神リル*に嫁がせたボドヴ*がトゥアタ・デー・ダナン*の王位を継ごうが，海神リル*の子マナナーン*が王と名乗ろうが，あるいは水の息子オイングス*がダグダ*の王宮を相続して神族のなかで次第に頭角を現していこうが，「水」の要素が介入しなければ異界*の神権が確立できないほど，「水」は一段と重要性を増している．誰が王に選任され，王と名乗ろうと，異界*の神権は一極に集中するより，「水」のように水平的に拡散しているのだ．

　それだけでなく，トゥアタ・デー・ダナン*がかつてゲール人*のエーレウォーン*に敗れて異界に閉じこもったとき，各地の巨石塚や平原に分散して住むように勧めたのは，海神リル*の子マナナーン*である．神々の居住地の決定に海神が裁量権を振るっているのだ．マナナーン*は，ギリシア神話のゼウスにダグダ*を喩えれば，ポセイドンの立場に近い．ゼウスとポセイドンは兄弟，ダグダ*とマナナーン*は父と養子でその関係は血縁にあって近く，海神が最高神に対して一歩も二歩も実権を譲りながら，隠然たる発言力を併せ持っているところも共通している．

　トゥアタ・デー・ダナン*が異界に閉じこもる以前，神族の主たる生活圏は地上の森にあった．森の文化は，神々と人間が力を合わせて生活圏を拡大させることに精力が注がれたから，そこではルグ*神やクー・フリン*に代表される戦闘的な文化英雄が主役を担わされた．森の文化は剣の文化でもあったわけだ．

しかし，神族が異界に閉じこもると，剣や槍は争いごとに熱中する地上の人間に託され，森の文化，剣の文化は，水の文化になった．ドルイド僧*の神として森の文化を統括していた最高神ダグダ*は，水の母神ボアンド*の血を引く実の息子オイングス*に宮殿の実権を委ねざるをえなくなった．それが『妖精の塚の奪取』で語られている神権相続の物語である．

地上の森の文化では，王権を具現する女性は，アイルランドの「大地」を象徴する母神か王妃でなければならなかった．しかし，異界で神権を具現する女性は水の母神になった．森の最高神ダグダ*は，川の女神ボアンド*を孕ませることで水界の至上権を確立しようとした．同時に異界の男神たちや異界へまぎれこむこの世の男たちの恋の相手は水の妖精たちが圧倒的に多くなった．オイングス*が愛した湖の妖精エーダイン*，クー・フリン*の異界の恋人ファン*がそうである．

湖水から名剣エクスカリバー*をアーサー王*に託したヴィヴィアン*の行為は，魔性だけは温存しながら，剣の文化を人間世界に託し，戦闘を放棄した平和な異界の水の文化を暗示している．

しかし，水の文化の神権を正統的な水の息子オイングス*に相続させるには，なんといってもボアンド*の夫でダグダ*の兄弟に当たるエルクワル*が邪魔になる．水の息子オイングス*にエルクワル*追放をけしかけたのは，海神の子マナナーン*である．淡水と塩水の2柱の神々が「水の王国」を異界のブルグ・ナ・ボーネ*に創建するためにここでは仲良く手を結んでいる．

マナナーン*が神々の饗宴に招かれてブルグ・ナ・ボーネ*の宮殿まで来るには，異界の海からボイン*川を溯って辿り着くと考えるのが普通だろう．異界は，発言力を強める海神の子マナナーン*の存在によって，川から海へ，巨石塚の下方にある地下水から海の彼岸の島々へその領域を拡大させる．

「剣」を捨てて，「水」を選んだ神々の異界*は，戦闘を好む男性的な生活圏から平和で柔和な「妖精の地*」，「女人の国」，「約束の地」，「喜びの平原」，「不老不死の国」になったといえよう．

水と森への想いは，ケルト民族が共有する信仰であった

神々の住むアイルランドの異界は，普通一般の神話に見られるような天上の世界にも，奥深い地下の冥界にもない．柔軟な「水」を選んだことで，異界はどちらかというと天へ垂直的に上昇したり，地下へ限りなく下降するより，空間を水平的にどこまでも伸びる．

トゥアタ・デー・ダナン*が森の文化を捨て，水の文化を受け入れたことで，

神々の居住地は，木や森に象徴される垂直的な男性原理の支配する天界でも冥界でもなく，四方に広がる水平的な女性原理の浸透する異界に変った．異界では舞台の主役は妖精か女人で，男神は端役とまではいかないまでも後方に退く．妖精や女人が主役になった分，話の内容は異界と現世との交流であれ，異界のなかの出来事であれ恋愛と冒険が主流になり，戦闘は影を潜める．

　異界は，天と地下に分断されず，したがって善と悪による選別もなく，一律に水平，多神教的な雑居状態の楽園である．

　アイルランドは海に囲まれた島国である．ことによると「水」に寄せるアイルランド人の柔和で鋭い水平的な感性が異界（シード*）という他国の神話に見られない独自の別天地，穏やかな「水の王国」を創らせ，そこに神々や妖精を住まわせるようになったのかもしれない．

　しかし，「水」に寄せる信仰はアイルランドだけに限らない．ローマの詩人ルカヌスは，ガリアの泉のそばには神像が無造作に置かれていると書き留めている．また，スイスのヌシャテル湖畔で見つかったラ・テーヌ*遺跡からはガリアの第2鉄器時代（前5-前1世紀）の遺物が続々と出土している．セーヌ川の水源では川の神セクァナに奉納された木偶も発見されている．ウェールズには『ウリエン*の息子オウァイン*の物語，あるいは泉の貴婦人*』という水の神話まである．

　水と森への想いは，ケルト民族が共有する信仰であったといっても過言ではないのである．

（金光仁三郎）

アーサー王物語の淵源をケルトに探る

　西欧の「9人の英傑」中，カール大帝（シャルルマーニュ，742-814）やゴドフロワ・ド・ブイヨン（1060頃-1100）とともにキリスト教徒の3大騎士に数えられるアーサー王*をめぐる神話・伝承は，その多くをケルトの*遺産に負っている（「アーサー」の項目を参照）．アーサー王*と彼を取り巻く「円卓の騎士」が活躍する物語群は一般に「アーサー王物語」と称されるが，それは歴史家・青山吉信が指摘するように，5世紀から6世紀にかけて実在したとされるブリタニアのアーサー*の武勲と宮廷生活およびその死を縦糸とし，ガウェイン*，ランスロット*，イウェイン*，パーシヴァル*（フランス語ではそれぞれゴーヴァン*，ランスロ*，イヴァン*，ペルスヴァル*）をはじめとする「円卓の騎士」，魔法使いマーリン*，「聖杯*」，トリスタン*とイズー*の悲恋物語など，本来は別個に発生した多彩な物語を横糸とする，多種多様の説話がモザイクをなして形成する複雑な総体である（『アーサー伝説』，岩波書店，1985）．

　この一大物語群は，俗語による文芸活動を後押しする「12世紀ルネサンス」の息吹の中で1つの文学ジャンルとして確立され，イギリスのトマス・マロリーが1485年に著した『アーサー王*の死』によって集大成される．ルネサンス文学を開いたダンテ（1265-1321）の『神曲』地獄編では，第5歌にランスロット*と王妃の恋愛への言及があり，第32歌にはアーサー王世界の崩壊を招くモードレッド*が「アーサー王*の一撃で胸を割られ，胸とともに影も割られた男」とされている．ここでは，西欧でルネサンス初期まで成功を博した「アーサー王物語」の諸相をテーマごとに概観しながら，ケルト世界との関連を探ってみよう．

アーサーの伝説化

　「アーサー*」なる人物が歴史上実在したかについては専門家の間で意見が分かれる．アーサー*に言及した初期の資料の1つに『ゴドディン』がある．この英雄詩によると，600年頃，北ブリテン王国ゴドディンの300名の精鋭が，アングロ・サ

クソンの国デイラを攻撃するが敗北を喫する。このゴドディンの武将の1人グワウルディルの武勇について、「彼は敵の屍を、城壁の上の黒烏に貪らせた。もっとも彼の武勇とて、あのアーサー*には及ばなかったが」と描写される件が唯一アーサー*の名を留める箇所である。『ゴドディン』を収める『アネイリンの書』の写本は13世紀中頃のものであるが、『ゴドディン』自体は9世紀のものと推定される。アーサー*への言及が7世紀の史実を反映するものであるなら最古の記録となる。いずれにしてもアーサー*が、9世紀から10世紀までには北ブリトン人の間で比類なき英雄戦士として、伝説の対象になっていた証左である。

『ゴドディン』はエディンバラの宮廷詩人が作った叙事詩が口承のルートで伝わり、ウェールズのグウィネッズで書物の形にされたと推定されるが、同じグウィネッズの宮廷で800年頃ネンニウスがラテン語で『ブリトン人の歴史』を著している。6世紀前半にブリテン南西部に住んでいた僧侶ギルダスは『ブリタニアの破壊と征服』の中で、大陸からブリタニアへのアングロ・サクソンの来襲と、それに対するブリトン人の反撃を述べている。その後双方が戦闘を重ねた後、「ベイドン山*の戦い」で侵入者が敗北を喫したとされるが、ギルダスはブリトン人*側に決定的な勝利をもたらした指揮者の名を挙げなかった。ギルダスから2、3世紀を経てネンニウスは、先の『ブリトン人の歴史』の中でこの指揮者に「戦闘隊長」の資格と「アーサー*」の名を与えたのである。アーサー*の戦歴を記述する第56章は俗に「アーサリアナ」と呼ばれ、「ベイドン山*の戦い」をクライマックスに12の戦いが列挙されている（134頁のキャプションを参照）。歴史的現実を辿る作品全体の中にあってこの部分だけは、ブリテンの吟唱詩人たちの間で流布していた英雄詩の文体に近く、ここにも口承によるアーサー*伝承の痕跡を感じ取ることができる。

雄々しい戦士の一団の首領としてのアーサー*像は、『タリエシン*の書』に収められている、10世紀頃に作られた詩篇『アンヌウヴン*の略奪』にも認められる。これは、アーサー*とその仲間たちがプリトウェン*という名の舟に乗って異界（アンヌウヴン）へ赴き、魔法の大釜を奪いに行くという冒険譚である。遠征は7度行われたが失敗に終わり、帰還できたのは7名のみと語られる。遠征の過程で一行は「ガラスの塔」を攻撃するが、塔を守る6000人の見張りたちは声をかけても返事をしない。「聖杯*」を予告する魔法の大釜は、『キルッフ*とオルウェン*』では、アイルランド（イウェルゾン）の王アエドの息子オドガルの執事であるディウルナッハ*のものとなっている。この物語は12世紀前半に書かれたと推定され、『マビノギオン』（『マビノーギ*』の複数形）に収められたアーサー王*伝説群に属する5つの作品の中で最も早く成立したと考えられる。ウェールズの族長アーサー*（アル

スル*)の甥キルッフ*が，巨人イスバザデン・ペンカウル*の娘オルウェン*に求愛し，彼女を獲得するためにアーサー*とその仲間たちの助力を得て，一見不可能にみえた39に及ぶ試練を克服するという経過を辿る．試練の中では，娘の結婚式の折に，イスバザデン・ペンカウル*の身繕いのためのひげ剃り道具をその両耳にもつ，猪の長トゥルッフ・トゥルウィス*狩りの話と，モドロン*の息子マボン*の救出の物語が詳しく描写されている．

「若者の物語」を意味する『マビノーギ*』の複数形『マビノギオン』とは，11世紀の後半頃にまとめられたと推測される中世ウェールズの散文物語集のことである（邦訳は中野節子訳，『マビノギオン―中世ウェールズ幻想物語集』，JULA出版局，2000）．この物語集を含む写本は2種類あり，1つは『レゼルッフの白い本』(1300-25に成立)，もう1つは『ヘルゲストの赤い本』(1375-1425に成立) である．物語は全部で11篇からなっており，訳者の中野節子氏が指摘するように，それぞれ内容から3つのグループに分類できる．第1は，ウェールズ*に伝わる神話の影をとどめる「マビノーギ*の4つの物語」で，『ダヴェドの大公プイス*』，『スィール*の娘ブランウェン*』，『スィール*の息子マナウィダン』，『マソヌウイの息子マース*』がこれに属する．第2「カムリ*に伝わる4つの物語」には，2つの短いウェールズ民話『マクセン・ウレディクの夢』，『スイッズ*とスェヴェリス*の物語』と，先述した『キルッフ*とオルウェン*』，後述する『ロナブイの夢』が含まれる．第3「アルスル*の宮廷の3つのロマンス」に属する作品は，以上2つのグループに見られた荒々しい野性味が影をひそめ，洗練された優雅な雰囲気の漂うロマンスとなっている．これに属するのは，『ウリエン*の息子オウァイン*の物語，あるいは泉の貴婦人*』，『エヴラウクの息子ペレドゥル*の物語』，『エルビンの息子ゲラィント*の物語』である．ジャン・マルカルは本書で，『マビノギオン』に属する作品の登場人物を多く取り上げている．

『キルッフ*とオルウェン*』に続く2番目のアーサー王物語『ロナブイの夢』は，冒頭に登場する歴史上の人物マレディズの息子マダウク（1159没）を根拠にすれば，12世紀中葉以降に成立したと考えられる作品である．ロナブイという人物が幻で見る光景は，かつてアーサー*（アルスル*）がサクソン人を相手に勲を立てた「ベイドン山*の戦い」の前後の場面である．この「夢」には，アーサー*とオウァイン*がチェスに似た狩りのゲームの一種であるグウィズヴィズに興じる様子が描かれているが，これは戦いとは直接の関係がない．このゲームの最中に，アーサー*とオウァイン*双方の家来たちが，アーサー*の軍団および島の人々と，オウァイン*のカラスたちとの戦いを止めさせるようにと言いに来る．総勢300羽余りになるこの

カラスの軍団は，オウァイン*が父方の祖父キンヴァルフ*から与えられたものである．オウァイン*自身は，6世紀に活躍した人物であり，『タリエシン*の書』では，父ウリエン*とともにブリテン島*の北の各地で，サクソン人を相手に勇敢に戦った人物として歌われるほか，9世紀の「スェヴァルッフ・ヘン*の歌」には，レゲドのオウァイン*として登場する．『マビノギオン』中の「宮廷ロマンス」の1つ『ウリエン*の息子オウァイン*の物語，あるいは泉の貴婦人*』では，オウァイン*は主人公になっている（「イヴァン（オウァイン）」の項目を参照）．

13世紀の『カマーゼンの黒書』には，おそらく11世紀初めに書き留められた，アーサー*と門番グレウルウィッドとの間に交わされた対話が収められている．城塞に入ろうとした英雄が門番に素性を問われるという設定は，ケルトの*伝承では稀ではない．『マグ・トゥレド*の第2の戦い』で，ルグ*がタラ*の王城の守衛に特技を尋ねられ，あらゆる技芸に通じた者であることを伝えて入城を許される場面が想起される．アーサー王*と門番の対話では，話題が王の戦友とその武勇談に移ると，カイ*やベドウィル*（英語ではケイ*とベディヴィア*）といった「円卓の騎士」に含まれる英雄の他に，ウェールズ文学にわずかしか登場しない人物も含まれている．ここに登場するカイ*は，12世紀以降のアーサー王物語に登場する「毒舌」の執事騎士の姿とはかけ離れた勇士であり，パリグの怪猫*を退治する（「カイ」「ベドウィル」の項目を参照）．

以上のように，主として中期ウェールズの文献を中心にアーサー*像の変遷を辿ると，元来は一介の英雄戦士にすぎなかった彼が，本来の史的属性から大きく離れて，ブリトン人*の間で様々な性格を付与され，巨大な伝説的存在に変貌していったことが分かる．その過程には口承による伝説の伝播が大きな役割を果たしたと思われるが，これと前後して書承による伝説の歴史化とロマンス化が始まる．

プランタジネット朝とアーサー王伝説

時は12世紀中葉．イギリスでは，ノルマンディー公ウィリアム（1027/28-87）がひらいたノルマン王朝を，血統の関係で受け継いだプランタジネット家が，いまだ確固たる王権基盤を欠き，同時にフランスのカペー朝に対抗する必要に迫られていた．プランタジネット朝の始祖ヘンリー2世（1133-89）の父ジョフロワの側近だったジェフリー・オヴ・モンマス（1100頃-55頃）が1136年頃に著した『ブリタニア列王史』には，大ブリテン島の最初の住人であるブリトン人*に，黄金時代の英雄皇帝を提供するという意図があった．太古以来7世紀に至るまでのブリタニアの歴史を辿る，12巻からなるこの書全体のほぼ3分の1を占めるアーサー*の生

涯こそ，カペー家が祖先と仰ぐカール大帝の威光に匹敵するものだったのである．ジェフリーの描くアーサー*は，5世紀から6世紀に大ブリテン島へ侵攻したアングロ・サクソンを撃破し，次いで北欧・西欧を制覇するばかりか，皇帝ルキウスの率いるローマ帝国の大軍をも殲滅する英雄王である．

ジェフリーによるアーサー*の模範的君主像の創造には，書承と口承双方で流布していたケルトの*伝承が多大な貢献をしている．アーサー*の誕生と最後の治世が如実にそれを物語っている．まず誕生であるが，父ウーゼル*は旧敵コーンウォール*のゴルロイスの妃インゲルナ*（英語ではイグレーヌ*）に恋し，マーリン*の魔法によってゴルロイスの姿に変身し，ゴルロイスの留守中にインゲルナ*と同衾しアーサー王*をもうける．一方アーサー王*の最後の治世は，ローマ遠征中にブリテン島*を委ねられていたモードレッド*が起こす謀反によって閉じられる．最後の戦いでモードレッド*は息絶えるが，アーサー*は負傷の身となり傷を癒すために神秘の国アヴァロン*へと運ばれる．魔法使いマーリン*と，ケルトの*異界に他ならないアヴァロン島*の登場は，アーサー王伝説の展開にとって必須の要素である．

ジェフリーがラテン語で著したこの年代記は，英仏海峡のジャージー島出身の学僧ワース（1110頃-75以降）によって当時の俗語であったアングロ・ノルマン語（フランス語）へと移され，1155年に『ブリュ物語』として世に問われた．この翻案を命じたのはヘンリー2世であるが，そこには王権の権威付けにアーサー王伝説を利用し，自らをアーサー王*の正統的な継承者として位置づけるという政治的な意図が働いていたのである．ワースは着席する人々の席次の問題を解決する「円卓」を発明し，アーサー王*の周りに重要な人物を配した．こうして基本的要素の確定したアーサー王伝説は，写本によるルートと，宮廷を渡り歩いて説話を披露する語り部によるルートで，大ブリテン島から大陸へと伝播していく．

アーサー王*の遺骨発掘の背後にも，ヘンリー2世の意図が垣間見られる．1190年ないし91年に，大ブリテン島のサマセット州にあるグラストンベリ*修道院の墓地の一角から発見された，アーサー王*と王妃のものとされる男女一対の遺骨を目撃したというギラルドゥス・カンブレンシスの証言が残っている．この証言は1193年から99年の時期のものと推定される．鉛の十字架上の碑文には，「ここに高名なるアーサー王*が，2度目の妻ヴェネヴェリアとともにアヴァロン*の島に眠る」と書かれていたという．ヘンリー2世は，年老いたブリテンの歌い手たちから，アーサー*の遺体が地中少なくとも16フィートの深さに，墓石ではなく，中空の樫の木の中から発見されるだろうと聞いたが，実際に遺体はその深さのところにあったという．

ギラルドゥスはまた，グラストンベリ*がかつてアヴァロン*の島（「リンゴ*のなる島」の意）と呼ばれていた根拠として，まわりを沼沢地で囲まれた島のような地形であり，かつ，ブルトン語*で「アヴァル」と呼ばれるリンゴ*に豊かな処だったことを挙げている．この地方を支配していた貴婦人モルガン*は，カムラン*の戦いの後，傷の治療のためにアーサー*をこの地に運んだと言われる．この場所は「イニス・グトリン」（「ガラスの島」）とも呼ばれていたため，サクソン人が「グラスティンゲブリ」（「グラス」はガラス，「ブリ」は城や都市を指す）と呼んでいたことも示されている．これは中世人が好んだ語源合わせにもかなったことである．アーサー*の遺骨の話は，グランストンベリ*修道士による捏造である可能性が極めて高い．捏造の主な理由としては，1184年の大火に見まわれた修道院にとって，巡礼者を惹きつけるアーサー*の墓が，多額の収入増をもたらす方法だったことが考えられる．ともかく，アーサー*と王妃の遺骨の「発見」は，アーサー王*実在説を保証することになったのである（「グラストンベリ」「アヴァロン」の項目と，58頁のキャプションを参照）．

口承によるアーサー伝説の痕跡

ジェフリーが著した『ブリタニア列王史』は，アーサー王伝説の「成文化」開始を告げる一大事件であるが，12世紀前半になり口承のルートで伝説が大陸で広範な伝播を見せていたことは図像からも推測できる．ロマネスク美術に属する彫刻は，その大半が聖書に基づいているだけに，アーサー王物語に取材した異教のモチーフの存在は一見奇異に映る．北イタリア・ロンバルディアにあるモデナ大聖堂の北東入口の扉の上部に描かれている図柄が好例である（下の図版を参照）．1120年から

アーサー王物語の淵源をケルトに探る　197

　1140年頃の作とされる浮彫の群像は、中央最上部に描かれた城中に非武装の男マルドックとともに女性ウィンロゲー*を配し、馬上の騎士たちが城を左右から攻め立てている。人物は全部で10名おり、このうち9名には名が彫られている。それによると、城を攻撃する側では、城の左側にはイスデルヌスと「ブレタニアのアルトゥス」、城の右側にはガルヴァギヌス、ガルヴァリウン、ケーがおり、城を防御するのはブルマルトゥスとカラードであると同定できる。

　これらの人名はアーサー王伝説に馴染みのものであり、アルトゥスはアーサー*、ウィンロゲー*はその妃グウィネヴィア*、イスデルヌスはイデール*、マルドックはメリアドック、カラードはカラドック*、ガルヴァギヌスとガルヴァリウンは、ガウェイン*とアグラヴェイン*という兄弟、ケーはケイ*に相当する。ブルマルトゥスは、13世紀の作品『デュルマール・ル・ガロワ』の主人公に相当する。ここに描かれているのは、誘拐された王妃をアーサー*が戦友の助けを得て救出しようとする場面である。13世紀のデュルマールは確かに、ブラン・ド・モロワが誘拐した王妃の救出に向かっている。しかしながらここに登場する人名と詳細を描いた文献は見つかっていない。この浮彫を手がけた者が、依拠した口承による典拠が消失したとも、あるいは伝説の細部を誤解したとも考えられる。それでもこの図像が、アーサー王伝説の古層を映し出す一駒であることには変わりがない。妻の救出に向かうのが、他ならぬアーサー*自身であることが何よりの証拠である。

　1165年頃に完成した、イタリア東南部に位置するオトラントの大聖堂内のモザイク画は、王冠を戴き杖を手にして山羊に跨ったアーサー王を描いている（右の図版を参照）。山羊はキリスト教の浸透とともに、魔女たちの補佐役からサバトを仕切る神そのものへと変貌を遂げてゆくが、ケルトの*フォークロアを信じれば、王権との関連が深い動物である。アイルランド・ケリー州で毎年サウィン祭*には、人々は豪華に飾り立てた王座をもって歩くが、その上には王の化身に他ならない山羊が厳かに置かれている。元来この儀式は、近隣の丘で山羊を捕らえるところに眼目があり、山羊狩りを行う権利のあった唯一の家族が王権を手にすることになっていた。その意味では山羊を手なずけているオトラントのアーサー王*は、君主の名にふさわしいのである。

一方で，狩人の姿で描かれているこのアーサー*像は，フランスのフォークロアが「アーサー*の狩り」と呼んでいる「荒猟（ワイルド・ハント）」を喚起する．別名「メニ・エルカン」と呼ばれる「荒猟」は，11世紀以降にヨーロッパ大陸の大部分の地域で書かれた一連のラテン語および俗語の文学作品が報告する，神話上の人物ないしは神話化された人物が率いる死者の群れのことであるが，アーサー*はこの死者の先導者の位置を占めるようになってくるのである．とすればオトラントのアーサー*像は，野生の世界と死者たちのうごめく異界の王を表しているのかもしれない．アーサー王*と神話的な狩りとの関連は偶然ではなく，例えば『キルッフ*とオルウェン*』にみられる猪の長トゥルッフ・トゥルウィス*狩りの話を考えてみればよい．

　死霊の先導者としてのアーサー*伝承は，中世期からのものである．13世紀にティルベリのゲルウァシウスが『皇帝の閑暇』の中で報告したシチリアの話によると，カタニアの司教の1人の馬丁が逃げ去った馬を追っていくうちに，エトナ山の薄暗い洞窟の方へ向かうと，魔法で建てられた宮殿の中にアーサー王*が豪華な寝台の上で横になっているのを認めたという．王は馬丁に，かつて甥およびサクソン侯との戦いで負傷した経緯と，傷口が毎年開くために随分前から宮殿にいることを語ったとされる．この種の神話的伝承のもとになっているのは，平和と文明をもたらした君主が地上での履歴を終えた後，異界の王になるという物語である．アーサー*の場合，その住処となる異界は海の彼方にあるアヴァロン島*もしくは，エトナ山のような火山の中となる．

　ピエール・ガレが行った12世紀の人名調査によると，いまだアーサー*と「円卓の騎士」の冒険譚がラテン語でもロマンス語でも存在していなかった12世紀冒頭の時点で，ランスロット*，パーシヴァル*，ガウェイン*，アーサー*らの名が洗礼を受けた子供の名に多く見られたという．この現象は，先述したイタリアの図像資料と並んで，アーサー王伝説が口承のルートで11世紀末には既に大陸に流布していた傍証になる．

クレチアン・ド・トロワ—ランスロと聖杯の誕生

　アーサー王伝説に揺るぎない名声を与えたのは，12世紀後半に北仏で活躍したと考えられるクレチアン・ド・トロワである．クレチアンは，アリエノール・ダキテーヌ（英語ではエレアノール，1122頃-1204）がルイ7世との間にもうけたシャンパーニュ伯夫人マリの依頼に応じて，「宮廷風恋愛」の典型とされる『ランスロ*または荷車の騎士』（1177-81年頃）を著した．その後，フランドル伯フィリップ・ダ

ルザスの依頼で，後の「聖杯*」伝説の出発点となる『ペルスヴァル*または聖杯の物語』(1185年頃) に取り組むが，この物語は未完のままに終わっている.

アリエノールの祖父アキテーヌ公ギョーム9世 (1071-1127) が，12世紀に恋愛を「発明」した南仏詩人トルバドゥールの祖であったことを考えれば，アリエノールの娘マリが母の文学趣味を受け継いで，その宮廷に多くの文人を召し抱えていたとしても驚くには足らない．マリの宮廷に仕えていた司祭アンドレが著した『恋愛術』(12世紀後半) には，宮廷の貴婦人たちを裁定者に見立てた社交遊戯としての「恋愛法廷」の模様が報告されている.「夫婦間には真の愛が占める余地があるか否か」という究極の問題に対し，マリ自身が明確に否と返答する件は示唆的である．事実，トルバドゥールたちが称えた「至純愛」とは，恋する男が意中の既婚女性に対して無条件に服従し，数々の試練を克服していくという原則に基づいている.

姦通愛であるこの愛は秘匿を前提としたものだけに，結婚とは相容れない性質のものである．折しも流行の兆しを見せていたトリスタン*伝説でも，主人公とその伯父マルク*王の妻イズー*との姦通愛が主眼となっていた．クレチアンはこの流れに逆らって，創作の過程で恋愛と結婚が両立する可能性を自らに課していく．現存第1作『エレック*とエニッド*』(1170頃) では，結婚生活に惑溺して騎士としての本分を忘れ，一時的に惰弱者になりさがってしまったエレック*が，妻エニッド*を連れだった冒険の旅の過程で武勇と夫婦愛を再確認する物語である (「エレック」「エニッド」の項目を参照).『ランスロ*または荷車の騎士』と平行して創作された『イヴァン*または獅子の騎士』では逆に，武勇に重きを置きすぎた騎士イヴァン*が妻の愛を失って狂気を経験した後，高貴な心と勇気を象徴するライオンの助力を得て，悪に立ち向かい弱者を守る騎士に成長することで妻との和解に至る物語である．物語の中心的な舞台となるのは，「バラントンの泉*」であり，イヴァン*の妻は「泉の貴婦人*」ローディーヌ*である (「イヴァン」「ローディーヌ」「バラントンの泉」の項目を参照).なお，エレック*とイヴァン*は，ウェールズの『マビノギオン』ではそれぞれ，ゲライント*とオウァイン*に対応する.

クレチアンの作とされるアーサー王物語は，「反トリスタン*」として構想された『クリジェス』(1176頃) を含めると5作品が現存している．特徴的なのはアーサー王*の影が薄くなり，配下の騎士たちが困難や冒険に立ち向かっていく点である．アーサー王*の消極的な姿は，クレチアン以降，12世紀から13世紀にかけて夥しく膨れ上がっていく，韻文および散文による多くの「アーサー王物語」にも見られる.「円卓の騎士」の中でも，クレチアンが結末に手をつけなかった2作品の主人公，ランスロ* (英語ではランスロット*) とペルスヴァル* (英語ではパーシヴァル*)

は,後のアーサー王物語の展開を考える場合に極めて重要である(「ランスロット」「ペルスヴァル」の項目を参照).

まず,モデナの大聖堂の図像にも,ウェールズの『マビノギオン』のアーサー王物語群にも全く姿を見せないランスロ*を,「円卓の騎士」の一員として位置づけ,彼と王妃グニエーヴル*(英語ではグウィネヴィア*)との姦通愛を描いたのは,クレチアンが初めてである(「グウィネヴィア」の項目を参照).恋愛と結婚の両立を理想と考えるクレチアンは,パトロンであるシャンパーニュ伯夫人マリの依頼を断りきれずに創作に取りかかったと思われる.その証拠に,結末を同僚のゴドフロワ・ド・ラニーに任せている.しかし,皮肉なことにランスロ*の登場が招く姦通愛こそが,13世紀以降の作品群ではアーサー王世界の破滅を呼ぶことになる.クレチアンの作品の他にランスロ*が主役として登場するのは,現存していないアングロ・ノルマン語の物語に基づく,ウルリッヒ・フォン・ツァトツィクホーフェン作『ランツェレット*』(12世紀末)である.ここにはクレチアンが描いていない,主人公ランツェレット*(=ランスロット*)の誕生と,「湖の貴婦人」による養育の主題が見られる(「ランツェレット」の項目を参照).

次に,ペルスヴァル*であるが,彼が探索の対象とする「グラアル*」こそ,「聖杯*伝説」の出発点となるものである.フランスでは単に食事用の広口の器を指すに過ぎなかった普通名詞「グラアル*」に,クレチアンはケルト神話の「豊穣の大釜」や「魔法の角」に連なる驚異的なイメージと,キリスト教的な解釈をも可能にする聖なるイメージを纏わせながら,その由来を謎のままに放置することで,後に続く物語作家たちの想像力を刺激し,多くの続編物語が生み出される可能性を残したのである.「聖杯*伝説」とは従って,クレチアンが生み出した文学神話と言えるのである(「グラアル(聖杯)」の項目を参照).

未完に終わった『ペルスヴァル*または聖杯の物語』の後半では,アーサー*の甥にあたるゴーヴァン*(英語ではガウェイン*)が主人公となっている点にも注意しなければならない.クレチアンの諸作品では,「騎士の鑑」として常に主人公に凌駕される存在であるゴーヴァン*は,クレチアン以降に書かれた聖杯*のテーマを含まない一連の作品では文字通り主人公となっている.「ゴーヴァン*・サイクル」と称されるこの物語群に属する作品は,ルノー・ド・ボジュー作『見知らぬ美丈夫』,パイヤン・ド・メジエール作『馬銜のない牝騾馬』,ラウール・ド・ウーダン作『メロージ・ド・ポールレゲ』および『ラギデルの復讐』,逸名作者の手になる『剣の騎士』,『イデール』,『グリグロワ』などである.このうち『馬銜のない牝騾馬』には,ゴーヴァン*に首を切り落とされた自由農民が自分の首を持ち帰り,翌日ゴ

ーヴァン*の首を求める場面が見られるが，これはアイルランドの『ブリクリウ*の饗宴』や，『ガウェイン*卿と緑の騎士』などに現れるいわゆる「首切り試合」のモチーフである．ガウェイン*は元来，午前中は無敵の威力を持ち，午後になると魔力が衰える「太陽英雄」であるが，その側面は「アーサー王物語」の随所に見られる（「ガウェイン」の項目を参照）．

　クレチアンに続いて聖杯*を扱ったのは，ロベール・ド・ボロンの韻文作品『聖杯由来の物語』（1200 頃）である．クレチアンの作品では，ペルスヴァル*の伯父にあたる隠者が，「グラアル*」には「聖餅（ホスティア）」が入っており，それにより 15 年にわたって漁夫王*の父の生命を養ってきたと説明するものの，それ以上のことは分からない．だが，ロベールは「グラアル*」を，アリマタヤのヨセフが十字架上のキリストの傷からほとばしる血を受けた容器として描くのである．こうして「グラアル*」は「聖杯*」という訳語に対応するものとなり，驚異の器はキリスト教化をみることになる．クレチアンとロベール以降も，13 世紀前半にはフランスで，『ランスロ*＝聖杯*』と総称される膨大な作品群が生み出されていく．

　ドイツではハルトマン・フォン・アウエ（1165 頃-1210 頃）が，クレチアンの『エレック*とエニッド*』と『イヴァン*』に対応する『エーレク*』（1190 年）と『イーヴェイン*』（1205）を著し，ドイツにおけるアーサー王物語の創始者となっているほか，ヴォルフラム・フォン・エッシェンバハ（1170 頃-1220 頃）がクレチアンの未完の『ペルスヴァル*』を継承して『パルチヴァール*』（1210 頃）を著している．ヴォルフラムの描く聖杯*は不思議な力を備えた宝石で，望む飲食物をもたらし，聖杯*守護の人々の生命と若さを保つものとなっている．ヴォルフラムの作品は数世紀の時を経て，1882 年に初演されたリヒャルト・ヴァーグナー最後の楽劇『パルジファル』へとつながっていく．

影の支配者マーリン

　元来はアーサー王伝説とは別個に存在し，中世期に伝説に融合される人物の中でも，マーリン*の名を忘れるわけにはいかない．アーサー*お抱えの相談役である彼は，実質的にアーサー王世界の礎を築いた魔術師であり，「円卓の騎士」の集う華々しい表舞台とは対照的に，森を憩いの場とする老賢者である．ジャン・マルカルが指摘するように，マーリン*はいわば完璧なドルイド僧*であり，アーサー王*とともに，社会を支配する聖なる対を形作っている（「マーリン」の項目を参照）．
　ロベール・ド・ボロンが古仏語韻文で書き上げた『メルラン*』は冒頭の 502 行しか現存していないが，その全体を伝える 13 世紀初めの散文版によれば，マーリン*

の誕生は反キリストを作りだそうとした悪魔たちの陰謀によるものとされる．インクブス（男性夢魔）と処女の子であるマーリン*は，その異常な出生から過去と未来の出来事に通じる能力を発揮して，アーサー王*のログル王国（英語ではログレス）の安泰に力を貸している．

物語は，ユテル（英語ではウーゼル）とパンドラゴン（英語ではペンドラゴン）がヴェルティジエを倒し兄モアヌ王の仇を取った後，パンドラゴンが長年の仇敵サクソン人との戦いで命を落とし，ユテルがユテル・パンドラゴン*と名を改めて王位に就く経緯を語る．その後臣下のタンタジェル公（英語ではティンタジェル*公）の妻イジェルヌ*（英語ではイグレーヌ*）に恋をしたユテルの欲望を満足させるため，彼の姿をタンタジェル公の姿に変えて，イジェルヌ*の部屋に忍び込ませ，アーサー*の誕生に貢献したのはマーリン*である（「ティンタジェル」の項目を参照）．この散文版はアーサー*とその父の治世を中心的に描いているが，ジェフリー・オヴ・モンマスの『マーリン*伝』（1148-1155．恐らく1150-1151）では，タリエシン*との対話の中でマーリン*は「自分は長生きし多くのことを目にしてきた」と述べ，コンスタンスの暗殺から，アーサー*から数えて2人目の後継者アウレリウス＝コナヌスの治世までの事件を語っており，7度の政権交代に立ち会っている．

マーリン*は人間世界と森という2つの世界を何度も往復する．森はケルト世界では神々の住まう聖域であり，異界でもある．ジェフリーの『マーリン*伝』では，マーリン*はデメティアの「王にして占者」として登場する．王国の領主たちの間で諍いが起こり，北ウェールズ王ペレドゥルスの軍とスコットランド王グエンノロウスの軍が戦闘を始める．マーリン*は，カンブリア王ロダルクスも与するペレドゥルス軍の側につくが，マーリン*の3人の兄弟もこの殺戮に加わる．しかし3人は戦いの最中で落命し，このさまを目にしたマーリン*は気がふれて森へ姿を隠し野人同様の生活をする．その後マーリン*は2度捕らえられて妹ガニエダの宮廷に留め置かれるが，最後はタリエシン*，マエルダン，ガニエダとともに森で暮らすことにする．一方，ロベールの『メルラン』の散文版では，マーリン*は定期的にアーサー王*宮廷に現れては姿を消す．実はノーサンバランドの森へ帰ると，マーリン*は聴罪師ブレーズ*に，一段落した事件の報告をし，ブレーズ*は執筆者としてこれを書き留めていたのである（「ブレーズ」の項目を参照）．

マーリン*に不朽の名声を与えたのはジェフリー・オブ・モンマスであり，マーリン*は『マーリン*の予言』，『ブリタニア列王史』，『マーリン*伝』の3作品に登場する．1132年から1135年頃に書かれた『マーリン*の予言』はすぐさま成功を博し，『ブリタニア列王史』の第7巻に編入されることになった．この巻にはマーリ

ン*は少年予言者アンブロシウス＝メルリヌスとして登場し，ブリトンの暴君ウォルティゲルン*がなぜウェールズ*に砦を築こうとして失敗するのかを解き明かして見せる（「ウォルティゲルン」の項目を参照）．それは城の下で激しく戦う2頭の竜*の仕業だという．マーリンの指示通りに城の下が掘られると，紅白の竜*が姿を見せる．マーリン*は，白い竜*はサクソン，赤い竜*はブリトンを表すと述べ，以後6世紀から12世紀に至る両民族の闘争，およびブリタニアの運命に関する予言をする．ジェフリーはこの少年予言者を，ネンニウスの『ブリトン人の歴史』に現れるアンブロシウスから借用したものと考えられる．

　マーリン*の原型については議論が分かれる．ケルトの*伝承では，狂気に陥り森の野人となるスコットランドのライロケン*や，同じ運命を辿るアイルランドのスヴネ*が興味深い比較項となる（「ライロケン」「スヴネ」の項目を参照）．マーリン*伝説でおそらくジェフリー・オヴ・モンマスを当惑させたと思われるのは，マーリン*の持つ予言者と森の野人という2つの側面である．ギラルドゥス・カンブレンシスはこの難問を1191年の著作『ウェールズ紀行』の中で，「メルリヌス・アンブロシウス」と「メルリヌス・ケリドニウス」または「メルリヌス・シルウェステル」という2人のマーリンの想定により解決し，この見方が何世紀にもわたって受け入れられてきた．マーリン*のウェールズ名はミルズィン*であるが，これはカマーゼンという地名から派生した名であると考えられている．数ある語源説明の中で近年注目を集めているのは，マーリン*＝海の子説である．インクブス（男性夢魔）とされるマーリン*の父は，マーリン*伝説がキリスト教および宮廷風物語の枠内へ移し替えられる以前の古層では，ギリシアのプロテウスに代表される「海の老人」タイプの存在だった可能性がある．マーリン*は自ら羊飼い，農民，若者，老人，野人，鹿などに変身してみせるだけでなく，他人の姿を変えることもできるが，この「変身」能力がその証左となる．

トリスタンとイズー

　媚薬酒の力によって運命づけられたトリスタン*とイズー*の悲恋も，アーサー王伝説に取り込まれた物語の1つである．元来トリスタン*は，780年頃スコットランドに君臨していたピクト人*の王タロルクの息子ドルストであったと思われるが，彼をめぐる伝説はやがてケルト言語圏を南下し，その舞台をウェールズ*，コーンウォール*，フランスのブルターニュ*へと拡大していった．『ブリテン島三題歌*』第26「ブリタニアの3人の勇猛な豚飼い」では，トリスタン*はタスッフの息子ドリスタンとして姿を見せている．それによるとドリスタンが，エシスト*（イズ

ー*)のもとに遣わした豚番に代わってマルフ*（マルク*）の豚飼いをしていた時，アーサー*が策略を用いるかあるいは力ずくで1匹の豚を奪おうとしたが果たせなかったことが歌われている．マルク*の名は「馬」を意味するケルト語であり，イズー*はアイルランド人の名前に由来する（「マルク」「イズー」の項目を参照）．『ブリテン島三題歌*』が伝える略奪という神話的なモチーフは，アイルランドの『クアルンゲのウシ捕り』に代表されるケルトの*伝承に属するものである．

　トリスタン*伝説の起源もまた謎に包まれている．ピクト人*トリスタン*は元来，一騎打ちで敵を倒し，娘を貢ぎ物として差し出す羽目に陥った外国の王を救い，娘の恋人となったという，ペルセウス＝アンドロメダ型の話の主人公だったが，12世紀以降に創作される物語に辿り着く過程で，アイルランドのフィン*物語群に属する『ディアルミド*とグラーネ*の追跡』やアルスター物語に属する『ウシュリウ*の息子たちの流浪』，ギリシア神話のテセウスの物語などの影響を受けたことが窺われる（「ディアルミド」「グラーネ」「デルドレ」の項目を参照）．12世紀にフランス語で書かれた「トリスタン物語」は残念ながら断片の形でしか現存していない．クレチアン・ド・トロワが「反トリスタン*」物語として著した『クリジェス』冒頭で言及された『マルク王*と金髪のイズー*』や，『狐物語』第2枝編冒頭で言及されたラ・シェーヴルの『トリスタン*』は散逸している．一方で，南仏恋愛詩人トルバドゥールの1人セルカモン（1137-49頃）が理想の恋人としてトリスタン*に言及していることから，伝説はかなり早い時期に，ラングドック地方でも知られていたことが分かる．

　トリスタン*物語の山場は，トリスタン*がアイルランドに渡り，巨竜を倒しその報償として国王から王女イズー*を勝ち得て，コーンウォール*に向かう船の中でイズー*の母が用意した媚薬をトリスタン*とイズー*が誤って口にし恋に落ちる件である．トリスタン*は，コーンウォール*のティンタジェル*に居城を持つ伯父マルク*の許嫁としてイズー*を獲得したのだったが，帰国後，マルク*の妻となったイズー*と逢瀬を重ねることになる（「ティンタジェル」の項目と，98頁のキャプションを参照）．2人の恋愛の契機をこの飲料に帰し，2人が体験する情熱を絶対的で理不尽なものとしているのが「流布本系統」の作品群である．注釈や心理描写が少なく荒削りで，伝説の本来の姿に近いと考えられるこの系統に属するのは，ベルールの『トリスタン*物語』（1165-70または90年代），ドイツのアイルハルト・フォン・オーベルクの『トリストラント*とイザルデ*』（1170-80頃），『トリスタン*伴狂』ベルン本（12世紀末？）などである．この系統によると，2人は媚薬を飲み干すことで同時に破滅と死を飲んだとされる．媚薬には3年（ベルール）あるいは4

年（アイルハルト）の期限がつけられ，薬酒の効果が停止すると同時に 2 人には悔恨の念が生まれ始める．したがってこの 2 人には，自由意志による選択を原理とする 12 世紀の南仏が「発明」した「至純愛」の観念は縁遠いことが分かる．

一方，トリスタン*とイズー*が出会いの場面から互いに恋愛感情を抱き，自らの意志で相手を選択したと解釈するのが「騎士道本系統」の作品群である．これに属するのは，イングランドのトマの『トリスタン*物語』(1172-76)，ドイツのゴットフリート・フォン・シュトラースブルクの『トリスタン*とイゾルデ*』(1200-10頃)，修道僧ロベルトが古ノルウェー語散文で著した『トリスタン*のサガ』(1226)，『トリスタン*佯狂』オックスフォード本 (12 世紀末？) などである．これらの作品では，媚薬は既に芽生えていた愛を確固たるものにする，いわば死に至るまでの純愛の象徴として機能し，当然その効力に期限はつけられない．

以上 2 つの系統のいずれかに分類するのが困難な作品として，13 世紀に成立した『散文トリスタン*』が存在する．80 を超える写本の存在が物語るようにフランスで 13 世紀以降に大成功を博した，複数の作者によるこの膨大な散文物語は，長大な前史が添えられたトリスタン*とイズー*の悲恋物語に，ランスロ*（ランスロット*）と王妃グニエーヴル*（グウィネヴィア*）の恋愛，「円卓の騎士」による聖杯*探索をも融合した複雑な物語である．一方ドイツでは，「流布本系統」に属するアイルハルトの作品は，15 世紀末に散文訳されると民衆本としても成功を収める．トリスタン*伝説に不朽の名声を与えたヴァーグナーの楽劇『トリスタン*とイゾルデ*』(1857 年—59 年作曲, 1865 年初演) は，「騎士道本系統」のゴットフリートの物語に基づくものである．

ベルールの『トリスタン*物語』によると，トリスタン*とイズー*は媚薬を夏の聖ヨハネ祭（6 月 24 日）に飲み干し，その効き目が 3 年後に切れるとされる．この神話的な日付に注目すれば，「薬草入りの酒」と呼ばれる媚薬は，ヨモギ，オトギリソウ，クマツヅラからなる聖ヨハネの草からできていると推測できる．女神アルテミスの草を意味するアルテミジアに由来するヨモギは，「月」に関連した植物であるが，この草の存在により，トリスタン*の恋愛が「月」のサイクルと一致していると考えられる．ジャン・マルカルは，太陽年であるケルトの*暦と，ケルト諸語において「月」が男性，「太陽」が女性であることを根拠に，トリスタン*＝「月」，イズー*＝「太陽」であると考え，トリスタン*の死を，イズー*の到着が遅れたことによる陽光の欠如から説明している（「トリスタン」の項目を参照）．

《クマ》アーサー王の死

　ワースの『ブリュ物語』，クレチアン・ド・トロワとその続編作家たちが著した物語に代表される12世紀の韻文作品に続いて，13世紀には『ランスロ*＝聖杯*』と総称される膨大な散文物語群が出現する．それは，『聖杯*の由来』，『メルラン*』，『アーサー*の書』，『ランスロ*本伝』，『聖杯*の探索』，『アーサー王*の死』という6つの作品から構成されている．このうち『散文ランスロ*』の名で呼ばれる最後の3部作は，聖杯*物語群の辿り着いた大伽藍的集成となっている．

　勇士ランスロ*の栄光と悲惨を描く『ランスロ*本伝』は，ベノイック領主バン*王であった父の死後，「湖の貴婦人*」に育てられたランスロ*の生い立ちから説きおこされ，アーサー王*宮廷での抜群の活躍，王妃グニエーヴル*との姦通愛の始まりに続いて，クレチアンが既に描いていた死の国へ連れ去られた王妃誘拐とその探索の話になる．コルブニック*城を訪れた際ランスロ*は，媚薬によって欺かれ，聖杯*を捧げ持っていた漁夫王*ペレス*の娘を王妃と錯覚して同衾し，この結縁から至純の騎士ガラアド*が生まれる（「バン王（ベノイックの）」「コルブニック（城）」「ペレス」の項目を参照）．

　13世紀前半，おそらく1220年代に逸名作者によって書かれた『聖杯*の探索』が描くのは，「円卓の騎士」に属する主立った騎士たちが至高の試練を通じて，聖杯*の探索者としての資格を試されるさまである．多くの者が遍歴のさなかでその罪深さを糾弾されて試練に失敗するなか，「選ばれたる者」となるのはペルスヴァル*，ランスロ*の従弟ボオール*（英語ではボールス*）とランスロ*の息子ガラアド*（英語ではガラハッド*）である．3人はやがてコルブニック*城訪問を経て，聖杯*とともに聖地サラスに旅立つ．聖地でガラアド*が王位に就くが1年と3日で至福のうちに死去すると，聖杯*と槍も永久に姿を消してしまう．完全に宗教的な存在となった聖杯*を求めるには，強い禁欲的な態度が要求されることから，この作品にはシトー修道会の影響が感じられる．救世主を思わせるガラアド*は物語冒頭から，アーサー王*宮廷の晩餐の席で「危険な座席」に坐ることにより，ランスロ*に代わって「最高の騎士」の称号を手にし，最終的にはただ1人，聖杯*の騎士としての使命を全うする（「ガラハッド」「ボオール」の項目を参照）．

　ガラアド*とともに聖杯*が姿を消すと，聖杯*の探索はもはや意味をなさなくなる．聖杯*の探索の過程で，「円卓の騎士」も32人のうち，22人までもが命を落とした．かくして『アーサー王*の死』は，北欧神話の「神々の黄昏」に対応するアーサー王*世界の崩壊を描く．王妃グニエーヴル*とランスロ*の仲が再燃し，やがてログル王国のアーサー王*と「円卓の騎士」は，ランスロ*の眷属との全面戦争に

突入する．その後アーサー*がオルカニー*の妃であった実妹との間の近親相姦によりもうけたモルドレ*（英語ではモードレッド*）が，グニエーヴル*に懸想し謀反を起こす．ソールズベリの野でのモルドレ*軍との壮絶な戦いで生き残ったのは，アーサー*の他にはジルフレ*（英語ではグリフレット*，ギルフレット*）と酒倉長リュカンだけだった．致命傷を負ったアーサー*はジルフレ*に命じて名剣エスカリボール（英語ではエクスカリバー*）を湖に捨てさせ，自らは妹モルガン*の乗る舟で運ばれ，やがて埋葬される．

　勇士が死に際して名剣を湖（あるいは海）に投げ入れるという話は，オセット伝承が報告するバトラズの死にも見られる．バトラズは，同僚のナルトたちが共謀して父親を殺害したことへの復讐に，彼らを大量に虐殺するが，生き残った一握りのナルトたちに対して憐れみを覚える．父の復讐は果たされたと考えたバトラズは，彼の剣を海に投げ込んでもらうという条件で，自分の死を待つことにする．ところが，この剣は重すぎたため，ナルトたちは剣を捨てたと嘘の報告をする．嘘が見破られたナルトたちは，やっとの思いで剣を浜辺まで引きずっていき，海に投げ込むと海は荒れ狂い，沸騰して，鮮血色に変わる．バトラズはこの報告を耳にすると安心して息を引き取る．このモチーフは，インド＝ヨーロッパ語族に共通の遺産に属するものと思われる．

　『アーサー王*の死』では，ソールズベリの戦いの後，王妃は尼僧院に入り，ランスロ*は苦行僧となる．すべてはモルドレ*軍との決戦を前にアーサー*が夢に見る「運命の輪」の仕業であるかの如くである．夢の中で1人の美しい貴婦人が王を，世界全体が見渡せる車輪の上に座らせた後，「どんなに高い所に座っている者でも必ず，現世の権力の座から，落ちないわけには行かないのです」と言うと，王を捉えて地上へ突き落とすのである（「モードレッド」「ジルフレ」「エクスカリバー」の項目を参照）．

　キリスト教の思想が強い『アーサー王*の死』ではアーサー*は「黒い礼拝堂」に埋葬されるが，ジェフリーの『ブリタニア列王史』では致命傷を負ったアーサー*は怪我の治療のためにアヴァロン島*へ連れて行かれたと書かれている．アングロ＝ノルマン語による『列王史』の翻案であるワースの『ブリュ物語』ではさらに明示的に，王がなおも島にいて，ブリトン人*たちは王の帰還を待っていると付言している．これはカール大帝やフリードリッヒ赤髭王にも見られるような，偉大な王の救世主信仰に属する．それは永劫回帰の神話に他ならず，季節の循環と切り離せない．生命はすべて冬に死に，春になれば再生するのである．

　アーサー*の名（名詞が2格体系からなる古フランスでは主格が Artus, 被制格

がArtu）はケルト起源で，クマ*に由来すると考えられる（「クマ」の項目を参照）．クマ*が中期・現代ブルトン語*でarz，古ブルトン語*とアイルランド語でart，ゴール語とウェールズ語*でarthの形を取り，これらの形態がインド＝ヨーロッパ語根*rktosに関連することが明らかだからである．とすれば致命傷を負ったが落命した訳ではないアーサー*が妖精の住む常若の国で回復を待っているというのは，フィリップ・ヴァルテルが指摘するように，クマ*の冬眠の言い換えではないだろうか（『アーサー—熊と王』，パリ，イマゴ書店，2002）．《熊》アーサー*は冬の間を異界で過ごし，そこで生まれ変わるために新しい春の訪れを待っているのである．13世紀のティルベリのゲルウァシウスが報告する，アーサー*の住まいとしてのシチリアの火山エトナの話も，山中の洞窟で生活するアーサー*を冬眠するクマ*と考えれば何も驚くには足らないのである．

　アーサー*が実在の人物であることを証明するために引き合いに出されるのは，ローマのアルトリウスである．ローマ時代に，ハドリアヌスの城壁の向こう側に住むピクト人*らの略奪から北方の任を託されていたのは，第6ウィクトリクス軍団であるが，その長官はルキウス・アルトリウス・カストゥスと言った．また軍団の中でもエリート集団を形成していたイアジュゲス族は，カストゥスを偶像視するようになり，共同体のリーダーがカストゥスの氏族名アルトリウスを称号とし，これを代々の後継者に受け継がせたと考えられる．カストゥスを史実のアーサー*と考える場合，ダルマティア出身の彼がブリトンの精神を象徴する英雄には不自然であるし，さらにローマの軍団を率いている点も不自然である．アーサー*とそれに近い名の勇士が，東方から来襲したサクソン人に対抗する大ブリテン島のケルト人*にとってのレジスタンス戦士であったことは十分あり得るが，それがアーサー王物語に登場するアーサー*と同一人物ということはあり得ない．ここでは文学が歴史をなぞっているに過ぎない．

結びにかえて—モルガンと異界の舟

　14世紀に書かれた『頭韻詩アーサー*の死』と，『ランスロ*＝聖杯*』に代表されるフランス語による物語作品をもとに，15世紀にトマス・マロリーが著した壮大な物語絵巻『アーサー王*の死』では，ベディヴィア*が王に頼まれて名剣エクスカリバー*を水辺に行って水の中に投げ込んだ後，王のところへ戻り，王を背負って水辺まで行くと，岸のすぐ近くに大勢の美しい貴婦人を乗せた小舟が待っていた．黒い頭巾を被った婦人たちは王を見るとみな泣き叫ぶ．ベディヴィア*が王を舟に移すと，3人の貴婦人が悲しみながら王を受け取る．王がそのうちの1人の膝に頭を

載せると，その王妃は「ああ，愛しい弟よ．なぜこんなに長く待たせたの．ああ，この頭の傷はすっかり冷たくなっている」と嘆く．王は最後にベディヴィア*に対し，「これから重い傷を治すためアヴァロン*の谷に行かねばならぬ．わたしの消息を聞かなくなったら，我が魂のために祈ってくれ」という科白を残す．

この王妃は，『ランスロ*＝聖杯*』を締めくくる古仏語版『アーサー王*の死』に現れるモルガン*に対応するモルガン*・ル・フェイであると思われる．ケルトの*伝承では，モルガン*は王権および戦争と不離の関係にある．アイルランドの伝承でモルガン*に相当するモリーガン*は，戦士たちを戦いへと駆り立てる女神である．モルガン*（Morgane）の名が「偉大な女王」を意味する以上（morが「偉大な」，rigainが「女王」の意），モルガン*は王権そのものを体現する表象ということになってくる．神話物語では常に人間の血に飢えた人喰い鬼のようなモルガン*は，異界からやってくる救いの女神，また一方で頻繁に鳥の姿を取るため，ローエングリーンを乗せた小舟を牽くハクチョウ*のように，勇士の霊魂を導く妖精でもある（「ハシボソガラス」の項目を参照）．ジェフリーの『マーリン*伝』では，モルガン*は病んだ身体を癒すためにあらゆる植物の効能に通じた者とされ，深手を負ったアーサー*を助けるために現れ，時宜良く治療師＝魔法使いの才を発揮するのである（「モルガン」「モリーガン」の項目を参照）．

考古学者たちは，青銅器時代に属する，鳥を象った品を数多く発掘している．それは最古のケルト神話における鳥の象徴が担う重要性の証である．鳥は英雄の地上での今際の際に結びつき，英雄が異界へ移る手助けをする．ケルト人*は，鷲鳥あるいはハクチョウ*を異界の伝令もしくは異界の神々の協力者と見なしていた（「ハクチョウ」の項目を参照）．鳥はまた，モルガン*のように，神の取る動物の姿かあるいは魂の表象でもある．とすれば，「泉の貴婦人」に代表される，アーサー王物語に登場する，水との関連がはっきりした多くの妖精のような女性たちには鳥の側面が隠されていないかと問うてみる価値がある．クレチアン・ド・トロワの『ランスロ*または荷車の騎士』では，誘拐された王妃グニエーヴル*（英語ではグウィネヴィア*）が，泉の近くに櫛を忘れていくが，これは王妃が突如，鳥に変身した証なのかもしれない．

（渡邉浩司）

[資料①]
ケルト関係系図 212

[I. と II. に収めた系図は，原則としてジャン・マルカルの記述に基いている．数字は収録頁数を示す]

I. アイルランドの神話・伝説 212
1) アルスターの英雄伝説 212
2) ファアナ騎士団またはオシアンの伝説 212
3) その他の系譜 213
    ①ルグ周辺 213
    ②オイングス周辺 213
    ③コナレ大王周辺 214
    ④ミールの息子たち 214
   [参考] アイルランドの起源神話と関連する種族 215

II. 「マビノーギの4つの物語」に登場する神々 216
1) ドーンの一族 216
2) スィールの一族 216

III. アーサー王伝説 217
1) アーサー王の親族系図 217
    ①ジェフリー・オヴ・モンマス『ブリタニア列王史』 217
    ②トマス・マロリー『アーサー王の死』 217
2) ランスロットの親族系図 218
    ①ウルリッヒ・フォン・ツァトツィクホーフェン『ランツェレット』 218
    ②トマス・マロリー『アーサー王の死』 218
3) パーシヴァルの親族系図 219
    ①クレチアン・ド・トロワ『ペルスヴァルまたは聖杯の物語』 219
    ②ロベール・ド・ボロンの聖杯3部作（『ヨセフ』『メルラン』『ペルスヴァル』） 219
    ③ヴォルフラム・フォン・エッシェンバハ『パルチヴァール』 220
4) トリスタンの親族系図 220
    ①12世紀フランスの「トリスタン物語」 220
    ②ゴットフリート・フォン・シュトラースブルク『トリスタンとイゾルデ』 221
    ③トマス・マロリー『アーサー王の死』 221

[資料②]
前1世紀中葉のガリア地図 222

I. アイルランドの神話・伝説

1) アルスターの英雄伝説

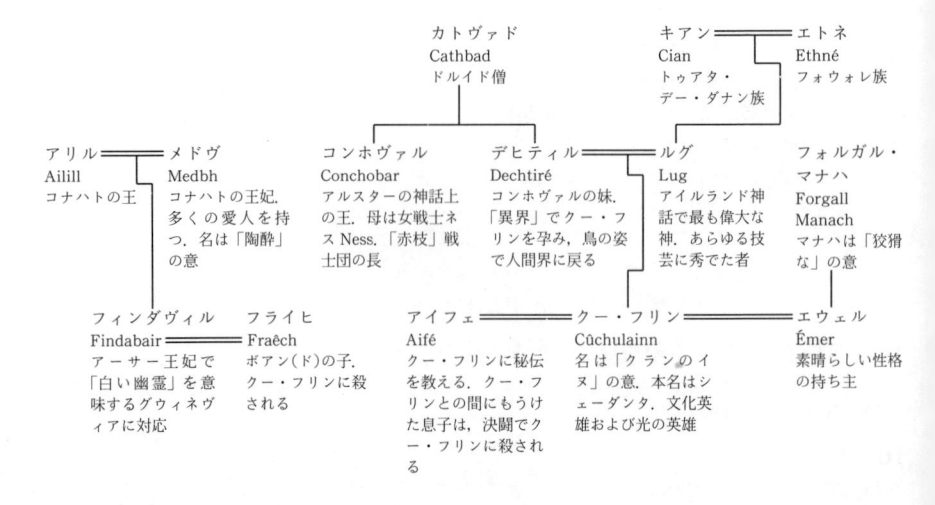

カトヴァド / Cathbad — ドルイド僧

キアン / Cian — トゥアタ・デー・ダナン族 ＝ **エトネ / Ethné** — フォウォレ族

アリル / Ailill（コナハトの王）＝ **メドヴ / Medbh** — コナハトの王妃．多くの愛人を持つ．名は「陶酔」の意

コンホヴァル / Conchobar — アルスターの神話上の王．母は女戦士ネス Ness．「赤枝」戦士団の長

デヒティル / Dechtiré — コンホヴァルの妹．「異界」でクー・フリンを孕み，鳥の姿で人間界に戻る

ルグ / Lug — アイルランド神話で最も偉大な神．あらゆる技芸に秀でた者

フォルガル・マナハ / Forgall Manach — マナハは「狡猾な」の意

フィンダヴィル / Findabair — アーサー王妃で「白い幽霊」を意味するグウィネヴィアに対応

フライヒ / Fraêch — ボアン（ド）の子．クー・フリンに殺される

アイフェ / Aifé — クー・フリンに秘伝を教える．クー・フリンとの間にもうけた息子は，決闘でクー・フリンに殺される

クー・フリン / Cûchulainn — 名は「クランのイヌ」の意．本名はシェーダンタ．文化英雄および光の英雄

エウェル / Émer — 素晴らしい性格の持ち主

2) フィアナ騎士団（Fiana（Fénians））またはオシアン（Ossian）の伝説

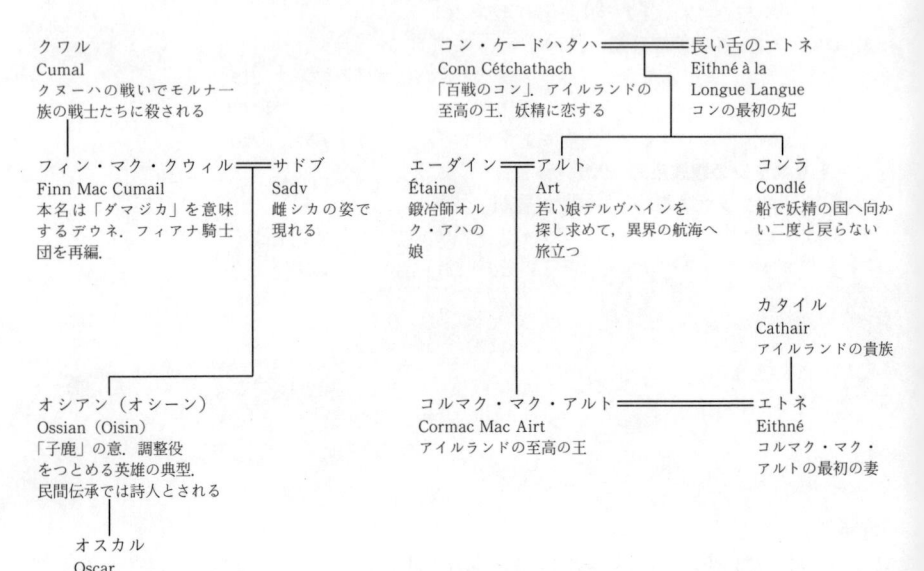

クワル / Cumal — クヌーハの戦いでモルナ一族の戦士たちに殺される

コン・ケードハタハ / Conn Cétchathach — 「百戦のコン」．アイルランドの至高の王．妖精に恋する ＝ **長い舌のエトネ / Eithné à la Longue Langue** — コンの最初の妃

フィン・マク・クウィル / Finn Mac Cumail — 本名は「ダマジカ」を意味するデウネ．フィアナ騎士団を再編． ＝ **サドヴ / Sadv** — 雌シカの姿で現れる

エーダイン / Étaine — 鍛冶師オルク・アハの娘 ＝ **アルト / Art** — 若い娘デルヴハインを探し求めて，異界の航海へ旅立つ

コンラ / Condlé — 船で妖精の国へ向かい二度と戻らない

カタイル / Cathair — アイルランドの貴族

オシアン（オシーン）/ Ossian (Oisin) — 「子鹿」の意．調整役をつとめる英雄の典型．民間伝承では詩人とされる

コルマク・マク・アルト / Cormac Mac Airt — アイルランドの至高の王 ＝ **エトネ / Eithné** — コルマク・マク・アルトの最初の妻

オスカル / Oscar — 名は「シカを可愛がる者」の意

3) その他の系譜
①ルグ周辺

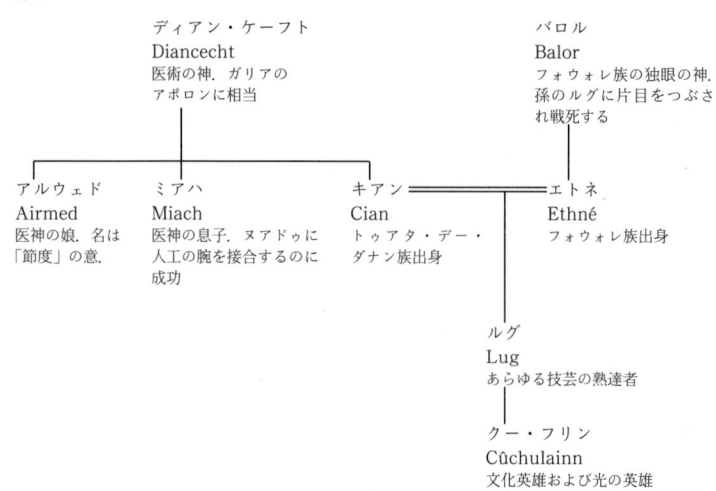

ディアン・ケーフト
Diancecht
医術の神．ガリアの
アポロンに相当

バロル
Balor
フォウォレ族の独眼の神．
孫のルグに片目をつぶさ
れ戦死する

アルウェド
Airmed
医神の娘．名は
「節度」の意．

ミアハ
Miach
医神の息子．ヌアドゥに
人工の腕を接合するのに
成功

キアン
Cian
トゥアタ・デー・
ダナン族出身

エトネ
Ethné
フォウォレ族出身

ルグ
Lug
あらゆる技芸の熟達者

クー・フリン
Cûchulainn
文化英雄および光の英雄

②オイングス周辺

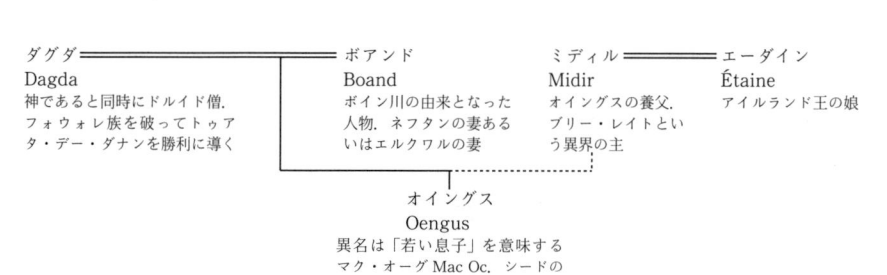

ダグダ
Dagda
神であると同時にドルイド僧．
フォウォレ族を破ってトゥア
タ・デー・ダナンを勝利に導く

ボアンド
Boand
ボイン川の由来となった
人物．ネフタンの妻ある
いはエルクワルの妻

ミディル
Midir
オイングスの養父．
ブリー・レイトとい
う異界の主

エーダイン
Étaine
アイルランド王の娘

オイングス
Oengus
異名は「若い息子」を意味する
マク・オーグ Mac Oc．シードの
丘ブルグ・ナ・ボーネの主．デ
ィアルミドとグラーネの庇護者

214　ケルト関係系図

③コナレ大王周辺

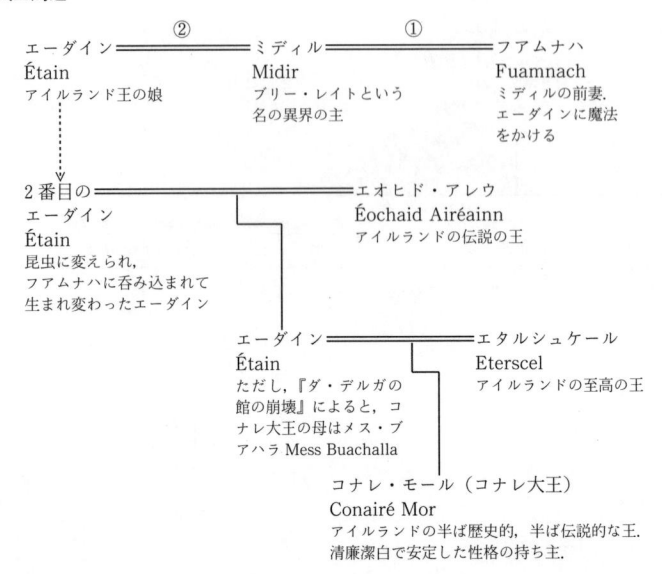

```
エーダイン ══② ══ ミディル ══① ══ フアムナハ
Étain              Midir              Fuamnach
アイルランド王の娘   ブリー・レイトという   ミディルの前妻.
                   名の異界の主         エーダインに魔法
                                       をかける
    ⋮
2番目の ══════════════════ エオヒド・アレウ
エーダイン                             Éochaid Airéainn
Étain                                 アイルランドの伝説の王
昆虫に変えられ,
フアムナハに呑み込まれて
生まれ変わったエーダイン

              エーダイン ══════════ エタルシュケール
              Étain                  Eterscel
              ただし,『ダ・デルガの      アイルランドの至高の王
              館の崩壊』によると,コ
              ナレ大王の母はメス・ブ
              アハラ Mess Buachalla

                    コナレ・モール（コナレ大王）
                    Conairé Mor
                    アイルランドの半ば歴史的, 半ば伝説的な王.
                    清廉潔白で安定した性格の持ち主.
```

④ミールの息子たち

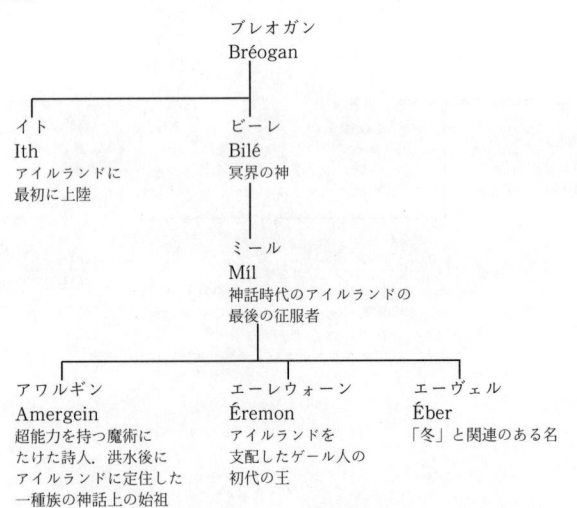

```
              ブレオガン
              Bréogan
         ┌──────┴──────┐
        イト            ビーレ
        Ith             Bilé
     アイルランドに       冥界の神
     最初に上陸            │
                         ミール
                         Míl
                    神話時代のアイルランドの
                    最後の征服者
            ┌────────┼────────┐
         アワルギン    エーレウォーン    エーヴェル
         Amergein    Éremon          Éber
      超能力を持つ魔術に  アイルランドを    「冬」と関連のある名
      たけた詩人. 洪水後に 支配したゲール人の
      アイルランドに定住した 初代の王
      一種族の神話上の始祖
```

[参考] アイルランドの起源神話と関連する種族（『アイルランド来寇の書』による）

以下の6つの種族が，アイルランドへの6度の来寇の波となっている

1) **ケスィル Cesair と従者たち**
   ケスィルはノアの孫娘で，大洪水の40日前にアイルランドに逃れる．3人の男と50人の女が一緒に到着する．大洪水のため，フィンタンを除き，全滅する．

   ⇩

2) **パルトローン Partholon**
   ノアの大洪水から300年後にアイルランドに来寇．片足・片腕の奇怪なフォウォレ族と初めて戦う．疫病のため，トゥアン・マク・カリルを除き，一族は絶滅する．

   ⇩

3) **ネウェド Nemed と従者たち**
   パルトローン時代の疫病から30年後にアイルランドに来寇した入植者集団．ネウェド一族も疫病により死亡する．

   ⇩

4) **フィル・ボルグ Fir Bolg**
   ノアの大洪水後アイルランドに来寇した第3の入植者集団．冶金術に長けた「雷族」．ネウェド一族の後裔とされる．

   ⇩

5) **トゥアタ・デー・ダナン Tuatha Dé Danann**
   ノアの大洪水後アイルランドに来寇した第4の入植者集団．マグ・トゥレドの最初の戦いでフィル・ボルグを敗り，第2の戦いでフォウォレ族を敗る．女王はバンヴァで，その姉妹はフォードラとエーリウ．

   ⇩

6) **ミール Míl の息子たち**
   アイルランドの最後の征服者．タルティウの戦いでトゥアタ・デー・ダナンを敗る．トゥアタ・デー・ダナンはその後，シードと呼ばれる地下世界で暮らし始める．

II. 「マビノーギの4つの物語」に登場する神々

1) ドーン (Dôn) の一族

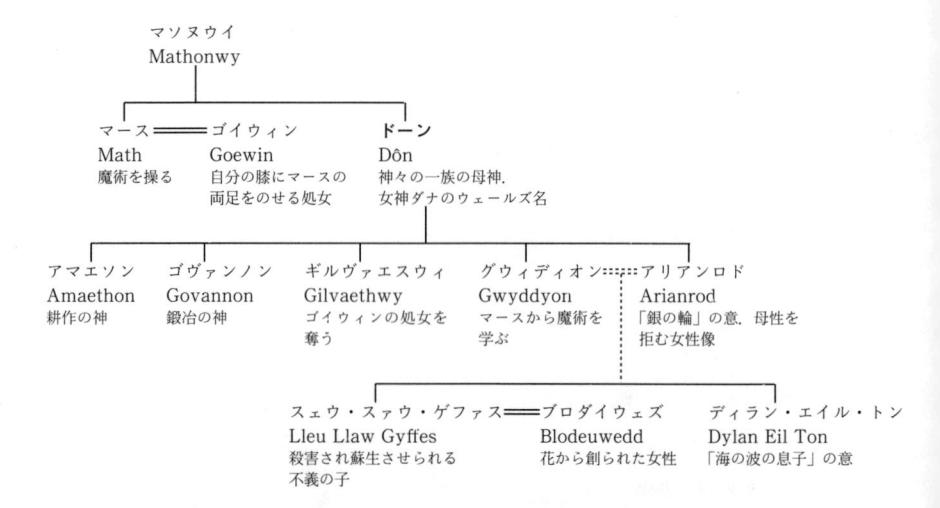

```
                        マソヌウイ
                        Mathonwy
                   ┌────────┴────────┐
        マース═══ゴイウィン        ドーン
        Math     Goewin            Dôn
        魔術を操る 自分の膝にマースの  神々の一族の母神.
                両足をのせる処女   女神ダナのウェールズ名
   ┌──────┬──────────┼──────────┬──────────┐
 アマエソン ゴヴァンノン ギルヴァエスウィ グウィディオン┄┄┄アリアンロド
 Amaethon  Govannon   Gilvaethwy    Gwyddyon     Arianrod
 耕作の神   鍛冶の神   ゴイウィンの処女を マースから魔術を 「銀の輪」の意. 母性を
                    奪う         学ぶ         拒む女性像
                           ┌──────────┼──────────┐
                    スェウ・スァウ・ゲファス═══ブロダイウェズ  ディラン・エイル・トン
                    Lleu Llaw Gyffes       Blodeuwedd       Dylan Eil Ton
                    殺害され蘇生させられる   花から創られた女性  「海の波の息子」の意
                    不義の子
```

2) スィール (Llyr) の一族

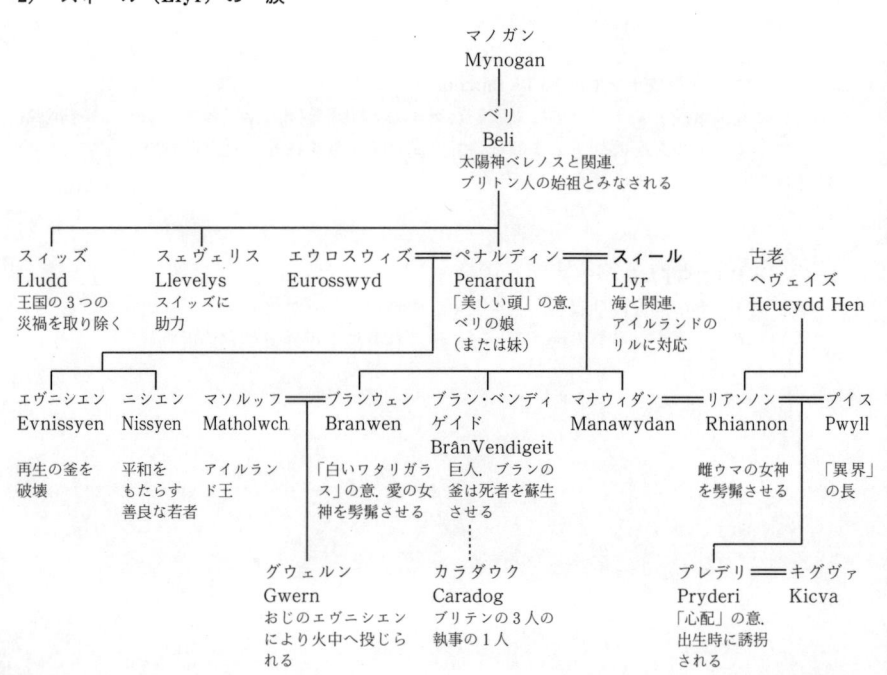

```
                                        マノガン
                                        Mynogan
                                           │
                                          ベリ
                                          Beli
                                    太陽神ベレノスと関連.
                                    ブリトン人の始祖とみなされる
   ┌──────────┬──────────┬──────────┬──────────┬──────────┐
 スィッズ    スェヴェリス  エウロスウィズ═══ペナルディン    スィール    古老
 Lludd     Llevelys    Eurosswyd    Penardun       Llyr       ヘヴェイズ
 王国の3つの スィッズに              「美しい頭」の意. 海と関連.   Heueydd Hen
 災禍を取り除く 助力                 ベリの娘        アイルランドの
                                  (または妹)      リルに対応
   ┌──────┬──────┬──────┬──────────┬──────┬──────────┐
 エヴニシエン ニシエン  マソルッフ═══ブランウェン ブラン・ベンディ マナウィダン═══リアンノン═══プイス
 Evnissyen  Nissyen Matholwch  Branwen    ゲイド        Manawydan  Rhiannon  Pwyll
                                        BrânVendigeit
 再生の釜を 平和を    アイルラン 「白いワタリガラ 巨人. ブランの              雌ウマの女神  「異界」
 破壊     もたらす   ド王      ス」の意. 愛の女 釜は死者を蘇生               を髣髴させる  の長
         善良な若者          神を髣髴させる  させる
                    ┌──────────┴──────────┐                    ┌──────┴──────┐
                  グウェルン              カラドウク             プレデリ═══キグヴァ
                  Gwern                 Caradog              Pryderi  Kicva
                  おじのエヴニシエン      ブリテンの3人の         「心配」の意.
                  により火中へ投じら      執事の1人            出生時に誘拐
                  れる                                     される
```

III. アーサー王伝説

1) アーサー王の親族系図

①ジェフリー・オヴ・モンマス『ブリタニア列王史』(1136 頃)

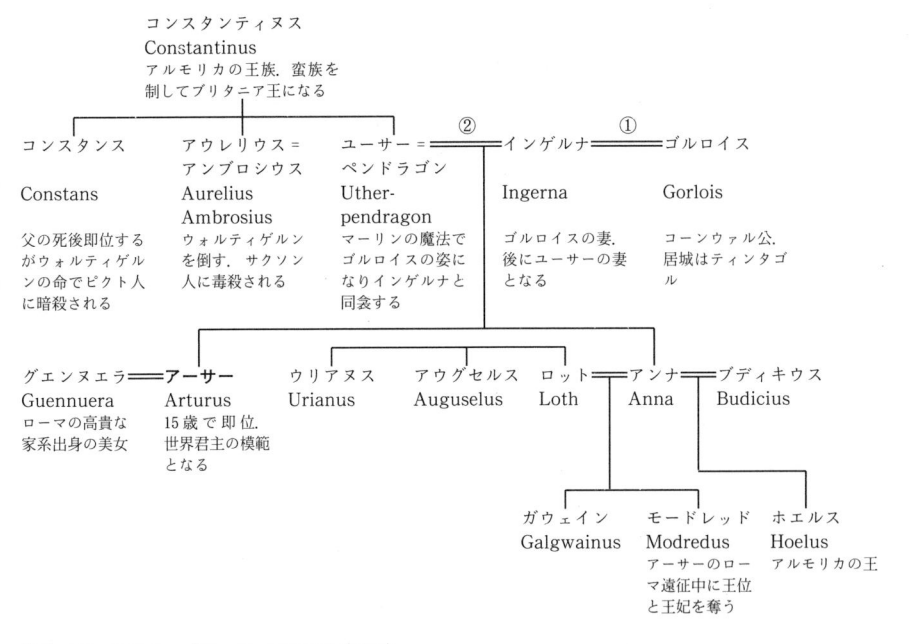

```
                    コンスタンティヌス
                    Constantinus
                    アルモリカの王族。蛮族を
                    制してブリタニア王になる
         ┌──────────────┼──────────────┐
  コンスタンス      アウレリウス＝      ユーザー＝②＝インゲルナ＝①＝ゴルロイス
  Constans         アンブロシウス      ペンドラゴン    Ingerna        Gorlois
                   Aurelius          Uther-         ゴルロイスの妻。  コーンウォル公。
  父の死後即位する  Ambrosius         pendragon      後にユーザーの妻  居城はティンタゴ
  がウォルティゲル  ウォルティゲルン   マーリンの魔法で となる          ル
  ンの命でピクト人  を倒す。サクソン  ゴルロイスの姿に
  に暗殺される      人に毒殺される    なりインゲルナと
                                     同衾する
         ┌──────────┬──────────┬──────────┬──────────┬──────────┐
    グエンヌエラ＝アーサー   ウリアヌス   アウグセルス   ロット＝アンナ   ブディキウス
    Guennuera   Arturus    Urianus     Auguselus     Loth  Anna    Budicius
    ローマの高貴な 15歳で即位。
    家系出身の美女 世界君主の模範
                  となる
                              ┌──────────┬──────────┐
                          ガウェイン    モードレッド    ホエルス
                          Galgwainus   Modredus      Hoelus
                                       アーサーのロー  アルモリカの王
                                       マ遠征中に王位
                                       と王妃を奪う
```

②トマス・マロリー『アーサー王の死』(1485)

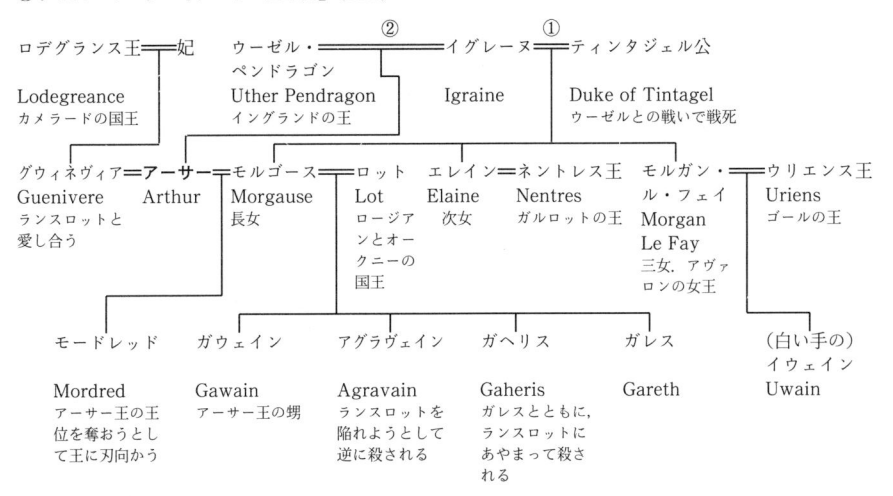

```
  ロデグランス王＝妃     ウーゼル・  ＝②＝イグレーヌ＝①＝ティンタジェル公
  Lodegreance          ペンドラゴン       Igraine      Duke of Tintagel
  カメラードの国王      Uther Pendragon                 ウーゼルとの戦いで戦死
                       イングランドの王
  ┌────────┬────────┬────────┬────────┬────────┬────────┐
 グウィネヴィア＝アーサー モルゴース＝ロット  エレイン＝ネントレス王  モルガン・＝ウリエンス王
 Guenivere    Arthur   Morgause  Lot    Elaine  Nentres       ル・フェイ   Uriens
 ランスロットと         長女      ロージア 次女    ガルロットの王  Morgan     ゴールの王
 愛し合う                         ンとオー                        Le Fay
                                 クニーの                        三女。アヴァ
                                 国王                            ロンの女王
    ┌────────┬────────┬────────┬────────┐                              │
 モードレッド ガウェイン アグラヴェイン ガヘリス    ガレス                    (白い手の)
 Mordred    Gawain    Agravain     Gaheris   Gareth                    イウェイン
 アーサー王の王 アーサー王の甥 ランスロットを ガレスとともに、                   Uwain
 位を奪おうとし              陥れようとして ランスロットに
 て王に刃向かう              逆に殺される  あやまって殺さ
                                         れる
```

218　ケルト関係系図

2) ランスロットの親族系図

① ウルリッヒ・フォン・ツァトツィクホーフェン『ランツェレット』(12世紀末)

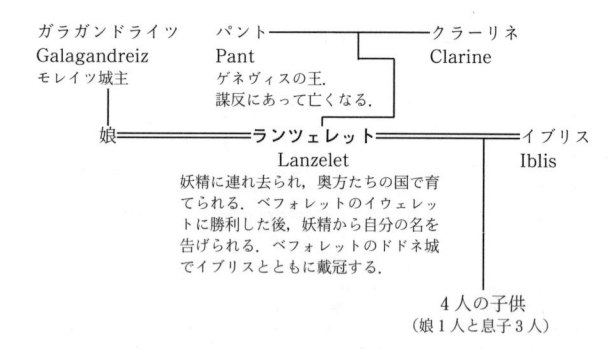

```
ガラガンドライツ        パント ─────────┬──── クラーリネ
Galagandreiz        Pant                   Clarine
モレイツ城主         ゲネヴィスの王．
                   謀反にあって亡くなる．
        ┌───────────┤
       娘 ════════ ランツェレット ══════════ イブリス
                  Lanzelet                  Iblis
                  妖精に連れ去られ，奥方たちの国で育
                  てられる．ベフォレットのイウェレッ
                  トに勝利した後，妖精から自分の名を
                  告げられる．ベフォレットのドドネ城
                  でイブリスとともに戴冠する．
                           │
                        4人の子供
                      (娘1人と息子3人)
```

② トマス・マロリー『アーサー王の死』(1485)

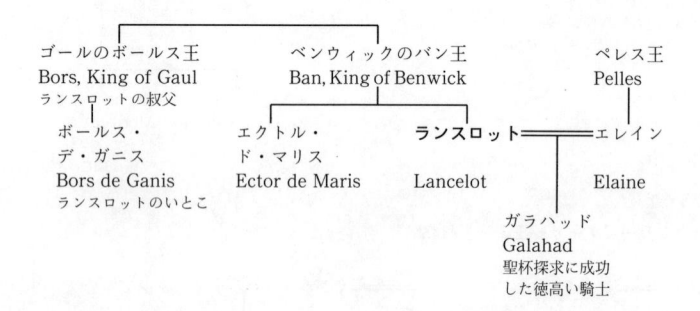

```
ゴールのボールス王      ベンウィックのバン王            ペレス王
Bors, King of Gaul    Ban, King of Benwick         Pelles
ランスロットの叔父
     │                    │                         │
  ボールス・           エクトル・      ランスロット ═══════ エレイン
  デ・ガニス          ド・マリス
  Bors de Ganis    Ector de Maris    Lancelot        Elaine
  ランスロットのいとこ                       │
                                       ガラハッド
                                       Galahad
                                       聖杯探求に成功
                                       した徳高い騎士
```

ケルト関係系図　219

3) パーシヴァルの親族系図

①クレチアン・ド・トロワ『ペルスヴァルまたは聖杯の物語』(1185頃)

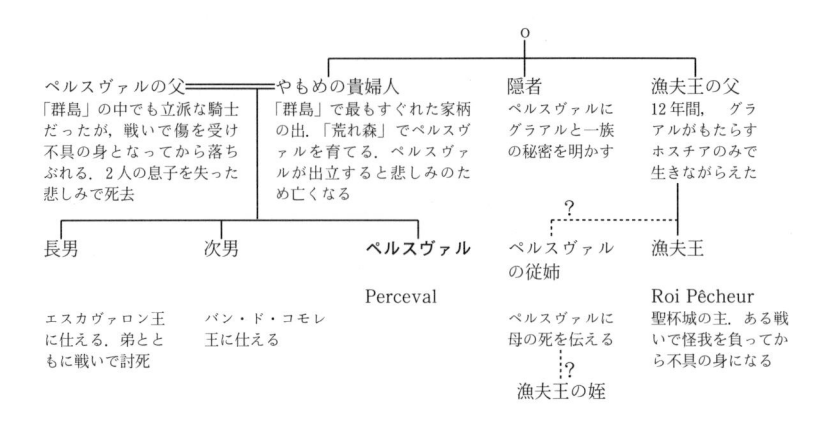

```
                                    o
        ┌───────────────┬───────────┬───────────┐
ペルスヴァルの父══やもめの貴婦人    隠者      漁夫王の父
「群島」の中でも立派な騎士  「群島」で最もすぐれた家柄  ペルスヴァルに  12年間，グラ
だったが，戦いで傷を受け  の出．「荒れ森」でペルスヴ  グラアルと一族  アルがもたらす
不具の身となってから落ち  ァルを育てる．ペルスヴァル  の秘密を明かす  ホスチアのみで
ぶれる．2人の息子を失った  が出立すると悲しみのた           生きながらえた
悲しみで死去            め亡くなる                  ？
                                            ┌─────┴─────┐
   │            │             │        ペルスヴァル     漁夫王
  長男          次男        ペルスヴァル   の従姉        Roi Pêcheur
                            Perceval
エスカヴァロン王  バン・ド・コモレ              ペルスヴァルに  聖杯城の主．ある戦
に仕える．弟とと  王に仕える                    母の死を伝える  いで怪我を負ってか
もに戦いで討死                                    ？          ら不具の身になる
                                              漁夫王の姪
```

②ロベール・ド・ボロンの聖杯3部作(『ヨセフ』『メルラン』『ペルスヴァル』)(13世紀)

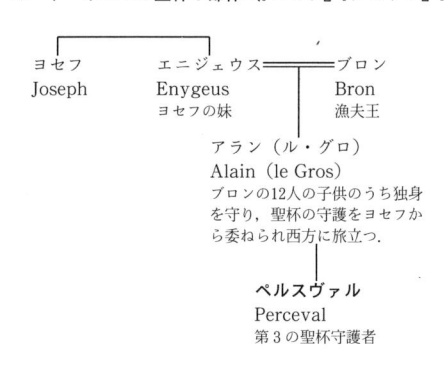

```
  ヨセフ      エニジェウス══ブロン
  Joseph      Enygeus       Bron
              ヨセフの妹     漁夫王
                    │
              アラン（ル・グロ）
              Alain (le Gros)
              ブロンの12人の子供のうち独身
              を守り，聖杯の守護をヨセフか
              ら委ねられ西方に旅立つ．
                    │
                 ペルスヴァル
                 Perceval
                 第3の聖杯守護者
```

220　ケルト関係系図

③ヴォルフラム・フォン・エッシェンバハ『パルチヴァール』（1210頃）

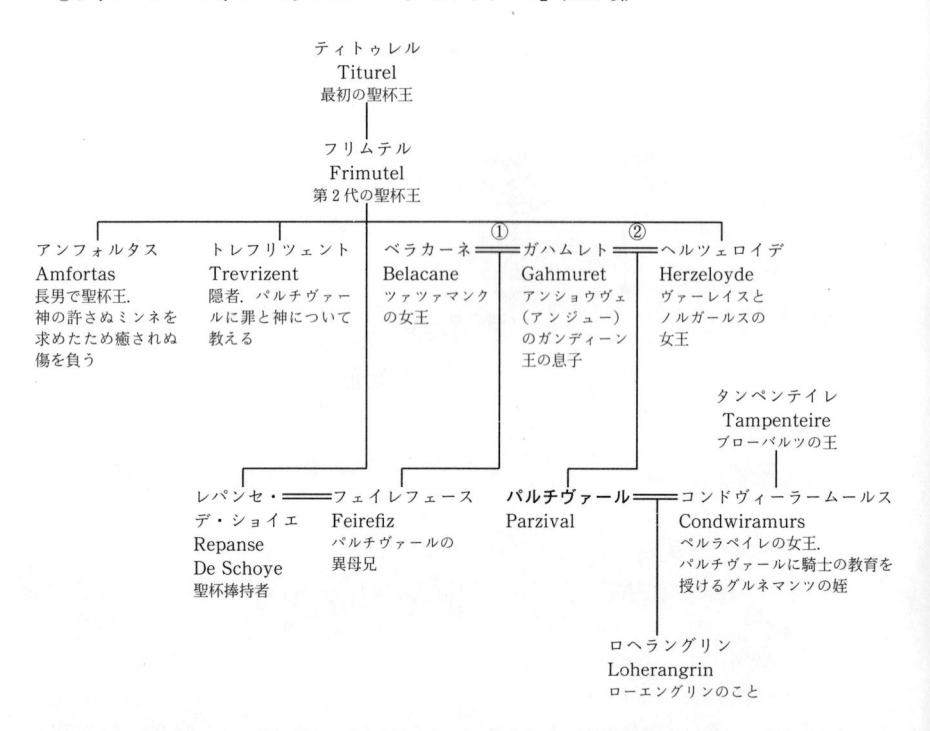

```
                          ティトゥレル
                          Titurel
                          最初の聖杯王
                             │
                          フリムテル
                          Frimutel
                          第2代の聖杯王
                             │
   ┌─────────────┬──────────────┬──────────①──────┬──────②
アンフォルタス   トレフリツェント   ベラカーネ      ガハムレト        ヘルツェロイデ
Amfortas        Trevrizent       Belacane       Gahmuret          Herzeloyde
長男で聖杯王．   隠者．パルチヴァー ツァツァマンク   アンショウヴェ      ヴァーレイスと
神の許さぬミンネを ルに罪と神について の女王         （アンジュー）     ノルガールスの
求めたため癒されぬ 教える                            のガンディーン      女王
傷を負う                                            王の息子
                                                                      │
                                                                   タンペンテイレ
                                                                   Tampenteire
                                                                   ブローバルツの王
                                                                      │
       ┌──────────────┐         ┌─────────────────────┐
   レパンセ・======フェイレフェース   パルチヴァール======コンドヴィーラームールス
   デ・ショイエ    Feirefiz        Parzival          Condwiramurs
   Repanse        パルチヴァールの                    ペルラペイレの女王．
   De Schoye      異母兄                            パルチヴァールに騎士の教育を
   聖杯捧持者                                        授けるグルネマンツの姪
                                         │
                                     ロヘラングリン
                                     Loherangrin
                                     ローエングリンのこと
```

4）トリスタンの親族系図

①12世紀フランスの「トリスタン物語」

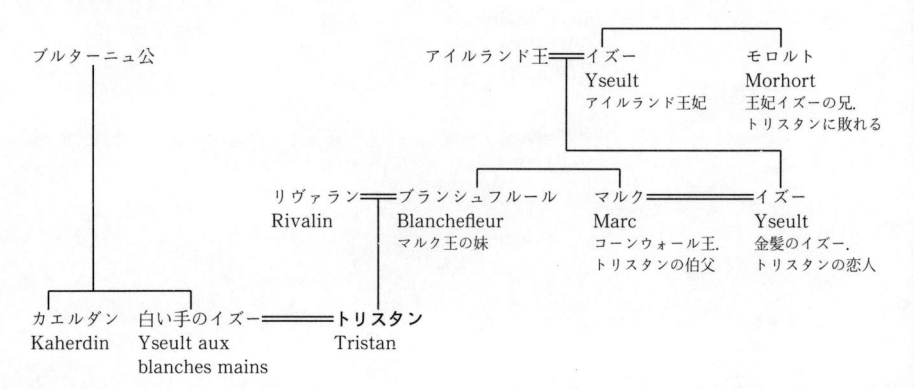

```
ブルターニュ公                          アイルランド王====イズー         モロルト
                                                    Yseult          Morhort
                                                    アイルランド王妃   王妃イズーの兄．
                                                                    トリスタンに敗れる
                                                         │
                    ┌──────────────┐    ┌─────────────┐
              リヴァラン======ブランシュフルール   マルク======イズー
              Rivalin       Blanchefleur      Marc       Yseult
                            マルク王の妹        コーンウォール王．金髪のイズー．
                                              トリスタンの伯父  トリスタンの恋人
     ┌──────┬────────────┐
  カエルダン  白い手のイズー======トリスタン
  Kaherdin   Yseult aux       Tristan
             blanches mains
```

ケルト関係系図 221

②ゴットフリート・フォン・シュトラースブルク『トリスタンとイゾルデ』(1200〜10頃)

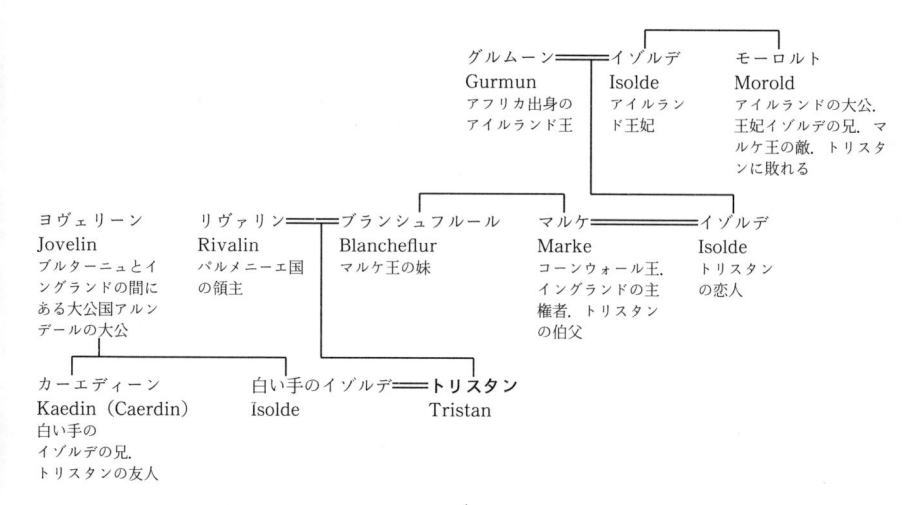

```
                                    グルムーン═══イゾルデ    モーロルト
                                    Gurmun      Isolde    Morold
                                    アフリカ出身の アイルラン アイルランドの大公.
                                    アイルランド王  ド王妃    王妃イゾルデの兄.マ
                                                            ルケ王の敵.トリスタ
                                                            ンに敗れる

ヨヴェリーン  リヴァリン═══ブランシュフルール  マルケ═══イゾルデ
Jovelin     Rivalin    Blancheflur     Marke     Isolde
ブルターニュとイ パルメニーエ国 マルケ王の妹      コーンウォール王. トリスタン
ングランドの間に の領主                        イングランドの主 の恋人
ある大公国アルン                              権者.トリスタン
デールの大公                                  の伯父

カーエディーン  白い手のイゾルデ═══トリスタン
Kaedin (Caerdin) Isolde         Tristan
白い手の
イゾルデの兄.
トリスタンの友人
```

③トマス・マロリー『アーサー王の死』(1485)

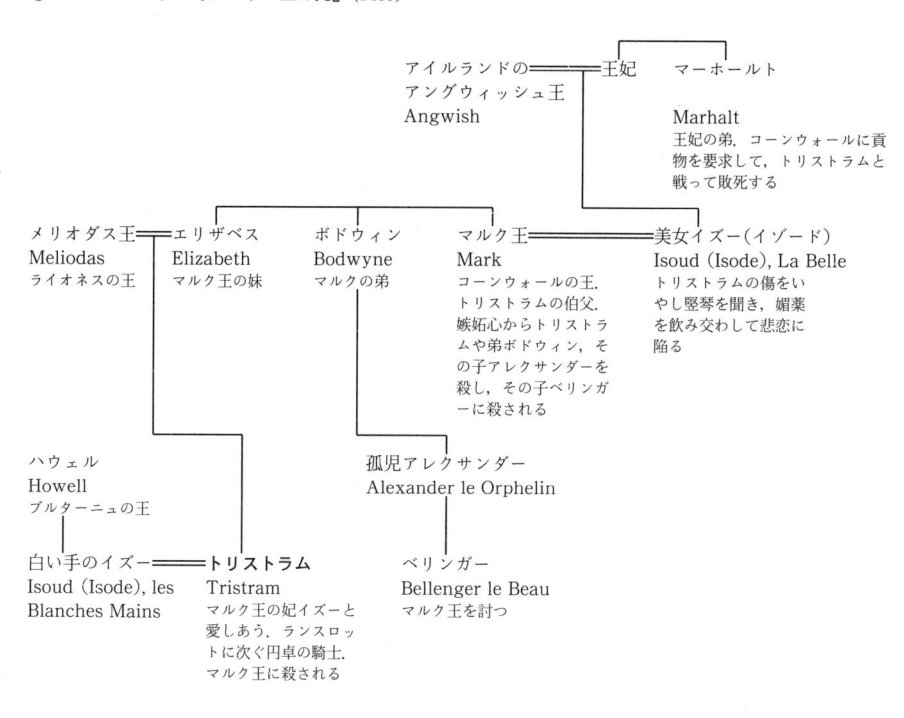

```
                            アイルランドの═══王妃    マーホルト
                            アングウィッシュ王       Marhalt
                            Angwish              王妃の弟.コーンウォールに貢
                                                 物を要求して,トリストラムと
                                                 戦って敗死する

メリオダス王═══エリザベス  ボドウィン  マルク王═══美女イズー(イゾード)
Meliodas    Elizabeth  Bodwyne   Mark        Isoud (Isode), La Belle
ライオネスの王 マルク王の妹 マルクの弟  コーンウォールの王. トリストラムの傷をい
                                 トリストラムの伯父. やし竪琴を聞き,媚薬
                                 嫉妬心からトリストラ を飲み交わして悲恋に
                                 ムや弟ボドウィン,そ  陥る
                                 の子アレクサンダーを
                                 殺し,その子ベリンガ
                                 ーに殺される

ハウェル                    孤児アレクサンダー
Howell                    Alexander le Orphelin
ブルターニュの王

白い手のイズー═══トリストラム      ベリンガー
Isoud (Isode), les Tristram     Bellenger le Beau
Blanches Mains   マルク王の妃イズーと  マルク王を討つ
                愛しあう.ランスロッ
                トに次ぐ円卓の騎士.
                マルク王に殺される
```

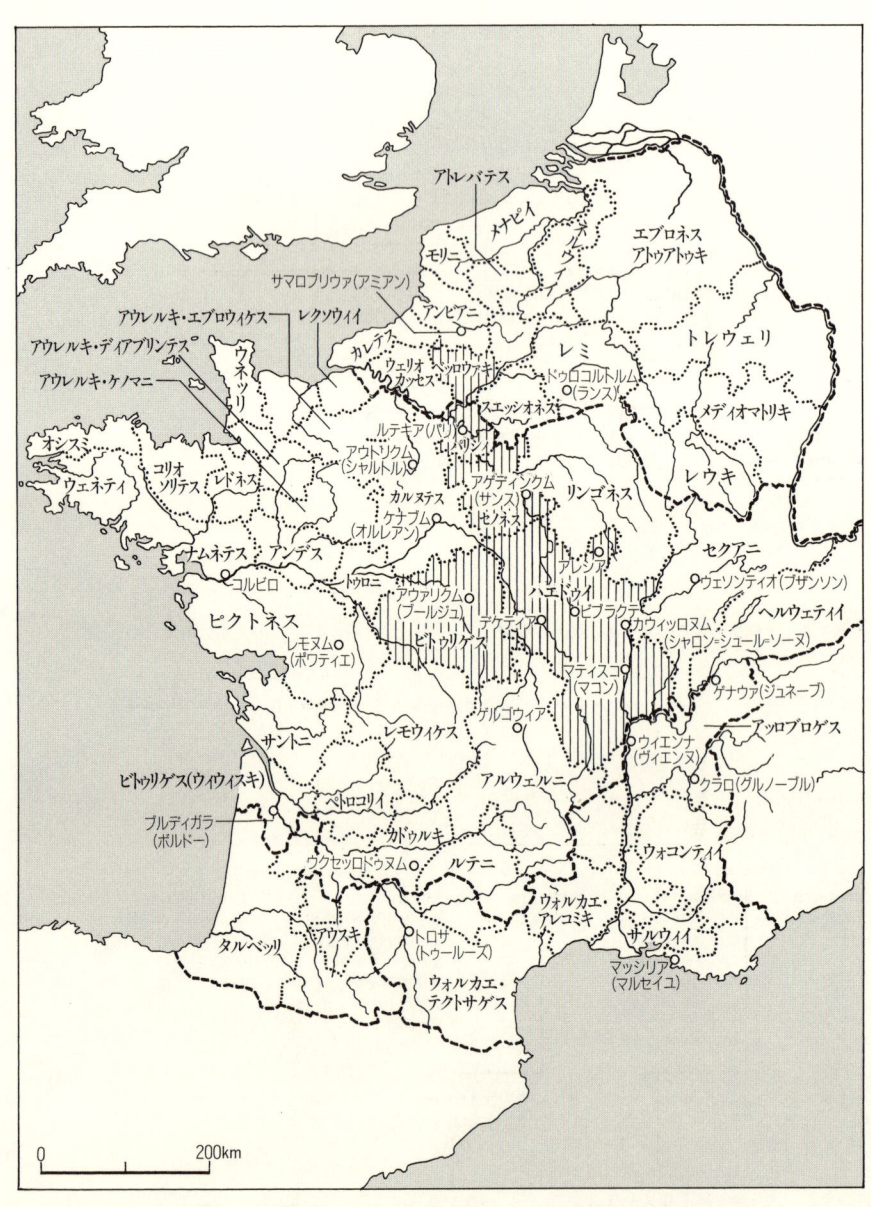

```
---- ガリア・ケルティカ，ベルギカ，アクィタニア，ガリア・トランサルピナ
..... 諸部族   |||||| 前1世紀におけるハエドゥイ族の同盟関係
```

前1世紀中葉のガリア地図

(ロンニョンの『歴史地図帳』に基いて作成)

参考文献

Arbois de Jubainville D', *Le cycle mythologique irlandais*, Paris, 1884.
　Les druides et les dieux celtiques, Paris, 1906.
Benoit (Fernand), *L'Art primitif méditerranéen dans la vallée du Rhône*, Marseille, 1955.
　Art et dieux de la Gaule, Paris, 1969.
　Le symbolisme dans les sanctuaires de la Gaule, Paris, 1973.
Bertrand (Alexandre), *La religion des Gaulois*, Paris, 1897.
Brekilien (Yann), *La Mythologie celtique*, Paris, 1980.『ケルト神話の世界』(田中仁彦他訳, 中央公論社, 1998).
Les Celtes, *catalogue de l'exposition de Venise*, Milan-Paris, 1991.
Dontenville (Henri), *La Mythologie française*, Paris, 1973.
Dottin (Georges), *La Religion des Celtes*, Paris, 1904.
　Manuel pour servir à l'étude de l'antiquité celtique, Paris, 1906.
　La Langue gauloise, Paris, 1920.
　L'Épopée irlandaise, Paris 1980.
Dumézil (Georges), *Les dieux des Indo-Européens*, Paris, 1952.
　Mythe et Épopée, Paris, 1974.
　Romans de Scythie et alentours, Paris, 1978.
Duval (Paul-Marie), *Les Dieux de la Gaule*, Paris, 1979.
Dyllon-Chadwick-Guyonvarc'h, *Les Royaumes celtiques*, Paris, 1974.
Eliade (Mircéa), *Le Chamanisme*, Paris, 1978.『シャーマニズム―古代的エクスタシーの技術』(堀一郎訳, 冬樹社, 1974).
　Histoire des croyances et des idées religieuses, tome III, Paris, 1978.『世界宗教史 I-IV』(荒木美智雄他訳, 筑摩書房, 1991-1998)
Frazer (James), *Le Rameau d'Or*, Paris, 1983-1984.『金枝篇』(水橋卓介訳, 岩波文庫, 1951).
Gaignebet (Claude), *Le Carnaval*, Paris, 1974.
Grenier (Albert), *Les Gaulois*, Paris, 1904.
Guyonvarc'h (Christian-J.), *Textes mythologiques irlandais*, Rennes, 1980.
　Magie, médecine et divination chez les Celtes, Paris, 1997.
Guyonvarc'h-Leroux, *Les Druides*, Rennes, 1991.
　La Civilisation celtique, Rennes, 1980.
　Las Fêtes celtiques, Rennes, 1993.
Hubert (Henri), *Les Celtes*, Paris, 1932-1945.
Jullian (Camille), *Histoire de la Gaule*, Paris, 1993.

Lengyel (Lancelot), *L'Art gaulois dans les médailles*, Paris, 1954.
Lot (Ferdinand), *La Gaule*, Paris, 1947.
Loth (Joseph), *Les Mabinogion*, Paris, 1913.
Markale (Jean), *Les Celtes et la civilisation celtique*, Paris, 1969.
 L'Épopée celtique d'Irlande, Paris, 1994.
 La Femme celte, Paris, 1989.
 Le roi Arthur et la société celtique, Paris, 1973.
 Le Christianisme celtique et ses survivances populaires, Paris, 1984.
 Lancelot et la chevalerie arthurienne, Paris, 1985.
 Le Druidisme, Paris, 1985.
 Merlin l'Enchanteur, Paris, 1991.
 Le Graal, Paris, 1992.
 Le Cycle du Graal, 8 vol., Paris, 1992-1996.
 Petite encyclopédie du Graal, Paris, 1996.
 La grande Épopée des Celtes, 5 vol., Paris, 1997-1999.
 Dolmens et Menhirs, Paris, 1995.
 Sites et Sanctuaires des Celtes, Paris, 1999.
Rachet (Guy), *La Gaule celtique*, Paris, 1975.
Reinach (Salomon), *Cultes, mythes et religions*, 4 vol., Paris, 1905-1912.
Renardet (Étienne), *Vie et croyances des Gaulois*, Paris, 1975.
Sébillot (Paul), *Le Folklore de la France*, 5 vol., Paris, 1981-1984.
Sjoestedt (Marie-Louise), *Dieux et héros des Celtes* Paris, 1940.
Van Gennep, *Manuel de Folkore contemporain*, Paris, 1935-1947.
Varagnac (André), *L'Art gaulois*, Paris, 1964.
Vendryes (Joseph), *La Religion des Celtes*, Paris, 1948.
Vries (Jan de), *La Religion des Celtes*, Paris, 1963.

Revues : Revue celtique (Paris), *Études celtiques* (Paris), *Ogam-Celticum* (Rennes), *Revue des Traditions populaires* (Paris).

ケルト関連日本語参考文献

I. 事典

R. コグラン 『図説アーサー王伝説事典』（山本史郎訳，原書房，1996）
A. コットレル 『世界の神話百科（ギリシア・ローマ／ケルト／北欧）』（松村一男他訳，原書房，1999）
J. シュヴァリエ・A. ゲールブラン 『世界シンボル大事典』（金光仁三郎他訳，大修館書店，1996）
E. バンヴェニスト 『インド＝ヨーロッパ諸制度語彙集I・II』（前田耕作監修，蔵持不三也他訳，言叢社，1986-1987）
A. ド・フリース 『イメージ・シンボル事典』（山下主一郎他訳，大修館書店，1984）
K. ブリッグズ編 『妖精事典』（平野敬一他訳，冨山房，1992）
Y. ボンヌフォワ編 『世界神話大事典』（金光仁三郎他訳，大修館書店，2001）
B. マイヤー 『ケルト事典』（鶴岡真弓監修，平島直一郎訳，創元社，2001）

II. 原典

1） 神話・伝承その他

内田保編 『スコットランドの神話伝説』（世界神話伝説大系 名著普及会，1987）
ギラルドゥス・カンブレンシス 『アイルランド地誌』（有光秀行訳，青土社，1996）
C. ゲスト 『マビノギオン―ウェールズ中世英雄譚』（北村太郎訳，王国社，1988）
『ケルトの聖書物語』（松岡利次編訳，岩波書店，1999）
藤代幸一訳著 『聖ブランダン航海譚』（法政大学出版局，1999）
松村賢一訳著 『ケルトの古歌「ブランの航海」序説』（中央大学出版部，1997）
『マビノギオン―中世ウェールズ幻想物語集』（中野節子訳，JULA出版社，2000）
八住利雄編 『アイルランドの神話伝説I・II』（世界神話伝説大系，名著普及会，1987）

2） 民話

W. B. イエイツ編 『ケルト妖精物語』（井村君江訳，ちくま文庫，1986）
W. B. イエイツ編 『ケルト幻想物語』（井村君江訳，ちくま文庫，1987）
植田祐次他編 『ブルターニュ幻想集―フランス民話』（社会思想社，1991）
B. カラン 『ケルトの精霊物語』（萩野弘巳訳，青土社，2001）
C. ギヨ 『沈める都―イスの町の伝説』（有田忠郎訳，鉱脈社，1990）
H. グラッシ 『アイルランドの民話』（大澤正佳他訳，青土社，1994）

小辻梅子訳編『ケルト幻想民話集』(社会思想社,1993)
小辻梅子訳編『ケルト魔法民話集』(社会思想社,1995)
J. ジェイコブス編 『ケルト民話集 1-3』(木村俊夫他訳,東洋文化社,1980～1981)
J. ジェイコブス編 『ケルト妖精民話集』(小辻梅子訳編,社会思想社,1992)
J. ジェイコズズ 『ケルト妖精物語 I, II』(山本史郎訳,原書房,1999)
フィオナ・マクラオド 『ケルト民話集』(荒俣宏訳,ちくま文庫,1991)
フィオナ・マクラオド 『かなしき女王—ケルト幻想作品集』(松村みね子訳,沖積舎,1989)
三宅忠明 『スコットランドの民話』(大修館書店,1975)
S. モリソン 『マン島の妖精物語』(山内玲子監訳,筑摩書房,1994)

3) アーサー王物語

『アーサー王の死』(天沢退二郎訳,白水社『フランス中世文学集4』所収,1996)
『アーサー王の死 中世文学全集1』(T. マロリー作,W. キャクストン編,厨川文夫・圭子編訳,ちくま文庫,1986)
ヴォルフラム・フォン・エッシェンバハ 『パルチヴァール』(加倉井粛之他訳,郁文堂,1974)
菊池淑子訳著 『クレティアン・ド・トロワ「獅子の騎士」—フランスのアーサー王物語』(平凡社,1994)
クレチアン・ド・トロワ 『ランスロまたは荷車の騎士』(神沢栄三訳),『ペルスヴァルまたは聖杯の物語』(天沢退二郎訳)(白水社『フランス中世文学集2』所収,1991)
ゴットフリート・フォン・シュトラースブルク 『トリスタンとイゾルデ』(石川敬三訳,郁文堂,1976)
サー・トマス・マロリー 『完訳アーサー王物語』(中島邦男他訳,青山社,1995)
境田進訳著 『アーサー王円卓の騎士 ガウェインの冒険』(秀文インターナショナル,1999)
『聖杯の探索』(天沢退二郎訳,人文書院,1994)
『頭韻詩アーサーの死』(清水阿や訳,ドルフィンプレス,1986)
『トリストラントとイザルデ』(アイルハルト作の散文訳,小竹澄栄訳,国書刊行会,1988)
『八行連詩アーサーの死』(清水あや訳,ドルフィンプレス,1985)
ハルトマン・フォン・アウエ 『エーレク』(平尾浩三訳),『イーヴェイン』(リンケ珠子訳)(郁文堂『ハルトマン作品集』所収,1982)
ベルール 『トリスタン物語』,トマ 『トリスタン物語』,トリスタンもの短編(オクスフォード本『トリスタン伴狂』,ベルン本『トリスタン伴狂』,マリ・ド・フランス 『すいかずら』)(新倉俊一訳,白水社『フランス中世文学集1』所収,1990)
マリー・ド・フランス 『十二の恋の物語』(月村辰雄訳,岩波文庫,1988)

4) ギリシア・ローマ関連

カエサル 『ガリア戦記』(近山金次訳,岩波文庫,1942. 国原吉之助訳,講談社学術文庫,1994)
ストラボン 『ギリシャ・ローマ世界地誌』(飯尾都人訳,龍渓書舎,1994)
タキトゥス 『ゲルマニア』(泉井久之助訳,岩波文庫,1979)
タキトゥス 『ゲルマニア アグリコラ』(国原吉之助訳,ちくま学芸文庫,1996)
タキトゥス 『同時代史』(国原吉之助訳,筑摩書房,1996)

タキトゥス 『年代記』上下（国原吉之助訳，岩波文庫，1981）
ディオゲネス・ラエルティオス 『ギリシア哲学者列伝』上中下（加来彰俊訳，岩波文庫，1984-1994）
ディオドロス 『神代地誌』（飯尾都人訳，龍渓書舎，1999）
パウサニアス 『ギリシア案内記』（飯尾都人訳，龍渓書舎，1991．馬場恵二訳，岩波文庫，1991-1992）
プリニウス 『プリニウスの博物誌』全3巻（中野定雄他訳，雄山閣，1986）

III. 研究・批評

1) ケルト全般（おもにアイルランド）

テリー・イーグルトン 『表象のアイルランド』（鈴木聡訳，紀伊国屋書店，1997）
井村君江 『妖精の国』（新書館，1987）
井村君江 『妖精の系譜』（新書館，1988）
井村君江 『ケルトの神話』（ちくま文庫，1990）
井村君江 『ケルト妖精学』（講談社学術文庫，1996）
上野格・アイルランド文化研究会編著 『図説アイルランド』（河出書房新社，1999）
P. エリス 『アイルランド史』（堀越智他訳，論創社，1991）
C. エリュエール 『ケルト人―蘇るヨーロッパ〈幻の民〉』（鶴岡真弓監修，田辺希久子他訳，創元社，1994）
尾島庄太郎 『英吉利文学と詩的想像』（北星堂，1957）
オフェイロン 『アイルランド―歴史と風土』（橋本槇矩訳，岩波文庫，1997）
トマス・カヒル 『聖者と学僧の島』（森夏樹訳，青土社，1997）
鎌田東二，鶴岡真弓編 『ケルトと日本』（角川選書，2000）
B. カンリフ 『図説ケルト文化誌』（蔵持不三也監訳，原書房，1998）
M. J. グリーン 『ケルトの神話』（市川裕美子訳，丸善ブックス，1997）
M. J. グリーン 『図説ドルイド』（井村君江監訳，東京書籍，2000）
V. クルータ 『ケルト人』（鶴岡真弓訳，白水社，1991）
小辻梅子 『ケルト的ケルト考』（社会思想社，1998）
S. ジェームズ 『図説ケルト』（井村君江監訳，東京書籍，2000）
J. シャーキー 『ミステリアス・ケルト』（鶴岡真弓訳，平凡社，1992）
田中仁彦 『ケルト神話と中世騎士物語』（中公新書，1995）
田淵安一 『西欧人の原像』（人文書院，1976）
イアン・ツァイセック 『図説ケルト神話物語』（山本史郎他訳，原書房，1998）
中央大学人文科学研究所編 『ケルト―伝統と民俗の想像力』（中央大学出版部，1991）
中央大学人文科学研究所編 『ケルト―生と死の変容』（中央大学出版部，1996）
中央大学人文科学研究所編 『ケルト復興』（中央大学出版部，2001）
鶴岡真弓 『ケルト／装飾的思考』（ちくま学芸文庫，1993）
鶴岡真弓 『ケルト美術への招待』（ちくま新書 1995）
鶴岡真弓 『ジョイスとケルト世界』（平凡社ライブラリー，1997）
鶴岡真弓 『装飾の神話学』（河出書房新社，2000）
鶴岡真弓 『ケルト美術』（ちくま学芸文庫，2001）

鶴岡真弓・松村一男 『図説ケルトの歴史―文化・美術・神話をよむ』(河出書房新社, 1999)
F. ディレイニー 『ケルト―生きている神話』(鶴岡真弓監修, 森野聡子訳, 創元社, 1993)
F. ディレイニー 『ケルトの神話・伝説』(鶴岡真弓訳, 創元社, 2000)
M. ディロン 『古代アイルランド文学』(青木義明訳, オセアニア出版, 1987)
G. デュメジル 『神々の構造―印欧語族三区分イデオロギー―』(松村一男訳, 国文社, 1987)
G. デュメジル 『デュメジル・コレクション』全4巻 (丸山静・前田耕作編, ちくま学芸文庫, 2001)
中沢新一・鶴岡真弓・月川和雄 『ケルトの宗教 ドルイディズム』(岩波書店, 1997)
E. ヌントラ他著 『ゲルマン・ケルトの神話』(清水茂訳, みすず書房, 1960)
T. G. E. パウェル 『ケルト人の世界』(笹田公明訳, 東京書籍, 1990)
S. ビゴット 『ケルトの賢者「ドルイド」―語りつがれる「知」』(鶴岡真弓訳, 講談社, 2000)
ルネ・フレシェ 『アイルランド』(山口俊章他訳, 白水社, 1997)
風呂本武敏 『アングロ・アイリッシュの文学』(山口書店, 1992)
風呂本武敏 『ケルトの名残とアイルランド文化』(渓水社, 1999)
G. ヘルム 『ケルト人―古代ヨーロッパ先住民族』(関楠生訳, 河出書房新社, 1979)
堀淳一 『ケルトの残照―ブルターニュ, ハルシュタット, ラ・テーヌ心象紀行』(東京書籍, 1991)
P. マッカーナ 『ケルト神話』(松田幸雄訳, 青土社, 1991)
水之江有一 『アイルランド―緑の国土と文学』(研究社出版, 1994)
B. ミーハン『ケルズの書』(鶴岡真弓訳, 創元社, 2002)
三宅忠明 『W. B. イエイツ/デアドラ』(大学教育出版局, 1999)
T. M. ムーディ他 『アイルランドの風土と歴史』(堀越智監訳, 論創社, 1982)
盛節子 『アイルランドの宗教と文化―キリスト教受容の歴史』(日本基督教団出版局, 1991)
J. レイヤード 『ケルトの探求』(山中康祐監訳, 人文書院, 1994)
柳宗玄・遠藤紀勝 『幻のケルト人』(社会思想社, 1994)

2) スコットランド・ウェールズ
C. カイトリー 『中世ウェールズをゆく―ジェラルド・オブ・ウェールズ1188年の旅』(和田葉子訳, 関西大学東西学術研究所, 1999)
R. ミスチン編 『スコットランド史』(宮田理恵他訳, 未来社, 1998)
横川善正 『スコットランド―石と水の国』(岩波書店, 2000)

3) ブルターニュ
H. ジオルダン 『虐げられた言語の復権』(原聖訳, 評論社, 1987)
田辺保 『ブルターニュへの旅―フランス文化の基層を求めて』(朝日新聞社, 1992)
田辺保 『ケルトの森・ブロセリアンド』(青土社, 1998)
田淵安一 『ブルターニュ・風と沈黙』(人文書院, 1996)
中木康夫 『騎士と妖精―ブルターニュにケルト文明を訪ねて』(音楽之友社, 1984)
原聖 『周縁的文化の変貌―ブルトン語の存続とフランス近代』(三元社, 1990)

4) アーサー王物語

青山吉信 『アーサー伝説―歴史とロマンスの交錯―』（岩波書店，1985）
青山吉信 『グラストンベリ修道院―歴史と伝説』（山川出版社，1992）
赤井慧爾 『ハルトマン研究―「イーヴァイン」の文体を中心に―』（朝日出版社，1981）
G. アッシュ 『アーサー王伝説』（横山茂雄訳，平凡社，1992）
天沢退二郎 『幻想の解読』（筑摩書房，1981）
天沢退二郎 『エッセー・オニリック』（思潮社，1987）
池上忠弘 『ガウェインとアーサー王伝説』（秀文インターナショナル，1988）
井村君江 『アーサー王ロマンス』（ちくま文庫，1992）
井村君江 『コーンウォール―妖精とアーサー王伝説の国』（東京書籍，1997）
J. L. ウェストン 『祭祀からロマンスへ』（丸小哲雄訳，法政大学出版局，1981）
江藤淳 『漱石とアーサー王傳説』（講談社学術文庫，1991）
小栗栖等 『12世紀のディスクールの概念―中世フランス文学をめぐる物語論』（駿河台出版社，1998）
M. カズナーヴ 『愛の原型―トリスタン伝説』（中山真彦訳，新潮社，1972）
加藤恭子 『アーサー王伝説紀行』（中公新書，1992）
R. キャヴェンディッシュ 『アーサー王伝説』（高市順一郎訳，晶文社，1983）
佐佐木茂美 『アーサー王伝説における聖域への舟と道―中世ヨーロッパと日本の比較研究』（中央公論事業出版，1989）
佐藤輝夫 『トリスタン伝説―流布本系の研究』（中央公論社，1981）
四宮満 『アーサー王の死―トマス・マロリーの作品構造と文体』（法政大学出版局，1991）
四宮満 『滅びのシンフォニー―トマス・マロリーの世界』（法政大学出版局，1998）
清水阿や 『アーサー王伝説研究』（ドルフィンプレス，1997．初版は研究社出版，1966）
R. A. ジョンソン 『現代人と愛―ユング心理学からみた「トリスタンとイゾルデ」物語』（長田光展訳，新水社，1989）
C. スナイダー 『アーサー王百科』（山本史郎訳，原書房，2002）
高宮利行 『アーサー王伝説万華鏡』（中央公論社，1995）
高宮利行 『アーサー王物語の魅力―ケルトから漱石へ』（秀文インターナショナル，1999）
田部重治 『中世ヨーロッパ文学史』（法政大学出版局，1966）
D. デイ 『図説アーサー王の世界』（山本史郎訳，原書房，1997）
R. ド・ルージュモン 『愛について―エロスとアガペ』（鈴木健郎・川村克己訳，岩波書店，1959）
新倉俊一 『ヨーロッパ中世人の世界』（筑摩書房，1983．ちくま学芸文庫，1998）
新倉俊一 『中世を旅する―奇蹟と愛と死と』（白水社，1999）
R. バーバー 『アーサー王―その歴史と伝説』（高宮利行訳，東京書籍，1983）
R. バーバー 『図説騎士道物語―冒険とロマンスの時代』（田口孝夫訳，原書房，1996）
A. ベルトゥロ 『アーサー王伝説』（松村剛監修，村上伸子訳，創元社，1997）
J. フラピエ 『アーサー王物語とクレチヤン・ド・トロワ』（松村剛訳，朝日出版社，1988）
J. フラピエ 『聖杯の神話』（天沢退二郎訳，筑摩書房，1990）
M. ベイジェント他 『レンヌ＝ル＝シャトーの謎―イエスの血脈と聖杯伝説』（林和彦訳，柏書房，1997）
A. ポフィレ 『中世の遺贈―フランス中世文学への招待』（新倉俊一訳，筑摩書房，1994）

A. ホプキンス 『図説アーサー王物語』(山本史郎訳, 原書房, 1995)
松原秀一 『異教としてのキリスト教』(平凡社, 1990)
C. S. リトルトン・L. A. マルカー 『アーサー王伝説の起源―スキタイからキャメロットへ』(辺見葉子・吉田瑞穂訳, 青土社, 1998)
J. リバール 『中世の象徴と文学』(原野昇訳, 青山社, 2000)
横山安由美 『中世アーサー王物語群におけるアリマタヤのヨセフ像の形成―フランスの聖杯物語』(溪水社, 2002)
渡邉浩司 『クレチアン・ド・トロワ研究序説―修辞学的研究から神話学的研究へ』(中央大学出版部, 近刊)

欧文索引

A

Acallam na Senorech 75
Addanc 8
Aeb 3
Aedh 3
Aedh abrat 3
Aengus 3
Afallenau 4
Afanc 5
Agravain 6
Ahès 6
Ai 3
Aifé 3
Ailill 11
Ailill Anguba 12
Áine 9
Airmed 12
Alésia 13
Amaethon 10
Amangon 10
Ambigatos 10
Amergein 14
Amfortas 16
Ana 8
Anaon 9
Andarta 15
Andrasta 15
Aneurin 9
Angharat 14
Anglesey 15
Anguipède 82
Ankou 14
Anna 15
Anna, Loth d'Orcanie 15
Annwfn 16
Aran 11
Arawn 10
Arderydd 12
Arduinna 13
Arianrod 11
Armagh 10
Art 13
Art celtique 67
Artaios
Arthur 6, 12
Artio 12
Artus 12, 13
Arzur 12
Athirne 8
Aubépine 79
Aulne 113
Aurelius Ambrosius 5
Avaggdu 9
Aval 4
Avallach 4
Avalon 4

B

Bag ann noz 155
Bag er varu
Balar 110
Balor 112
Ban de Bénoïc 113
Banba 112
Bandrui 113
Banfáith 112
Banfilé 113
Banshee 113
Barde 112
Barenton 111
Baudemagu 139
Bé Chuma 135
Beau cornu d'aé 44
Bedivere 133
Béduier 133
Bedwyr 133
Beg ann noz 133
Beger varu 81, 133
Begul ann aod 133
Belenos 137
Belenton 135
Beli 135
Belisama 137
Bellovese 136
Beltaine 138
Ben Bulben 138
Bendigeit Vrân 138
Béo 133
Bladudd 121
Blaise 130
Blanc Porc 83
Blathnait 121
Blodeuwedd 132
Boand 138
Boann 138
Bodbh 139
Bodbh Derg 139
Bodmall 139
Bohort 138
Bormo 140
Bors 140
Borvo 139
Bouleau 40
Boyne 138
Bran 121, 122
Brân Vendigeit 82, 122
Branche rouge 6
Branche sanglante 13
Brandan 122
Brangain 122
Branwen 122
Bréchéliant 128
Brendan 130
Brennus 130

Bres   129
Bretagne   124, 128
Breton, Bretonne   128
Bretons   125
Bri Leith   125
Brian   123
Bricriu   123
Brigit   123
Brigitte   123, 124
Brocéliande   131
Bron   132
Brugna Bóinne   125
Brun de Cualngé   51
Brunissen   125
Bugul ann aod   86

C

Cadbury   46
Caer   38
Caer Lloyw   39
Caer Llyon   39
Caer Myrddin   39
Caer Sidhi   39
Caer Wydr   38
Caher   36
Cailté   36
Caladborg   42
Calatin   42
Caledfoulch   45
Calogrenant   45
Camelot   48
Camlann   41
Camulo   41
Cano   40
Caoilté   51
Caradog   42
Cardigan   40
Carn   44
Carnac   43
Carnutes   44
Cath Palud   111
Cathaír   40
Cathbad   40
Cavall   36
Celtchar   67
Celtes   66
Celtique   66
Celyddon   69
Cerf   81
Cernunnos   68

Césair   64
Cêt   64
Chat   108
Chêne   39
Chien   20
Cian   46
Cill   48
Cithruad   46
Clonfert   62
Clonmacnoise   62
Coinchen Cennfada   77
Colga   73
Colomba   76
Colomban   76
Columcill   75
Comore   73
Comper   77
Conairé Mor   71
Conall Cernach   70
Conan le chauve   71
Conan Meriadec   71
Conchobar   77
Conchruth   77
Condlé   77
Conganchnes   76
Conn   76
Conn Cétchatach   76
Conor   72
Corannieit   73
Corbeau   42, 168
Corbenic   72, 74
Cormac Conlanges   74
Cormac Mac Airt   75
Corneille   110
Cornouaille   74
Cornouailles   76
Corsolt   73
Coudrier   110
Créd   61
Credné   61
Creidné   61
Cridenbel   60
Croix celtique   66
Crom Deróil   62
Cromlec'h   62
Cromm Cruach   62
Cruachan   60
Cruithné   60
Crunnchu   61
Cûchulainn   54
Culann   59

Cumal   62
Curnan   61
Cûroi Mac Dairé   61
Cygne   110
Cymru   41
Cymry   46
Cynan Meriadawg   82
Cynfawr   49

D

Da Derga   89
Dagda   88
Dahud   89
Dame de la Fontaine   19
Dame du Lac   147
Damona   89
Dana   89
Darthula   93
Dechtiré   99
Deichtine   99
Deirdiu   100
Deirdré   100
Déla   99
Delb chaen   100
Demné   98
Der Greiné   100
Derbforgaill   99
Dermot   89
Diancecht   94
Diarmaid   94
Dichu   96
Din   96
Dinas Emreis   95
Dis Pater   95
Diviciacus   94
Divonna   94
Diwrnach Le Gaël   95
Dôn   106
Donn Désa   106
Dordfian   106
Dórdmair   105
Dragon   102, 160
Druide   104
Druidesse   104
Druidisme   104
Drunemeton   106
Drutwas   103
Dun   101
Dun Aengusa   33
Dysert   88

E

E(i)thné Inguba(i)　30
Éber　26
Ebliu　26
Ecca　29
Echtrae Cormaic　74
Edern　29
Efflam　31
Eithné　30
Eithné à la Longue Langue　30
Elaine　32
Élaine　32
Elcmar　32
Elphin　32
Emain Ablach　26
Emain Macha　26
Emer　26
Emrys Gwledig　31
Enid　20
Énide　30
Enite　31
Entremont　15
Éochaid Airéainn　27
Éochaid Feidlech　27
Éochaid, fils d'Erc　27
Éochu　27
Éogan　27
Éogan Mor　27
Épona　31
Erec　32
Érec　32
Éremon　32
Eriu　31
Essyllt　28
Esus　28
Étaine　29
Eterscel　29
Ethné　30
Évallach　26
Evnissyen　26
Excalibur　27

F

Fâl　115
Falias　115
Fand　116
Fédelm　119
Fer Caille　119
Ferdéadh　120
Fergus　120
Fergus au côté rouge　120
Fergus Mac Roig　120
Feth Fiada　119
Fiacaill　116
Fiacha Muiredach　116
Fiachna le blond　116
Fiachra　116
Fiana　116
Fibule　117, 132
Ficna
Fili　118
Findabair　118
Findchoem　119
Fingal　118
Fingen　118
Finn Mac Cumail　119
Finnbair　118
Finnecès　117
Fintan　119
Finula　117
Fir Borg　118
Fir Domnain　118
Fir Galiain　118
Fled Bricrenn　124
Fomoré　120
Forgall Manach　121
Formaël　121
Fotla　121
Fraêch　121
Friuch　123
Fuamnach　115

G

Gaélique　66, 68
Gaëls　66
Gaheriet　38
Gaheris　41
Gai bolga　36
Galaad　42
Galahad　42
Galates　42
Galehault　45
Galehaut　45
Galehot　43
Galles　23
Gallicènes　43
Gallois　23
Galloromain　45
Gargam　43
Gargamelle　43
Gargantua　43
Gauvain　70
Gavrinis　37
Gawain　37
Gawan　37
Geis　64
Gereint　64
Gildas　48
Gilla Deacair　48
Gilvaethwy　48
Ginover　46
Girflet　49, 83
Glam Dicinn　57
Glanum　59
Glastonbury　57
Glewlwyt Gafaelfawr　61
Gloucester　61
Goewin　70
Goibniu　70
Goidels　70
Goleuddydd　75
Goll mac Morna　75
Gorias　73
Gorre　73
Govannon　70
Graal　56
Gradlon Meur　59
Grainné　59
Grand　59
Grania　59
Grannus　60
Grianan Ailech　60
Griflet　60
Gringalet　60
Gris de Macha　144
Gronw Pebyr　61
Guendoloena　54
Guenièvre　54
Guennuera　54
Gui　155
Guigemer　46
Guinevere　51
Guingamor　45
Guivarc'h　46
Gundestrup　71
Gutuater
Gwalchmai　62
Gweltaz　53

Gwendydd 53
Gwengwalc'h 53
Gwenhwyfar 53
Gwennolé 53
Gwrgwnt 53
Gwrhyr 61
Gwri Gwallt Euryn 53
Gwrnach Gawr 54
Gwyddno Garanhir 51
Gwyddyon 51
Gwynn 53
Gwynvryn 53
Gwyon Bach 51

H

Hallstatt 110
Harlech 112
Harpe 88
Henwen 138
Hu Gadarn 114

I

Iarbonel 17
Ibar 17
Iblis 21
If 19
Imbolc 21
Imramm 21
Indech 21
Ingcel le Borgne 21
Ingerna 21
Is 18
Isalde 18
Iseult 19
Iseut 19
Isode 19
Isolde 19
Isolt 19
Isouid 19
Ith 20
Iwain 18
Iweret 18

K

Kaer 38
Kaer Pedryfan 39
Kaer Sidhi 39
Kaer Wydr 38

Kahedrin 41
Kaherdin 38, 39
Kaï 36
Kaledvoulc'h 45
Karadawg 42
Kay 64
Keie 64
Ker 65
Keridwen 65
Kermaria 69
Keu 51
Kicva 46
Kildare 49
Klingsor 60
Knowth 109
Koadalan 70
Konan Meriadeg 71
Konerin 71
Konomor 72
Korentin 73
Korneli 74
Korrigans 73
Kulhwch 49
Kundry 62
Kynddylan 49
Kynvarch 49

L

La Tène 156
Labraid 156
Labraid main sur épée 156
Laïloken 156
Lancelot 157
Lancelot du Lac 157
Lann 158
Lanzelet 158
Laudine 156, 166
Leborcham 164
Lendabair 164
Lênn 164
Leprechaun 164
Lia Fáil 159
Libane 159
Lionel 160
Lir 160
Litana 160
Llacheu 84
Llenleawg le Gaël 85
Lleu Llaw Gyffes 85
Llevelys 85

Lludd 84
Llychlyn 85
Llyn 84
Llyn Bala 84
Llyn Barfod 84
Llyn Tegid 84
Llyr 84
Llywarch Hen 85
Loch 166
Lochlann 166, 167
Loëg 165
Loégairé 165
Loégairé Buadach 165
Loégairé, flls de Crimthann 165
Lot 166
Loth 166
Lough 166
Lough Crew 166
Lough Neagh 108
Luaine 162
Lug 162
Lugaid 162
Lugaid le Blond 162
Lugdunum 162
Lugnasad 163
Lunete 163
Lunette 160
Lyonesse 160

M

Mabinogi 144
Mabon 145
Mabonagrain 144
Mabuz 144
Mac an Daimh 141
Mac Cecht 141
Mac Conn 142
Mac Cuill 141
Mac Datho 142
Mac Greine 141
Mac Ind Og 141
Mac Luga 142
Mac Oc 141
Macha 144
Maëlduin 141
Maelgwn Gwynedd 141
Maelwas 150
Maeve 149
Mag Mell 142

Mag Mór 142
Mag Slécht 142
Mag Tured 142
Maheloas 141
Man 146
Mananann 143
Mané Er Hroeck 143
Mané Gwenn 143
Mané Lud 144
Mané Retual 144
Maponos 145
March 146
Mark 146
Math 142
Mathgen 143
Matholwch 142
Matrona 143
Meath 147
Medbh 149
Medrawt 149
Medru 149
Méléagant 150
Mélusine 149
Mérida 149
Merlin 145, 150
Mesgegra 149
Mess Buachalla 149
Miach 147
Midac 147
Mider 147
Mil 147
Moccus 151
Modron 151
Mog Ruith 151
Môn 153
Mongân 154
Mongfhinn 134
Monnaire 40
Mont Badon 153
Mont Gargan 153
Mont Saint-Michel 153
Montsalvage 148
Mordred 151
Mordret 152
Morgan Minnscotach 152
Morgan Tut 152
Morgane 152
Morhort 152
Morna 152
Morrígain 151
Morrígan 151
Morvran 151
Moytura 151
Muirchertach Mac Erca 148
Muirné 148
Myrddin 150

N

Nantosuelta 107
Nechtan 108
Nemed 108
Nemeton 108
Néra 109
Nesa 108
Ness 108
New-Grange 107
Niall 107
Niam 107
Niam aux cheveux d'or 107
Nimue 107
Nodens 109
Noisé 109
Noisetier 110
Noves 109
Nuadu 108
Nuadu Airgetlam 108
Nudd 107
Nut 107

O

Oengus 32
Oeuf de serpent 135
Ogam 33
Ogma 33
Ogmios 34
Ogre 34
Oirmiach 35
Oisin 34
Oiw 33
Olwen 33
Orcanie 35
Orme 107
Oscar 35
Ossian 34
Ours 56
Ovates 33
Owein 33
Ozeganned 73

P

Partholon 112
Parzival 111
Patrick 110
Pélage 135
Pelles 137
Perceval 110, 135
Perceval ou le Conte du graal 136
Peredur 137
Perlesvaux 137
Pictes 114
Plouezoc'h 125
Pomme 161
Pommier 161
Pryderi 124
Prytwen 124
Pwyll 117

R

Rhiannon 159
Ritta Gawr 160
Rivanone 159
Roi du monde 87
Roi Pêcheur 48
Ronan 166
Roquepertuse 165
Rosmerta 166
Ross 165
Rydderch Hael 160

S

Sadv 79
Samain 79
Samonios 79
Sanglier 20
Saumon 79
Scátach 85
Scot 86
Ségovese 87
Seithenyn 87
Sencha Mor 81
Serglige Con Culainn Inso Sis ocus Oenet Emire 56
Serpent 133
Setanta 133
Sheela na gig 82

Sidh 81
Sinsar 83
Sirona 83
Situle 81
Slaine 86
Smertrios 86
Sorbier 107
Stonehenge 86
Sualtam 84
Sucellus 85
Suibhné 85
Sul 86
Sulim 82

T

Tailgin 93
Tailtiu 93
Taliesin 92
Tara 89
Tarabara 92
Taranis 92
Tarbfès 92
Tarvos Trigarannos 93
Taureau 35
Teagh 94
Tegid Voël 98
Teinm Laegda 98
Terre de promesse 155
Terre des fées 155
Terre des jeunes 102
Tervagant 99
Têtes coupées 48
Teutatès 98
Teyrnon 96

Ti 94
Tigern 95
Tigernmas 95
Tintagel 96
Tír na mBan 96
Tír na mBéo 96
Tír na n-Óg 96
Tír Tairngiri 96
Titurel 95
Tombelaine 106
Torque 54, 104
Toutatis 101
Trébuchet 106
Tréhorenteuc 106
Trevrizent 106
Triades de l'île de Bretagne 124
Tribann 103
Triskel 102
Tristan 102
Tristram 103
Tristrant 103
Tuan mac Cairill 101
Tuatha dé Danann 101
Tuirenn 101
Turoe 101
Twrch Trwyth 101
Tyolet 95

U

Uatach 22
Uath 22
Ulates 25
Urien 155

Uryen 25
Ushnag 25
Usnech 25
Uther Pendragon 25, 155

V

Vache 149
Val sans retour 38
Vates 22
Vénètes 23
Ventry 23
Viviane 22
Vortigern 23

W

Winlogee 23

Y

Yder 20
Yeunn Ellez 26
Ygerne 18
Ygharat 18
Ygraine 18
Yseult 19
Yseult aux blanches mains 83
Yspaddaden Penkawr 19
Yvain 17
Ywain 17

[訳 者]

金光　仁三郎（かねみつ・じんさぶろう）
1941年　東京都に生まれる
1966年　東京大学文学部仏文科修士課程終了
現　在　中央大学教授
著訳書　『ラシーヌの悲劇』（中央大学出版部），『原初の風景とシンボル』（大修館書店），『ドン・ファン神話』（J. ルーセ, 審美社），『世界シンボル事典』（シュヴァリエ他, 大修館書店, 共訳），『世界神話大事典』（ボンヌフォワ, 大修館書店, 共訳）

渡邉　浩司（わたなべ・こうじ）
1964年　岐阜県に生まれる
1992-93年　フランス，グルノーブル第3大学大学院に学ぶ
1994年　名古屋大学大学院文学研究科博士課程（仏文学）満期退学，文学博士［課程博士］
現　在　中央大学助教授
著訳書　『*Mythologies du porc*』（Jérôme Millon, 共著），『写真集アフガニスタン』（クリス・スティール＝パーキンス, 晶文社, 共訳）など. 他に，アーサー王物語, 日仏中世説話や神話伝承に関する論文多数

ケルト文化事典
© Jinsaburo KANEMITSU, Koji WATANABE, 2002

初版発行──2002年7月1日

訳　　者──金光仁三郎, 渡邉　浩司
発 行 者──鈴木　一行
発 行 所──株式会社 大修館書店
　　　　　〒101-8466 東京都千代田区神田錦町3-24
　　　　　電話　03-3295-6231（販売部）
　　　　　　　　03-3294-2356（編集部）
　　　　　振替　00190-7-40504
　　　　　［出版情報］http://www.taishukan.co.jp

装　丁──山崎　登
印　刷──精興社
製　本──三水舎

ISBN4-469-01272-6　　　　　　Printed in Japan
Ⓡ本書の全部または一部を無断で複写複製（コピー）することは，著作権法上での例外を除き禁じられています。

文化史を探る大修館の事典・書籍類

世界神話大事典
世界各地の神話をフランス学派が網羅・解説。写真や図版を多数収録。神話事典の決定版。
イヴ・ボンヌフォワ 編／金光仁三郎 他訳　**本体 21,000 円**

世界シンボル大事典
西欧，東洋，米大陸，アフリカなど世界各地の文化の諸相を，シンボルの世界から解明する。
シュヴァリエ 他著／金光仁三郎 他訳　**本体 14,000 円**

イメージ・シンボル事典
日本におけるイメージ・シンボル出版ブームの原点。ヨーロッパ世界の情報を網羅。好評22版。
アト・ド・フリース 著／山下主一郎 他訳　**本体 8,000 円**

神話・伝承事典
世界各地の神話や未開社会の伝承に，最新の神話学の視点から光をあて，女神の復権をはかる。
バーバラ・ウォーカー 著／山下主一郎 他訳　**本体 8,500 円**

神話のイメージ
西欧，東洋，南北アメリカ，ポリネシアなど，世界の神話を視覚でとらえ，その共通点を探る。
ジョゼフ・キャンベル 著／青木義孝・中名生登美子・山下主一郎 訳　**本体 4,660 円**

エジプト神話シンボル事典
エジプト神話で初めての事典。日本人にも西欧人にも難解なエジプト神話をシンボルから解説。
マンフレート・ルルカー 著／山下主一郎 訳　**本体 3,100 円**

キリスト教美術シンボル事典
ヨーロッパ美術を，東方教会とカトリック教会にわたり，キリスト教シンボリズムから読み解く。
ジェニファー・スピークス 著／中山理 訳　**本体 4,300 円**

聖書の動物事典
聖書に登場する100種の動物をとりあげ，聖書の記述やイメージを解説。典拠とした章節を明示。
ピーター・ミルワード 著／中山理 訳　**本体 2,500 円**

イギリス祭事・民俗事典
伝統の国イギリスに今も残る368の祭りや行事を，貴重な写真を駆使して解説。各種索引完備。
チャールズ・カイトリー 著／澁谷勉 訳　**本体 5,500 円**

英国王室史事典
アルフレッド大王からダイアナ妃までイギリス王室史の全てを詳述。英国王室史で唯一の事典。
森 護 著　**本体 6,500 円**

ブルーワー英語故事成語大辞典
19世紀イギリスの知的怪物ブルーワーの作ったレファレンスブックの決定版。OEDよりも古い。
E. C. ブルーワー著／加島祥造主幹／鮎沢乗光 他訳　**本体 23,000 円**